統計的假象

STANDARD DEVIATIONS

拆穿混淆的假設、揪出偏差的數據、
識破扭曲的結論，耶魯大學最受歡迎的十八堂公開課

蓋瑞・史密斯 Gary Smith——著
劉清山——譯

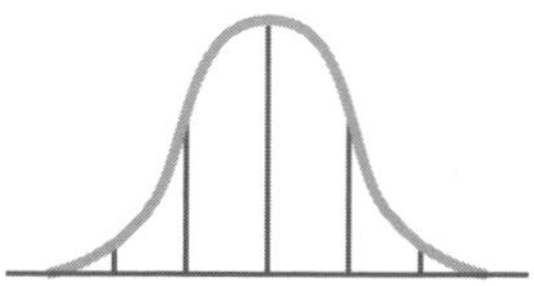

目錄

CONTENTS

序言 人們用數據欺騙我們，我們也常用數據騙自己

我們生活在大數據時代。高性能電腦和全球網路的強大組合不斷受人稱道，甚至到了推崇的地步。專家不斷告訴我們，他們發現了一種新的能力，可以篩選巨量資料並發現真相，這將為政府、商業界、金融界、醫療界、法律界以及我們的日常生活帶來革命。我們可以做出更明智的決策，因為強大的電腦可以分析資料，進而有所發現。

也許事實的確如此，也許未必。有時，這些無所不在的資料和偉大的電腦會得出一些非常怪異的結論。例如，有人一本正經地聲稱：

- 凌亂的房間會強化人們的種族主義傾向。
- 還未出生的小雞胚胎會影響電腦的隨機事件生成器。
- 當政府負債相對國內生產總值（ＧＤＰ）的比率超過九〇％時，國家幾乎一定會衰退。
- 在過去二十年，美國犯罪率之所以下降，五〇％是因為合法墮胎。
- 如果每天飲用兩杯咖啡，將大幅提高罹患胰腺癌的風險。

- 最成功的公司往往會變得不那麼成功，而最不成功的公司往往會變得更加成功，漸漸的，所有公司都會淪為平庸。
- 出現在雜誌《運動畫刊》（*Sports Illustrated*）和電玩《勁爆美式足球》（*Madden NFL*）封面上的運動員會受到詛咒，他們可能會流於平庸，或者受到運動傷害。
- 生活在高壓電線桿附近的兒童，罹癌風險更高。
- 人類有能力將死亡日延到重大儀式過後。
- 亞裔美國人更容易在每月四號突然心臟病發作。
- 如果一個人的姓名首字母縮寫有著正面的含義（比如ACE），那麼他可以多活三到五年。
- 平均來說，教名[1]以字母D開頭的棒球運動員，其壽命比教名以字母E到Z開頭的運動員短兩年。
- 從幾千英里以外傳送過來的正能量能治癒臨終病人。
- 當NFC冠軍球隊贏得超級盃[2]時，股市幾乎一定會上漲。如果你購買股息率最高、每股價格第二低的道瓊工業平均指數，你就可以跑贏大盤[3]。

1 編註：天主教和基督教徒在出生和受洗時獲得的第一個名字。

2 編註：美國超級盃總決賽在國家聯合會（Naticnal Football Conference, NFC）和美國聯合會（American Football Conference, AFL）分別比賽產生的冠軍之間舉行。

3 編註：又稱加權指數，表達整體股票的變動和市值的成長情形。

這些說法顯然是錯誤的。不過，許多類似的說法，每天都會出現在報紙和雜誌上。在如今的資訊時代，我們用沒完沒了又毫無意義的資料指導我們的思想和行動，不難看出為什麼我們會反覆得出錯誤的推論，制定糟糕的決策。即使能夠得到比較充足的資訊，我們也不會永遠留意數據的偏差和無相關性，或者科學研究的缺陷和誤導性。我們往往相信電腦從不犯錯，認為不管我們放了什麼樣的垃圾進去，電腦都會吐出絕對真理。這種想法不僅存於外行人的日常生活中，也存於專業人員嚴肅認真的研究工作中。舉凡在大眾刊物、電視、網路、競選活動、學術期刊、商業會議、法庭或者政府聽證會，此類現象屢見不鮮。

幾十年前，資料非常稀少、電腦還沒有出現時，研究人員需要努力蒐集優質資料並進行審慎的思考，然後花費幾個小時甚至幾天的時間，從事艱苦的計算工作。現在，面對豐富的資料，研究人員通常不會花費太多的時間區分優質資料和垃圾，或者區分合理分析和垃圾科學。更糟糕的是，我們常常不假思索地認為，我們處理大量資料永遠不會出錯。我們匆匆忙忙地根據這些機器發出的夢囈制定決策——比如在經濟衰退期間提高稅賦，將我們一生的積蓄交給說得天花亂墜的財務分析師，根據最新的管理方法制定商業決策，用醫療騙術危害我們的健康——更糟的是，我們還會放棄心愛的咖啡。

英國經濟學家羅納德．寇斯（Ronald Coase）曾經嘲諷道：「如果你拷打資料足夠長的時間，它一定會招供。」本書考察了幾十個扭曲的結論，只需片刻的思考，你就會發現這些結論的問題。有時，無恥之徒故意用這些說法來誤導我們。有時，天真快樂的研究人員並沒有察覺他們犯下的惡作劇。

我寫這本書的目的，是幫助我們遠離錯誤——包括外部錯誤和自己造成的錯誤。你將學到一些簡單的指導準則，用於測試其他人或者你自己說出來的不可靠觀點。人們用數據欺騙我們，我們也經常用數據欺騙自己。

Lesson 1

模式、模式、模式

在我所生活的南加州，青少年熱衷於足球。這運動花費不高又有趣，各種身高和體型的男女都可以參與其中。起初，我對足球一無所知。我只知道在每個週末，城市裡的公園和操場上都會有許多身穿鮮豔隊服的孩子追著足球跑來跑去，他們的家長則會站在一旁為他們歡呼。當我兒子長到合適的年紀時，我們也成了其中一員。

二〇一〇年世界盃時，我兒子在南加州一家頂級足球俱樂部踢球。我是這家俱樂部的經理，也是足球的狂熱愛好者，因此我們一起看了能夠看到的每一場世界盃比賽。決賽是荷蘭對上西班牙，這是兩支巨星雲集的隊伍，但是他們的國家隊常常無法取得很好的成績，這使他們的支持者非常失望。哪個國家最終能夠贏得世界盃？我喜愛荷蘭隊，他們拿下這屆世界盃的前六場比賽，進了十二個球，只丟了五個球，而且淘汰了強大的巴西和烏拉圭。接著，我聽說了章魚保羅（Paul）的故事。人們將裝有食物、貼有國旗的塑膠盒子放在保羅面前，讓牠選出勝組。通過這種方式，保羅正確預測出了七場世界盃比賽的獲勝者。在決賽前，預言家保羅選擇了西班牙，因此全世界似乎都認為西班牙將會成為勝利隊伍。

到底發生了什麼事情？一隻黏糊糊的、缺乏智商的無脊椎動物怎麼可能比我更加了解足球呢？我感到好笑，等待著無所不知的保羅在全世界面前丟臉。我失算了。荷蘭隊沒有表現出應有的創造性和才華。在一場粗暴而蹩腳的比賽中，裁判亮出了十四張黃牌——其中九張給了骯髒的荷蘭人。憑藉終場前四分鐘的進球，西班牙隊取得了勝利。

水箱裡的章魚怎麼可能預見這種事情？保羅看過足球比賽嗎？牠有大腦嗎？

實際上，章魚是最聰明的無脊椎動物。不過，就像是在一群侏儒裡找高個子一樣，這並沒有解決任何問題。儘管如此，保羅仍然進行了八次世界盃預測，而且無一失手。此外，保羅還在二〇〇八年歐洲足球錦標賽期間進行了六次預測，成功了四次。加上二〇一〇年世界盃，保羅一共進行了十四次預測，成功了十二次。在許多人看來，這足以從統計上證明保羅的超自然能力。不過，這些資料真的足夠嗎？

如果進行十四次公正的拋硬幣實驗，得到十二次或十二次以上正面的可能性，只有不到一%。同樣的道理，如果保羅僅僅是一個沒有特殊運氣的猜測者，每次正確預測的可能性為五〇%，那麼它多次預測成功的機率只有不到一%，這個機率非常低，足以看成具有「統計顯著性」。由於保羅多次預測成功的可能性如此之低，因此我們可以合理地排除運氣的成分。保羅一次又一次的成功，證明牠不僅僅是一個幸運的猜測者，牠的確是「具有超能力的章魚保羅」！

不過，這件事似乎有些蹊蹺。章魚真的有可能預測未來嗎？保羅的表現，恰巧可以引出統計研究領域的一些常見問題。保羅不是超能力者（真是令人驚喜），而是一個應當引以為戒的反面教材。當你下次聽到某種荒誕的說法時，你應當保持警覺心。

干擾效應

首先，讓我們看一看保羅如何進行預測。在餵食的時候，人們會把兩隻正面黏有球隊國旗的透明塑膠盒子放在保羅面前。盒子裡放著相同的美味食物，比如淡菜或者牡蠣。保羅第一個打開的盒子就是牠所預測的勝利隊伍。

章魚並不十分了解足球，但牠們擁有出色的視力和良好的記憶力。新英格蘭水族館的一隻章魚對一名志工很反感，每當牠看到這名志工時，都會向她噴海水。後來，這名志工離開水族館，上大學去了。當她幾個月後回來時，章魚仍然記得她，並且立即用海水噴濕了她的衣服。西雅圖一家水族館做了一項實驗，一名志願者為章魚餵食，另一名穿著同樣衣服的志願者用木棍逗弄章魚。一個星期以後，大多數章魚都能區分這兩個人。當牠們看到「好人」時，牠們會向對方靠近；當牠們看到「壞人」時，便會離開（有時還會向他噴出許多海水）。

「具有超能力的章魚保羅」生活在德國的一家水族館裡。除了西班牙和荷蘭的世界盃決賽，保羅只預測了德國隊參加的比賽。在德國參加的十三場比賽中，保羅十一次選擇了德國——而德國贏了其中九場比賽。保羅之所以選擇德國，是因為牠對德國的對手進行了詳細的分析，還是因為牠喜歡德國國旗？保羅幾乎一定是色盲，不過實驗表明，章魚能夠辨識明暗度，而且喜歡橫向形狀。德國國旗由三塊鮮豔的水平條紋組成，塞爾維亞和西班牙的國旗也是如此，而保羅只選擇過這三個國家。實際上，西班牙和德國的國旗非常相似，這也許可以解釋，為什麼保羅在西班牙和德國之間的兩次比賽中選了一次西班牙，並在世界盃決賽中選擇了西班牙而不是荷蘭。保羅只有一次沒有選擇德國或西班牙國旗，那場比賽塞爾維亞對上了德國。

國旗顯然是一個干擾因素，因為保羅選擇的並不是最佳足球隊，而是牠最喜歡的國旗。說到底，「無所不知的保羅」只是一隻缺乏智商的章魚而已。

選擇性報告與謊言

對於保羅的成功，另一種解釋是，許多人多次嘗試過這種愚蠢的寵物把戲，用寵物來預測體育、彩券和股票領域的獲勝者。

在一千個拋硬幣的人之中，一定會有一些人連續拋出十次正面。同樣的道理，在這些嘗試寵物把戲的人之中，一定會有一些人成功。你覺得誰會獲得報導呢？是選中獲勝隊伍的章魚，還是無法做出成功預測的鴕鳥？

幾年前，《達拉斯晨報》（*Dallas Morning News*）的一位體育專欄作家度過了極為倒楣的一個星期，他在選擇國家美式足球聯盟（ＮＦＬ）比賽的獲勝球隊時猜對了一次，猜錯了十二次，還有一場比賽是平局。他寫道：「理論上來說，如果讓達拉斯動物園裡的一隻狒狒

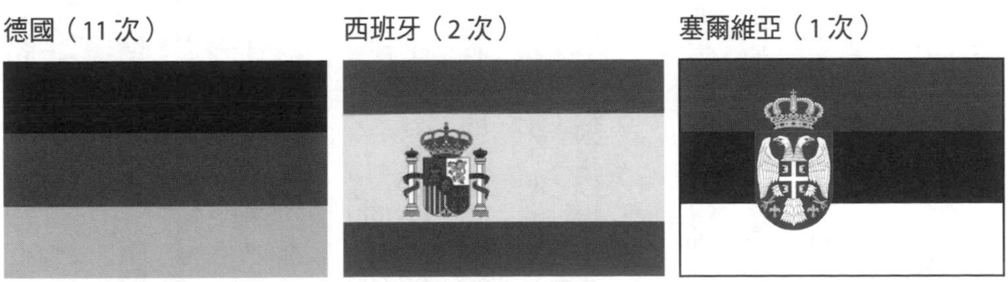

圖 1-1　保羅最喜歡的國旗

觀看十四場ＮＦＬ比賽的賽程，讓牠為每場比賽選擇一支球隊，牠可以至少選出七支獲勝球隊。」第二個星期，達拉斯動物園裡的大猩猩「坎達大帝」（Kanda the Great）藉由選擇訓練員手裡的紙條進行了預測。結果，坎達猜對了九次，猜錯了四次，擊敗了《達拉斯晨報》的所有六位體育專欄作家。媒體像發現食物的餓狼一樣，爭相報導這個故事。不過，如果坎達的表現沒有這麼好，比如猜對六次，猜錯七次，還會被人報導嗎？

明尼蘇達州蘋果谷市明尼蘇達動物園的官員也不甘示弱，他們表示，一隻叫做明迪（Mindy）的海豚成功預測出了ＮＦＬ比賽的結果。他們製作了一些樹脂玻璃片，每個玻璃片上寫有不同球隊的名稱。他們將每場比賽隊伍對應的兩塊樹脂玻璃片扔到明迪的游泳池裡，被明迪交還給訓練員的那塊玻璃片便是「預測」。訓練員表示，明迪在五十三場比賽中猜對了三十二場。根據這種說法，明迪的成功率為六〇％，這足以幫助人們藉此贏得美式足球比賽的賭局。

有多少鳥兒、蜜蜂和野獸曾經嘗試預測ＮＦＬ比賽、但預測失敗而沒有得到報導呢？我們一無所知，而這正是問題的關鍵。如果數百隻寵物曾經被迫進行毫無意義的預測，而且我們只知道上過新聞的成功寵物，沒有考慮到數百隻沒上新聞的失敗寵物，我們就會產生錯誤的想法。

這個問題不限於美式足球。明尼亞波利斯的一名股票經紀人曾經吹噓說，當他選擇股票時，他會把《華爾街日報》（*The Wall Street Journal*）鋪在地板上，讓他的黃金獵犬把右前爪放在報紙上，然後選擇牠第一個指甲碰到的股票。他認為這種說法可以吸引投資者的關注，這說明他本人可能是有問題的——他的顧客可能也有問題。

另一個因素是，為了出風頭，人們可能會捏造資料，以便吸引公眾的注意。明尼亞波利斯那個股票經紀人和他的狗每天早上都會得到公正的監督嗎？過去，橋牌曾經是美國最流行的紙牌遊戲，當時有許多人向當地報紙表示，他們抽到了同一花色的十三張牌。一位喜歡數學的橋牌選手研判，通報次數太過離譜。考慮抽到這種牌的可能性，當時總局數遠遠不足以產生如此眾多的「同花色局」。值得注意的是，報出來的花色通常是黑桃。顯然，為了讓自己的名字出現在報紙上，人們修改了自己的經歷。

在章魚保羅獲得全世界的關注以後，新加坡一個原本默默無聞的算命先生便表示，他的助手長尾小鸚鵡馬尼（Mani）正確預測出了世界盃八強四支獲勝球隊。於是，馬尼獲得了全世界的關注。接著，牠預測了後面的比賽，認為在四強賽中烏拉圭將擊敗荷蘭，西班牙將擊敗德國，而在決賽中，西班牙將擊敗烏拉圭。在荷蘭戰勝烏拉圭以後，馬尼改變預測，選擇了荷蘭，這個結果當然又錯了。不過，前來拜訪這位算命先生的顧客，從每天十個人增加到了每小時十個人——面對這個結果，你可能會疑惑：這位主人的動機真的僅僅是娛樂嗎？最初馬尼的八強賽預測是真的嗎？

保羅和馬尼本應默默無聞。為什麼牠們會聲名鵲起、受到足球愛好者的認真看待，甚至受到他們的讚美和詛咒？真正有問題的不是牠們，而是我們自己。

易受欺騙的本性

一個多世紀以前，推理小說中的虛構人物大偵探夏洛克・福爾摩斯（Sherlock Holmes）向他飽受折磨的朋友約翰・華生（John Watson）懇求道：「數據！數據！數據！我不能在沒有黏土的情況下製造磚塊。」今天，福爾摩斯的願望已經得到了滿足。強大的電腦可以篩選巨量資料。問題不再是我們沒有足夠的資料，而是被眼前的資料誤導。這不完全是我們的錯，我們可以將責任歸咎於我們的祖先。

某些性狀的演化原理比較簡單。如果生物的某些遺傳性狀能夠幫助牠們生存和繁衍，那麼跟在其他方面相似、但是沒有這些遺傳性狀的個體相比，擁有這些性狀的個體更容易將它們傳給未來的後代。經過一代又一代，這些遺傳性狀在群體中占多數。

胡椒蛾（*Biston betularia*）著名的演化歷程是一個簡單直觀的例子。這種飛蛾大部分時間生活在樹上，牠們通常是淺色的，這種顏色可以幫助牠們躲避鳥兒的捕食。一八四八年，英國發現了第一隻深色胡椒蛾。到了一八九五年，曼徹斯特九十八%的胡椒蛾都是深色的。到了一九五〇年代，情況再次逆轉。目前，深色飛蛾已經很少見了，而且可能很快就會滅絕。

演化論的解釋是，深色飛蛾的崛起與工業革命造成的污染同時發生。煤灰和煙霧導致樹木變黑，這使深色飛蛾獲得了優勢，因為牠們更能偽裝自己，躲過捕食者的視線。

由於深色飛蛾存活下來並繁衍後代的可能性提高了，因此牠們在基因庫中占優勢。後來，英國的空氣清潔法扭轉了這一局面，因為淺色飛蛾在沒有污染的樹上更能偽裝自己。牠們的生存優勢使牠們再次煥發了生機。

自然汰擇的其他例子更加微妙。例如，許多研究發現，男性和女性更喜歡具對稱面孔和身體的人。這不僅僅是一種文化因素——它適用於不同的社會，適用於嬰兒，甚至適用於其他動物。在一項實驗中，研究人員剪掉了一些雄性家燕的尾羽，使牠們失去了對稱性，其他雄性家燕則保留了對稱的尾羽。當他們在這個基因庫中放開雌性家燕時，這些雌性家燕選擇了帶有對稱羽毛的雄性家燕。這種對於對稱性的偏愛，並不僅僅是一種膚淺的行為。外表缺乏對稱性的潛在配偶，顯然存在某種基因缺陷，可能影響牠的力量、健康和生育力。擁有對稱性偏好的個體，最終在基因庫中占優勢，而缺乏這種偏好的個體，其擁有強壯、健康和可育後代的可能性要低一些。

演化也是許多人對保羅和馬尼信以為真的原因，儘管你可能不相信這一點。我們對於對稱性的偏好根深蒂固，很能夠說明我們的人類祖先是如何識別各種模式，進而在這個殘酷的世界上生存和繁衍下來。烏雲常常是降雨的前奏，灌木叢中的聲音可能是捕食者發出的，毛髮品質是繁殖力的象徵。一些遠古祖先可以從模式當中識別出食物和水源，發現危險，這對可育伴侶就很有吸引力，他們又將這種能力傳給了未來的後代。那些不太擅長模式識別、因而不太容易生存和繁衍的個體，將基因傳下來的可能性要小一些。通過無數代自然汰擇，我們形成了尋找模式、對其做出解釋的內在傾向——烏雲會帶來降雨，捕食者會發出聲音，繁殖力強的成年人擁有漂亮的毛髮。

遺憾的是，這種適用於遠古祖先的模式識別技能，並不適合現代生活，因為我們面對的資料非常複雜，不是很容易解釋。我們解釋眼前事物的本能渴望導致了兩種認知錯誤。首先，我們很容易受模式以及解釋模式的理論所引誘。其次，我們緊盯著支持這種理論的數據，忽視與之矛盾的證據。我們相信這些故事，因為這與我們觀察到的模式相符。一旦我們接受了這些故事，就很難放棄了。

當你在雙骰賭桌上不斷搖出七點時，你認為自己會連勝下去，因為你希望如此。當你不斷投出兩點時，你認為自己轉運的時候到了，因為你希望如此。我們並沒有認真地考慮過，骰子既不會記憶過去，也不會關心未來。它們是沒有生命的，它們所具有的意義，完全是我們這些滿懷希望的人類所賦予的。如果連勝勢頭持續，或者連敗勢頭終止，我們就會更加相信自己想像出來的理論是正確的。如果這種情況沒有出現，我們就會製造一些藉口，以便堅持自己荒謬的信仰。

當運動員穿上沒有洗過的幸運襪子，當投資者購買熱門股票，當人們投入大筆資金購買不良資產、相信一切一定會觸底反彈時，他們的行為和上面如出一轍。我們渴望使不確定的世界變得更加確定，渴望控制我們無法控制的事物，渴望預測那些無法預測的現象。如果我們穿著這種襪子，取得了良好的表現，那麼這一定是襪子的功勞。如果其他人購買這檔股票賺了錢，那麼我們購買這檔股票也可以賺錢。如果我們運氣不好，那麼我們一定會轉運，不是嗎？秩序比混亂更撫慰人心。

由於這些認知錯誤，我們很容易受到各種統計性騙局的蒙蔽。當人們用毫無意義的模式來證明政府政策的後果、行銷計畫的不凡影響、投資策略的成功或者保健品的效果時，我們很容易認為這些模式是有意義的。由於我們的弱點起於理解這個世界的渴望，而且眾所皆知、難以擺脫。

無論文，不生存

即使是教育程度很高、應當具有冷靜頭腦的科學家，也很容易受到模式的誘惑。在殘酷的學術研究領域，聰明好勝的科學家一直在追求名譽和資金，以維持他們的事業。這種必要的支持，取決於在同儕審閱期刊中的發表成果。「無論文，不生存」是學院生活中的一個殘酷現實。

有時，在巨大的壓力下，研究人員甚至會撒謊和作弊，以實現個人的職業發展。為了生存，他們需要得到能發表的結果，但他們的實驗結果並不符合預期，這使他們感到沮喪。此外，他們還會擔心其他人搶先發表類似的結果。因此，這些研究人員有時會對實驗數據做手腳。畢竟，如果你相信你的理論是正確的，編造出證明這種理論的數據又有什麼關係呢？

英國醫生安德魯．韋克菲爾德（Andrew Wakefield）製造出來的疫苗恐慌，就是重要的一例。一九九八年，韋克菲爾德和其他人在久負盛名的英國醫學期刊《刺胳針》

（*The Lancet*）上發表了一篇論文，稱十二名正常兒童在接種麻疹、腮腺炎和德國麻疹的疫苗以後患上了自閉症。實際上，在發表這篇論文之前，韋克菲爾德已經在一場新聞發表會上公布了他的研究成果，並且呼籲停止接種麻腮風三合一疫苗。

許多家長看到了新聞報導後產生了疑慮。他們的孩子患上自閉症的可能性，似乎比感染麻疹更加令人擔憂。畢竟，後者在英國幾乎已經絕跡了。一百多萬名家長拒絕讓他們的孩子接種麻疹疫苗。

雖然我住在美國，但我和我的妻子也看到了這些新聞，並且為此憂慮。我們在一九九八年、二〇〇〇年和二〇〇三年生下了三個兒子，並在二〇〇六年生下了一個女兒，因此我們需要決定是否為他們接種疫苗。我們進行了調查，與一些醫生交談過，所有醫生都對韋克菲爾德的研究持懷疑態度。他們指出，沒有任何證據表明自閉症大流行。我們之所以聽到更多的自閉症案例，是因為近年來自閉症的定義拓寬了，而且醫生和家長也提高了對自閉症症狀的認識。另一方面，麻疹、腮腺炎和德國麻疹是極具傳染性的疾病，它們之所以在許多國家得以絕跡，恰恰是因為這些國家推行了常規免疫接種計畫。如果我們的孩子不接種疫苗，不僅他們會面臨危險，其他孩子也會陷入危險之中。此外，這項研究樣本很小（只有十二個孩子），而且作者似乎急於將其公之於眾，這些都是很大的疑點。最終，我們決定讓孩子接種疫苗。

不是只有我們遇到的醫生有所懷疑，一些人試圖複製韋克菲爾德的結果，但他們並沒有發現自閉症和麻疹疫苗之間的任何關係。更糟糕的是，倫敦《星期日泰晤士報》

（*Sunday Times*）記者布萊恩．迪爾（Brian Deer）於二〇〇四年進行了一項調查，在韋克菲爾德的研究中發現了一些可疑之處。韋克菲爾德的研究似乎得到了律師的資助，這些律師希望接到醫生和製藥公司的鉅額人身傷害訴訟。更加令人吃驚的是，韋克菲爾德本人顯然正在計畫推出一種替代性疫苗，他認為這種疫苗是安全的。韋克菲爾德的結論是否受到了這些利益衝突的影響？

韋克菲爾德聲稱自己並沒有做出不道德的行為，但迪爾並沒有停止挖掘答案。他發現了一些更加可惡的事情：韋克菲爾德論文中的資料，與英國國民健康服務系統的官方醫療紀錄不符。在韋克菲爾德聲稱患上倒退型自閉症的九名兒童中，只有一個人確診，還有三個人根本沒有得病。韋克菲爾德聲稱十二個孩子在接種麻疹疫苗之前「是正常的」，但是其中只有五個人有發育問題的紀錄。

韋克菲爾德這篇論文的多數共同作者很快撇清了自己與文章的關係。《刺胳針》二〇一〇年撤銷了這篇論文，並表示，「毫無疑問的，論文中的說法是完全錯誤的。」《英國醫學期刊》（*British Medical Journal*）稱韋克菲爾德的研究是「精心策畫的騙局」，英國醫學總會禁止韋克菲爾德在英國行醫。遺憾的是，這個錯誤還是造成了一些公衛傷害。到目前為止，已經有數百名沒有接種疫苗的兒童死於麻疹、腮腺炎和德國麻疹，還有數千名兒童處於危險之中。二〇一一年，迪爾獲得了英國新聞獎，因為他對韋克菲爾德的調查「糾正了一個錯誤」。我們只能祈禱韋克菲爾德的真面目能夠像他的虛假警報一樣得到媒體的大量報導，希望家長再次允許他們的孩子接種疫苗。

疫苗是一種注射到人體中的病原體，因此人們對疫苗的擔憂是合理的，尤其是與孩子安全有關的疫苗。不過，那些不合理的結論呢？人為數據可以說服我們相信那些顯然很荒謬的觀點嗎？

德里克·斯塔佩爾（Diederik Stapel）是一位極為多產、成功的荷蘭社會心理學家，以設計全面細緻的研究方法著稱，並以研究生或同事為研究對象。奇怪的是，作為一名高級研究員，他竟然親自開展調查，而且很可能是在只有他能夠進入的學校裡進行的。另一件奇怪的事情是，斯塔佩爾都會知道同事的研究興趣，並且聲稱他已經蒐集到了同事需要的數據；斯塔佩爾可以提供這些數據，條件是他需要被列為研究報告的共同作者。

斯塔佩爾是幾百篇論文的作者或共同作者，他還在二〇〇九年獲得了實驗社會心理學會的職涯成長獎。二〇一〇年，他當上了蒂爾堡大學（Universiteit van Tilburg）社會和行為科學學院的院長。斯塔佩爾有許多論文極具爭議性，但是看上去至少比較合理。另一些論文已經超出了看似合理的界限。在一篇論文中，斯塔佩爾聲稱，凌亂的房間會加劇人們的種族主義傾向。在另一篇論文中，斯塔佩爾認為吃肉——甚至僅僅是考慮吃肉——都會使人變得更自私。（是的，我沒有開玩笑！）

斯塔佩爾的一些研究生對於這些稀奇古怪的理論產生了懷疑，他們想要查看實際數據，以了解這些數據是如何支持他的理論。令人失望的是，斯塔佩爾拒絕展示，於是他們向心理系主任報告了這件事。很快，斯塔佩爾承認，他的許多調查結果要麼篡改過，要麼完全是編造的。他解釋說：「我想快速做出許多成果。」

二〇一一年，斯塔佩爾遭停職，隨後被蒂爾堡大學解雇。二〇一三年，斯塔佩爾放棄了自己的博士學位，並且撤銷了五十多篇數據不實論文。他還同意從事一百二十小時的社區服務，並且放棄相當於十八個月薪水的利益。作為交換，荷蘭檢察官同意不對他濫用公共研究基金的行為提起刑事訴訟，因為這些政府撥款主要用於支付研究生的工資，而這些研究生並沒有犯任何錯。與此同時，我們在吃肉和弄亂房間時也可以減少幾分愧疚感。

偽造資料的另一個例子，便涉及超感知覺（Extrasensory Perception, ESP）測試。早期超感知覺實驗會用到心理學家卡爾·齊納公爵（Duke Karl Zener）設計的一副紙牌。這副紙牌共有二十五張牌，包括五種符號：圓圈、十字、波浪線、方塊和星星。在洗過牌以後，「發送者」依次查看每張紙牌，「接收者」需要猜測紙牌上的符號。

圖 1-2　五種齊納紙牌

一些懷疑者指出，接收者可以偷看紙牌，或者從發送者的行為中尋找細微的線索，比如快速掃視、微笑或者挑眉，從而獲得較高的分數。華特．J．利維（Walter J. Levy）是超感知覺先驅J．B．萊因（J. B. Rhine）創立的通靈學研究所主任。為了平息批評聲浪，利維用電腦和非人類物件做了一些實驗。在一項實驗中，他把包含小雞胚胎的雞蛋放在孵化器裡，並用一個電燈為孵化器加熱，電燈的開關由電腦隨機事件生成器控制。隨機事件生成器開燈的可能性是五〇％。不過，利維表示，小雞胚胎能夠影響電腦，燈開著的時間超過一半。

利維的一些同事懷疑起「具有心靈感應能力的小雞」（我倒希望這是真的），而且對於利維在實驗期間對設備的過度關注感到困惑。他們改造了電腦，祕密記錄結果，然後躲在一個隱祕的地方，觀察實驗過程。他們的擔憂得到了證實，祕密紀錄表明，電燈開著的時間只占總時間的一半。而且，他們看到利維干擾設備的運作，將電燈開著的時間提高到五〇％以上。面對同事的質問，利維承認了自己的行為，並且辭去了職務。後來，他解釋為了發表論文，自己面臨很大的壓力。

統計顯著性崇拜

不過，我們最感興趣的例子與假資料無關。下述例子涉及的做法更加微妙，也更加常見。許多人對統計顯著性非常關心，這是一種奇怪的宗教，它受到了研究人員近乎盲目的崇拜。假設我們想要通過檢驗，了解每天服用阿斯匹靈能否降低心臟病發作的風險，理想情況下，我們會比較健康個體中的兩個隨機樣本。一個樣本每天服用阿斯匹靈，另一個樣本每天服用安慰劑——與阿斯匹靈具有類似外觀、感覺和味道的惰性物質。這種檢驗應當是雙盲檢驗：受試者和醫生並不知道誰在哪個小組裡。否則，病人報告「正確結果」（以及醫生聽到「正確結果」）的可能性也許很高。

當研究結束時，統計學家就會介入。這裡的統計問題，是在完全隨機的情況下，機率會是兩組差異等同於實際觀測到的差異。在大多數研究人員看來，小於〇・〇五的機率具有「統計顯著性」。如果數據中的模式僅憑運氣出現的可能性不到二十分之一，這種模式就會被視作具有統計說服力。章魚保羅的資料具有統計顯著性，因為它僅憑運氣得到這種結果的可能性不到一％。在一項涉及二萬二千名男性醫生的阿斯匹靈研究，前五年的安慰劑組出現了十八個致死性心臟病發作案例，阿斯匹靈組則只出現了五個同樣案例。在完全隨機的情況下，這種巨大的差異要發生的機率不到一％。至於非致死性心臟病發作，安慰劑組有一百七十一個案例，阿斯匹靈組有九十九個案例。這種巨大的差異僅憑運氣出現的可能性約為十萬分之一。這些結果具有統計顯著性，因此美國心臟學會目前建議心臟病發病風險較高的患者每天服用阿斯匹靈。

另一方面，沒有發現統計顯著性的結果，有時比發現統計顯著性的結果更加重要。一八八七年，波蘭裔美國藉物理學家阿爾伯特・邁克生（Albert Michelson）和美國物理學家愛德華・莫立（Edward Morley）測量了與地球運動方向平行和垂直的光速，希望找到二者之間的差異，以證明當時流行的「乙太理論」。不過，他們並沒有發現任何具有統計顯著性的差異。他們的研究為愛因斯坦狹義相對論的提出和接納奠定了基礎，他們這項「失敗」的研究為物理學革命做出了貢獻。

再提一個更能說明問題的例子。我們將在後面的章節中討論關節鏡手術，這是一種針對膝骨關節炎的常態療法，每年施行的手術達幾十萬次。最近的研究發現這種手術帶來的好處沒有統計顯著性，這一結論每年可以節省數百萬美元，而且免去手術帶來的不便和併發症風險。同許多發現罕見疾病療法具統計顯著性的研究相比，這項沒有在常見手術中發現統計顯著性的研究，顯然具有更大的價值。

不過，一項針對心理學期刊的研究發現，在所有已發表的檢驗結果中，九十七％的結果具有統計顯著性。當然，在研究人員進行的所有檢驗中，具有統計顯著性的檢驗比例不會達到九十七％，之所以出現上述結果，是因為編輯通常認為不具統計顯著性的檢驗沒有發表價值。

這個問題不限於學術領域。當商界或政府研究人員試圖證明某個策略、計畫或政策的價值時，他們往往覺得自己必須出示具有統計顯著性的實證證據。不管是在哪裡，研究人員都在追逐統計顯著性，而這並不是一個難以尋覓的目標。在高速電腦和大量數據的說明下，尋找統計顯著性是一件很容易的事情。如果你觀察得足夠仔細，你甚至可以在隨機生成的資料表格中發現統計顯著性。

尋找統計顯著性的一種方法是對多種理論進行檢驗，然後只公布具有統計顯著性的結果。即使只考慮毫無價值的理論，也會有二十分之一的檢驗表現出統計顯著性。在巨量數據和高速電腦的說明下，在生成「可發表結果」的巨大壓力下，無數毫無價值的理論得到了檢驗。成千上萬的研究人員對無數理論進行檢驗，將那些具有統計顯著性的結果記錄下來，並將其他結果扔到一邊。對於社會公眾來說，我們只能看到這些統計工作的冰山一角，我們只能看到具有統計顯著性的結果，看不到不具統計顯著性的結果。如果我們知道這些公布出來的檢驗背後，還隱藏著數百項沒有公布的檢驗，而且知道要是測試毫無價值的理論，平均二十分之一的檢驗能夠得到統計顯著性，至此我們一定會抱著更加懷疑的態度，看待這些公布結果。

比如說，製藥公司會檢驗數千種實驗性藥物。即使在設計良好的無偏差研究中，我們也會發現數百種毫無價值的藥物表現出具有統計顯著性的效果——而這又可以帶來巨大的利潤。藥商喜歡檢驗更多的新藥，不過，他們並不喜歡重新檢驗已獲批准的療法，查看最初的結果是否僅僅是一種巧合，是否屬於二十分之一碰巧具有統計顯著性的毫無價值的療法。

當已獲批准的療法接受重新檢驗時，結果常常令人失望，而且在意料之中。物理學家約翰．奧尼迪斯（John Ioannidis）在希臘約阿尼納大學（Panepistimio Ioanninon）、麻州塔夫茨大學（Tufts University）醫學院以及加州史丹福大學（Stanford University）醫學院任職。（想像一下，他需要飛行多少公里，放棄多少睡眠時間！）在整個職業生涯中，奧尼迪斯一直在警告醫生和公眾不要輕信未經重覆試驗的醫學結果。在一項研究中，他考察了從一九九〇年到二〇〇三年的四十五項備受重視的醫學研究，這些研究聲稱證明了各種疾病的有效療法。其中，只有三十四項實驗被人用規模更大的樣本進行了檢驗，以複製初始檢驗結果。在這三十四項研究中，只有二十項證實了初始結果（五十九％）。在七種療法中，重新檢驗得到的療效比最初預測小得多；另外七種療法的重新檢驗沒有產生任何效果。總體而言，在四十五項研究中，只有二十項研究經重覆檢驗，而且還是最受人重視的研究！就在奧尼迪斯發表這些令人不安結果的同年，他還寫了另一篇文章，文章的標題很不討好，叫做〈為什麼大多數已發表的研究結果都是錯誤的〉（Why Most Published Research Findings Ave False.）。

另一種獲得統計顯著性的方法是利用資料發現理論。統計檢驗的假設是，研究人員首先提出一種理論，然後蒐集資料，以檢驗理論，然後彙報結果——這種結果可能具有統計顯著性，也可能不具顯著性。許多人倒過來做，他們仔細研究資料，從中發現某種模式，然後編造出符合這種模式的理論。在資料中搜尋模式的過程令人愉快，而且激勵人心，就像玩數獨或者解決神祕謀殺案一樣。這些人從各個角度考察數據，分成性別、年齡和種族等類別，捨棄干擾模式的數據，尋找任何有趣的現象。當他們發現某種模式時，他們開始思考其中的原因。

當研究人員淘選資料、尋找模式時，他們會進行數百次外顯或內隱的試驗。你可以想想他們的立場。首先，你視數據為一個整體。然後，你分別查看男性和女性的數據。接著，你將兒童和成年人的數據分開。然後將兒童、青少年和成年人的資料分開。然後將兒童、青少年、成年人和老年人的資料分開。接著，你嘗試界定不同的年齡範圍。先將老年人的年齡範圍設在六十五歲以上。當這種做法失敗時，你將這個數字調整為五十五歲、六十歲、七十歲或者七十五歲。最終，你總會發現某種模式。即使研究人員不對資料的各種組合進行正式的統計檢驗，他們也可以進行非正式試驗，即尋找具有統計顯著性的資料組合。如果我們知道研究人員在公布結果之前，用了一百種不同的方式只為得到可發表的數據，我們一定會審慎以對。

這些做法——選擇性報告和資料搜刮——稱為資料採集。數據挖掘所發現的統計顯著性，只能體現出研究人員的耐心。在獨立檢驗證實或拒絕結論之前，我們無法判斷某種資料採集馬拉松到底證明了某種實用理論的有效性，還是研究人員堅定的毅力。不過，通常情況下，這類檢驗並不會被人驗證。畢竟，你無法通過證實他人的研究而成為明星，那為什麼不把時間用於發現新理論呢？因此，通過資料採集得出的理論看上去很安全，既不會受到檢驗，也不會受到質疑。許多重要科學理論的提出，原先的確是人們為了解釋他們所發現的模式。例如，在十九世紀，大多數生物學家認為，親代性狀的平均值決定了後代性狀。例如，孩子的身高是由父母身高的平均值決定的，同時也可能受到環境的影響。

奧地利修士葛列果．孟德爾（Gregor Mendel）在八年時間裡對幾萬株豌豆進行了嚴密的研究。他考察豌豆的不同性狀，認為當時的混合理論說不通。當他對綠色種子的植株和黃色種子的植株進行異花授粉時，後代的種子要麼是綠色的，要麼是黃色的，沒有黃綠色的種子。當他對圓粒種子植株和皺粒種子植株進行異花授粉時，後代的種子要麼是圓粒的，要麼是皺粒的，沒有處於兩者之間的種子。為了解釋這些實驗結果，孟德爾提出了「孟德爾遺傳定律」，這個優雅的機率模型解釋了性狀的代際傳遞以及偶爾發生的隔代傳遞。他打造了一種與數據相符的理論，為現代遺傳學奠定了基礎。

不過，資料採集還導致了數千種胡謅理論。我們如何區分正確理論與胡謅？有兩種良方：**常識和新數據**。如果某種理論聽起來很可笑，那麼在看到壓倒性的證據之前，我們絕不應該輕信。即使看到了壓倒性的證據，我們也應當保持懷疑的態度。不同尋常的說法需要不同尋常的證據。遺憾的是，在這個年代，常識是一種稀缺品，許多誠實的研究人員用嚴肅的語氣提出了一些愚蠢的理論。你知道嗎？有人認為入選名人堂會使棒球選手的預期壽命減少五年。還有人認為，某些中國人之所以死於心臟病，是因為他們在火年出生。本書稍後會介紹這些例子。

第二種良方是新數據。當你搜刮資料、編造理論時，用同份資料檢驗理論是不明智的。既然你編造這種理論是就為了迎合資料，那麼這些資料當然會支持這種理論！要檢驗就應當使用不受資料採集污染的新資料。

當你用新資料比對藉資料採集形成的理論時，得到的結果常常令人失望，這是意料之中的事情。用啟發某種理論的數據檢驗這種理論顯然具有誤導性。如果某種理論跟新數據不像原始資料那麼匹配，這顯然並不奇怪。

舉個例子。我剛剛用左手小指彈開了桌子上的一枚二十五美分硬幣，硬幣落地時背面朝上。看到這一結果，我得出了一種理論：如果我用左手小指彈開桌子上的二十五美分硬幣，那麼它在落地時總會背面朝上。畢竟，我的數據可以支持這種理論。這種理論顯然愚蠢而毫無用處，但我們後面幾章要詳細考察的一些理論也是如此，這些理論雖然不那麼容易看穿，但它們與我的彈硬幣理論具有相同的推導方式。如果死於癌症的孩子生活在高壓電線桿附近，那麼高壓電線桿的電磁場（electromotive force, EMF）一定是導致癌症的元凶，不是嗎？如果某種理論看上去比較合理，而你又不知道這種理論是觀察資料後才得到的——比如觀察地板上的硬幣——那麼你會輕信與數據相符的理論一定是正確的。畢竟，這種理論能夠得到數據的證明！這股衝動你應當抗拒。

幸運的是，我們能夠抗拒這種衝動。我們能夠克服承自遠古祖先在生存和繁衍的鬥爭中形成的偏好。我們可以擺脫資料的欺騙。

如何識破一本正經的胡說八道

我們往往會尋找模式，並且相信我們所觀察到的模式是有意義的。如果棒球選手穿上新襪子後，在比賽中表現出色，那麼他不應該換襪子。如果股票市場在NFC球隊贏得超級盃以後表現出色，那麼你應該先看比賽，然後再去投資。如果籃球選手連續四次投籃命中，這說明他的狀態很好，很有可能在下次投籃時命中。如果一千六百公里以外的人朝心臟病患者發送治療意念就能治病，便說明遠距離治療是有效的。如果一項顧客滿意度調查中，發現家有三間浴室的人比家有兩間浴室的人更加熱情，這說明前者才是企業的目標市場。如果一個國家在政府高負債時經濟衰退，這說明政府債務導致了衰退。在這本書中，我們將反駁幾十個與此類似的例子。不要天真以為模式就是證據。我們需要一個符合邏輯、具有說服力的解釋，並且需要用新資料檢驗這種解釋。

Lesson 2

不再神奇的超級暢銷書

一七九一年十二月二十六日，數學家查爾斯·巴貝奇（Charles Babbage）出生於倫敦。那是一個科技和社會流動性發生巨大變革的時代。巴貝奇對數學非常感興趣，但他對數學和天文學表格中的人為計算錯誤感到非常沮喪。這些錯誤不僅僅是智力上的失敗，它們還會帶來嚴重的後果，包括致使船長將輪船駛入暗礁區或者其他危險地帶。

當時，在高貴的英國人看來，關注法國數學家是一種不愛國的行為。不過，巴貝奇還是這樣做了。他發現法國政府利用一種自動人工系統，作出了一些數學表格。在這個系統中，高等數學家確定填表需要的公式，初階數學家將公式簡化成加減運算。例如，在計算四乘八時，我們可以將其簡化成加法：8+8+8+8=32。最低階的加減運算也是由專業人員完成的，他們被稱為「計算員」。

巴貝奇意識到，從理論上說，人們可以設計出以百分之百準確率進行加減運算的機器，從而消除人為錯誤。巴貝奇還知道兩個德國人（威廉·席卡德〔Wilhelm Schickard〕和戈特弗里德·威廉·萊布尼茨〔Gottfried Wilhelm Leibniz〕）以及偉大的法國數學家布萊士·帕斯卡（Blaise Pascal）設計的電腦。帕斯卡的父親是法國收稅員，因此他在十幾歲的時候設計了一台機械電腦，叫做「滾輪式加法器」（Aritmatique，又叫Pascaline），以便幫助他的父親。「滾輪式加法器」是一個盒子，上面帶有一些錶盤，它們與盒子裡隱藏的輪子相連。每個錶盤上標有0到9十個數字。當個位錶盤9移動到0時，十位錶盤就會向上移動一個刻度；當十位錶盤從9移動到0時，百位錶盤就會向上移動一個刻度，依此類推。「滾輪式加法器」可以進行加減運算，但是表盤需要手工轉動。

巴貝奇將兩種思想（將複雜公式轉化成簡單計算以及簡單計算的自動化）結合在一起，設計出了一台機械電腦，可以完美地執行所有計算任務。作為巴貝奇的第一項設計，這台由銅和鐵製造、由蒸汽驅動的龐然大物高達二・四公尺，重達十五噸，包含二萬五千萬個不同部件，被稱為「差分機」（Difference Engine）。這台「差分機」可以進行多達二十個數位的運算，而且可以將結果列印成表格。在進行了十年的小修小補以後，巴貝奇開始規畫一台功能更強大的電腦，叫做「分析機」（Analytical Engine）。這項設計包含五萬多個部件，使用穿孔卡片輸入指令和資料，可以存儲多達一千個五十位元數字。「分析機」有一個高達四・五公尺、直徑為一・八公尺的圓柱形「工廠」，可以執行一個七・五公尺長的「記憶體」發送的指令。這個「記憶體」相當於現代電腦的記憶體，「工廠」相當於現代ＣＰＵ。

巴貝奇的核心原則與現代電腦的工作原理類似。不過，考慮到當時的技術水準，他所提出的機械設計極為龐大，而且他不時面臨資金限制以及所需部件短缺的困擾。儘管如此，他的宏大視野和對細節的關注仍然使人震撼，因此他的大腦（發明了電腦的大腦）一直保存至今，並展示在英國皇家外科學院。

一九九一年，在巴貝奇誕辰二百年之際，倫敦科學博物館根據巴貝奇最初的計畫製作了幾台電腦，包括第二代差分機。這台機器和他預想的一樣精確，可以進行多達三十一個數位的計算。二〇一一年，有人開展了一個名為「第二十八號計畫」的非營利私人專案，用於製造巴貝奇的分析機，希望巴貝奇領先時代一百年的超前思維能再激發我們的靈感。項目預計將在二〇二一年巴貝奇逝世一百五十周年之前完工。

由於巴貝奇的思想比他的時代領先了一個世紀，因此許多人對他的想法感到困惑。他在自傳中回憶道：

> 有兩次，（國會成員）問我：「請問，巴貝奇先生，如果你把錯誤的數位輸入到機器裡，機器會輸出正確答案嗎？」……我不太理解引發這種問題的混亂思想。

即使是在電腦已經普及的今天，許多立意良善的人仍然堅持著這種錯誤觀念：電腦不會犯下運算錯誤，因此它們絕對可靠。哈佛校友雜誌二〇一四年的一篇文章聲稱：「只要能夠量化足夠多的信息，現代統計方法一定能夠得出比一個人或者一小部分人更加正確的結論。」我們可以認為這種說法過於拐彎抹角，也可以認為這種說法是完全錯誤的。

事實上，如果我們讓電腦去做一些愚蠢的事情，它也會忠實地遵從我們的命令。有一句俗語叫做「輸入垃圾，輸出垃圾」。也就是說，不管電腦多麼強大，輸出的價值僅僅取決於輸入的品質。這種說法的另一個版本叫做「輸入垃圾，輸出福音」，它意味著人們往往過度相信電腦生成的結果，不會審慎思考。如果電腦的計算以不良資料為基礎，那麼它不會輸出福音，只會輸出垃圾。

遺憾的是，許許多多的人盲目崇拜根據誤導性數據而生的計算。下面是幾個例子。

去最好的學校

《紐約時報》（*The New York Times*）華盛頓分部主任大衛・萊昂哈特（David Leonhardt）數部經濟相關的作品，獲得了包括普立茲獎在內的多個獎項。二〇〇九年，他為《紐約時報》撰寫了一篇專欄文章，介紹《穿越終點線》（*Crossing the Finish Line*）一書。此書是由兩位前大學校長威廉・鮑文（William Bowen）和麥克・麥克弗森（Michael McPherson）以及一位博士研究生共同撰寫的，後一位作者很可能是負責分析六十八所大學二十萬學生資料的繁重工作。這本書的核心觀點，是美國在「說服學生上大學」方面表現不錯，但在「培養學生從大學畢業」方面則不太理想。半數大學生無法畢業。

他們發現的第一個「罪魁禍首」是配對不符（under-matching）：一些學生本來可以去畢業率較高的大學，但他們卻選擇了畢業率較低的大學。鮑文教授告訴萊昂哈特：「許多來自貧困家庭的學生本來有更好的選擇，但他們並沒有就讀適合自己的學校，這使我極度震驚。」總體而言，在學分積點（GPA）高於三・五、大學入學考試成績高於一千兩百分的低收入準大學生中，大約一半的人沒有選擇更好的學校。

例如，九〇%的密西根大學（University of Michigan）學生可以在六年內畢業；在東密西根大學（Eastern Michigan University），比例只有四〇%。許多成績足以進入密西根大學的學生，偏偏選擇了東密西根大學。想從經濟層面解決配對不相符的問題，我們可以提高東密西根大學的學費，或者降低密西根大學的學費，促使學生選擇畢業率更高的學校。

實際情況並沒有這麼簡單。這些資料都是垃圾，結論也不是什麼福音。如果讓這些所謂的「配對不相符」的學生就讀密西根大學，他們的畢業率可能會更低。研究人員認為這些學生是隨機分發到密西根大學或東密西根大學的，就像醫生被隨機分配阿司匹靈或安慰劑一樣。不過，選校決策並不是科學實驗。

當數據關乎人們的選擇時（比如人們選擇上大學、結婚或者要孩子時），就會出現「自我選擇偏誤」（self-selection bias）。在這種情況下，要比較做出不同選擇的人是靠不住的。例如，我們常常聽人說，大學畢業生的工資高於高中畢業生，好像人們觀察到的工資差異可以用來衡量上大學的財務回報。不過，大學畢業生之所以工資比較高，部分原因在於他們比不上大學的人更聰明，更有抱負。實際上，做出不同選擇的人，本質可能就是不同的。

類似地，上述「配對不相符」的觀點也存在自我選擇偏誤。學生不僅會選擇上大學，他們還會選擇上哪所大學。許多學生之所以選擇東密西根大學，而不是密西根大學，也許是因為他們覺得自己很難從密西根大學畢業。這可能是正確的選擇，畢竟，他們比我們更了解自己的情況。雖然東密西根大學的總體畢業率較低，但我們無法從數據中判斷每個能上密西根大學、但選擇東密西根大學的學生都能畢業。

藉觀察人們的行為、蒐集而來的「觀測性資料」中，自我選擇偏誤非常普遍。人們可以選擇自己的行為，因此他們的選擇也許反映了自身的特點。要想避免這種自我選擇偏誤，可以進行對照實驗，即將人們隨機分配到不同小組裡，然後告訴他們應該怎樣做。不過，即使研究人員需要實驗資料，他們很少有權強迫我們去做自己不想做的事情，這對我們所有人來說，都是一件幸運的事情。

要想進行有效的「配對不相符」研究，我們可以將那些同時被密西根大學和東密西根大學錄取的學生隨機分配到某一所大學裡。然後，我們可以比較兩個小組的畢業率。實際上，在一九六〇年代，有人曾在密西根州伊斯蘭提市（Ypsilanti）做過類似的事情，儘管這聽起來有些不可思議。當時，在一項實驗性學前教育計畫中，人們根據拋硬幣的結果，決定是否允許家庭社會經濟地位不高的黑人孩子進入學前班。這項研究發現，上過學前班的學生高中畢業和找到工作的可能性較高，被逮捕的可能性較低。這項實驗證明了學前教育的價值，儘管它對輸掉硬幣遊戲的孩子來說似乎有些殘酷。

巧合的是，東密西根大學就在伊斯蘭提市。更加巧合的是，二〇一二年，東密西根大學向七千七百名學生（占學生總數的三分之一）誤發了電子郵件，稱他們遭學校開除。校長為這個「不可原諒的錯誤」道了歉。如果這些學生真的被開除，學校的畢業率將會更低。

萊昂哈特《紐約時報》專欄的一位讀者發表了一條評論，認為教育品質比畢業率更加重要。（否則，我們可以拋棄論文、考試和出勤等令人討厭的要求，直接發文憑給所有學生，將畢業率提升至百分之百。）萊昂哈特回覆道：「大學畢業生的平均工資比大學輟學生高出五十四％，所以學位顯然具有經濟價值。」這又是一種自我選擇偏誤！選擇上大學、努力學習並獲得學位的學生，顯然與大學輟學生存在系統性差異。

投票人數越多越好？

美國只有半數合格選民會在總統選舉中投票。為了提高這個百分比，一個有趣的建議是將不投票的人的名字公布在當地報紙或者網路上，以便使他們羞愧。二〇一四年，《紐約時報》提出了一個更加激進的解決方案：

> 懲罰和監禁是人們不再參與政治（比如投票或政治實踐）的兩個原因……一份針對美國城市最邊緣群體的大規模調查，發現曾被員警攔截和盤查的群體中，投票率降低了八％；在曾被逮捕的群體中，投票率降低了十六％；在被定罪的群體中，投票率降低了十八％；在曾遭拘留或監禁的群體中，投票率降低了二十二％。

這段文字顯然暗示了這條資訊：如果減少逮捕和定罪數量，投票率將大為提高。在解雇員警之前，可別忘了，這些都是觀測性資料。也許，遭到盤查、逮捕和定罪的人並不是從人群中隨機選擇的。也許，他們曾經犯下罪行。也許，不投票的人更有可能犯罪，減少逮捕和定罪並不會提高投票率。

一醉方休

長久以來，飲酒問題困擾著許多大學，而且這常常是輟學的一個驅動因素。即使校園內部禁酒，某些不幸事件也會牽涉到在校外被捕的醉酒學生。學生為自己被逮捕而苦惱，教授為學生不學習而苦惱，家長為大學沒有監督和保護自己的兒女而苦惱。

「代位父母」原則意味著大學在法律上有保護學生、不讓他們做出錯誤決定的權力和職責，這個原則的應用經歷了許多波折。不過，許多大學完全有理由感到擔憂。一些學生和家長曾經控告學校沒能盡到家長的義務，逮捕和死亡事件對入學申請也會產生負面影響，而入學申請又是大學的生命線。

一九八四年，維吉尼亞理工學院（Virginia Polytechnic Institute and State University）心理學教授E．史考特．蓋勒（E. Scott Geller）在美國心理學協會的年度會議上發表了一篇研究論文，介紹他在維吉尼亞理工學院附近的三家酒吧裡觀察到的現象。（這比待在科學實驗室裡要有趣得多！）他發現，平均而言，以桶為單位的人，其喝下的啤酒量，比以杯或瓶為單位的人多出兩倍以上。他的結論是：「如果我們禁止使用啤酒桶，飲酒問題將會大大改善。」這一結論發表在全美境內。

蓋勒發表超過三百五十篇研究論文，並且憑藉將行為科學運用到現實生活中的出色表現，獲得了大學校友傑出研究獎和校友服務獎。不過，上面這項研究不在他那些優秀研究的範圍之內。根據常識，我們知道，這項研究中存在自我選擇偏誤，因為以桶為單位喝啤酒的人一定是想一醉方休，而且他們通常能夠實現這個目標。他們也許面臨著某種要把買來的啤酒喝完的心理壓力，但即使換成酒杯或酒瓶，豪飲者也不會改變自己大量飲酒的意願。

在漫長而多產的職業生涯中，蓋勒多次研究大學生飲酒問題，在進行上述酒吧研究的二十七年以後，在二〇一一年美國心理學協會會議上，他承認了一個顯而易見的事實：許多大學生「想要一醉方休……我們在多項研究中指出，他們的意圖會影響他們的行為。如果他們真想要喝醉，你也很難阻止事情發生。」

放下遙控器

電視頻道如此眾多，精采節目卻寥寥無幾。照本宣科的真人秀；由缺乏才能的選手參與的才藝競賽；某博士告訴人們（可能是演員）他們很優秀；某鑑定專家告訴人們（可能是演員）他們很愚蠢；喜劇節目不斷出現令人討厭的背景笑聲。也許，看電視時關掉聲音會讓人減少幾分痛苦？

美國最受尊重的廣播和電視新聞工作者愛德華・R・默羅（Edward R. Murrow）曾說過：「電視的主要用途是欺騙和孤立我們，轉移我們的注意力，逗我們開心。」這是一九五八年的事情，那是所謂的「電視黃金時代」。時至今日，情況沒有好轉。

科學家很早就知道，看電視會使人的腦電波從敏捷而符合邏輯的β波轉變成放鬆而發散的α波。美國動畫師加里・拉爾森（Gary Larson）製作了一集優秀的動畫片，名為《電視機產生之前的日子》（*In the days before television*），展示了一家人懶洋洋地躺在地板和沙發上、盯著一面空白牆壁的情景。

不管你觀看的是空白的牆壁，還是閃閃發光的「燈箱」，這種無須動腦的注視（常常伴隨著心不在焉的吃喝）都會為你帶來危害。二〇一一年，一群研究人員報告說，在澳大利亞，每天用六個小時看電視的人，比從不看電視的人平均早死五年。簡單計算一下你會發現，在二十五歲以後，每看一個小時電視，預期壽命就會減少二十二分鐘。你不僅在茫然的凝視中浪費了一個小時，而且額外失去了二十二分鐘的生命。考慮到人們一生中看電視的習慣，研究人員得出的結論是，如果立法禁止看電視，人們的壽命預計可以提高兩年左右。

和之前一樣，問題在於這些資料，是具自我選擇偏誤的觀測性資料。也許，同那些有更有趣的事情可做、而自身健康狀況也支持他們這樣做的人相比，選擇整天看電視的人更加安靜，更加抑鬱，或者健康狀況不是很理想。要想進行合理的實驗，我們應該選擇兩個小組，禁止一組看電視，強迫另一組每天看六個小時電視。如果我被隨機分到禁止看電視的小組，我會感到難過的。

請原諒我的直白

在災難性的滑鐵盧戰役的前夕，拿破崙於早餐時宣布：「威靈頓（Arthur Wellesley）是差勁的將軍，英國士兵是一群烏合之眾，而我們將在午飯之前解決戰鬥。」對許多人來說，這個故事再一次證明了法國人討厭而又毫無根據的傲慢。不過，美國運通（American Express）和法國旅遊局的一項研究發現，過去兩年訪法一次以上的多數美國人，並不認為法國人不友善。他們究竟是如何得到這個結論的呢？

下面是一種方法。假設一名研究員受雇證明法國是休閒旅行的好去處，這名研究員可以進行一項簡單的調查，調查內容如下：

1. 過去兩年你去法國出差幾次？
2. 過去兩年你去法國觀光過幾次？
3. 你是否認為法國人不友善？

假設大多數去法國出差過一次的人認為法國人不友善，這也是他們從不自願前往法國的原因。研究員將這些人的回答扔到一邊。

假設大多數從未去過法國的人認為法國人不友善，這也是他們從不前往法國的原因。研究員將這些人的回答扔到一邊。

假設大多數去法國玩過一次的人，認為法國人不友善。這也是他們從不再次前往法國的原因。研究員將這些人的回答扔到一邊。

假設大多數去法國玩過不止一次的人，不認為法國人不友好。太好了！這正是研究員想要的回答。法國旅遊局可以利用這些回答做廣告宣傳：過去兩年到法國觀光不只一次的美國人，並不認為法國人不友善。

從字面上看，這種說法是正確的，但這是錯覺。這種說法存在自我選擇偏誤，因為重返法國的人，幾乎一定在上次旅行時玩得很開心。不過，這種說法給了人們錯誤的暗示：大多數曾經去過法國的人，希望再次前往法國。

這種偏誤隱藏在所有顧客滿意度調查中。一家航空公司曾經打出這樣的廣告：在經常從紐約到芝加哥的出差人士中，八十四%的人更喜歡這家航空公司，而不是另一家航空公司。這個廣告令人困惑的地方，在於從紐約飛往芝加哥的旅行者中，只有八%的人選擇這家航空公司。如果八十四%的旅行者更喜歡這家公司，為什麼選擇這家公司的旅客只有八%呢？

答案是八十四%這個數字，其依據的調查物件是該公司從紐約飛往芝加哥的某航班乘客。選擇這家航空公司的旅行者更喜歡這家公司，這沒有什麼好奇怪的。真正奇怪的是，還有十六%的旅客更喜歡另一家航空公司。不過，我們很難想像航空公司會打出這樣的廣告：「在乘坐我公司飛機的旅客中，十六%的人很後悔。」

只有弱者留下來

自我選擇偏誤並不是觀測性資料的唯一潛在問題。一九七〇年代，一項集體訴訟認為密西西比州戈斯市（Goss）「喬治亞－太平洋鋸木廠」在初期工作分配和升遷方面歧視黑人。該廠五〇%的勞動力是黑人，但大多數黑人員工進入工廠時，多從事級別最低的工作類型（公用事業），而且從未升遷過。

在法庭上，工廠經理承認，電工長是工廠裡唯一需具備一定技能的職位。其他所有職位所需的技能，都可以在工作中學習。公司的管理階層也證實，雇用和升遷決策具有主觀性，沒有任何書面程序或具體標準。關於高階職位黑人相對較少的原因，工廠經理的核心觀點是：「同承擔責任、額外的勞累、延長工作時間相比，黑人更喜歡從事不需太多技能的工作。」

美國上訴法院第五巡迴法庭並沒有被這種具有侮辱性的觀點說服。他們引用了美國最高法院在「黑澤爾伍德校區訴美國案」（Hazelwood School District v. United States）中的觀點：「在可以證明總體統計性差異的時候，這種差異本身可以……構成歧視模式或實踐的初步證據。」他們還補充說：「『差異性對待』案件通常要求提供歧視動機的證據，公司官員缺乏標準的主觀決策，視作一種便捷的歧視機制，可以滿足這種條件。」法庭的結論當然是正確的，但其統計性證據的某個部分卻存在一個所有人都忽視的微妙缺陷。法庭展示了六年前進入公司初等公用事業職位、並且領取相同工資的十一名員工一九七六年的工資。一九七六年，五名白人員工的平均工資是三・八八美元，六名黑人員工的平均工資則只有二・九九美元。這似乎是工資歧視的明顯證據，但事情並沒有這麼簡單。

這些資料屬於回溯性資料。也就是說，這項研究選擇了一群員工，然後回顧他們的情況，而不是考察他們未來的情況。在前瞻性研究中，研究人員選擇一個樣本，然後監督這樣本一段時間裡的變化。例如，你可以每年對一千個人做醫學檢查，以查看飲食與心臟病之間是否存在關聯。你也可以每年觀測一千家公司，以查看分紅政策與股票表現之間是否存在關聯。相反，在回溯性研究中，研究人員選擇一個樣本，然後考察它的歷史，比如考察一千名年長女性的醫療紀錄或者一千家公司過去的表現。

回溯性研究往往存在倖存者偏差。也就是說，當我們選擇現在的樣本並回顧過去時，我們只能看到倖存者。老年人的歷史醫療紀錄中，排除了沒有活到老年的個體。公司財務歷史紀錄中，更排除了已破產的公司。

比較一九七〇年入職的員工其一九七六年的工資，算是一種回溯性研究，因為它只考察了一九七六年還留在公司的員工，排除了一九七〇年入職後自願或被迫離開公司的人。假設公司在一九七〇年以完全相同的工資雇用了十個白人和十個黑人，而且每個群體裡有一半的人工作效率很高，一半的人工作效率不高。進一步說，假設在這六年時間裡，在所有種族群體之中，效率很高的員工的工資提高了三〇%，效率不高的員工的工資提高了一〇%。如果所有二十名員工一九七六年仍然留在公司裡，白人和黑人的平均工資將會持平。不過，如果效率不高的白人員工被解雇，留下來的白人的平均工資將高於黑人的平均工資。如果效率很高的黑人員工離開公司，以追求更好的工作，那麼白人的平均工資也將高於黑人的平均工資。我們並不知道這些事情是否真的發生過，關鍵問題是，回溯性研究無法完整地描述一九七〇年入職的所有員工的情況。

許多觀測性研究存在倖存者偏差。例如，「健康維護組織」（Health Maintenance Organization, HMO）在一項調查中發現，超過九〇%的成員對該組織感到滿意。這裡存在兩種倖存者偏差，他們都在推高調查的滿意度：不滿意的人退出了這項計畫，還有一些人離開了人世。

紅獅酒店（Red Lion Hotels）曾經打出占據整整一個版面的廣告：「在曾經入住紅獅的商務旅行者中，九十八%的旅行者還會再次選擇我們。」原來，該公司對酒店裡的顧客進行了一項調查，其中九十八%的人表示「他們在旅行時通常會選擇紅獅酒店」。顯然，只住過一次紅獅酒店的人並沒有包括在這項調查內。

下面是一個更加微妙的例子。有人調查紐約市獸醫院接收的一一五隻墜樓貓咪，發現從九層以及九樓以上樓層墜落的貓咪，死亡率為五%。從不足九層的樓層墜落的貓咪，死亡率為一〇%。根據醫生的推測，這是因為從較高樓層墜落的貓咪能夠展開身體，形成某種降落傘。還有其他解釋嗎？

這個例子存在倖存者偏差，因為墜樓後直接死亡的貓咪不會被送到醫院。而且，許多主人會放棄那些自高處墜樓後奄奄一息的貓咪，而從較低樓層墜落的貓咪，其主人往往更加樂觀，更願意花錢帶牠們去醫院。

受損的飛機

二戰期間，英國皇家空軍（Royal Air Force, RAF）計畫在飛機上安裝厚鋼板，以抵抗德國戰鬥機和陸基高射炮的攻擊。這些防護板極為沉重，無法覆蓋整架飛機，因此英國皇家空軍開始調查結束轟炸任務的飛機，以蒐集飛機上子彈孔和彈片孔的位置資料。圖２－１是一張示意圖。如圖所示，大多數彈孔位於機翼和飛機尾部，駕駛艙、發動機和油箱的彈孔則非常稀少——這說明防

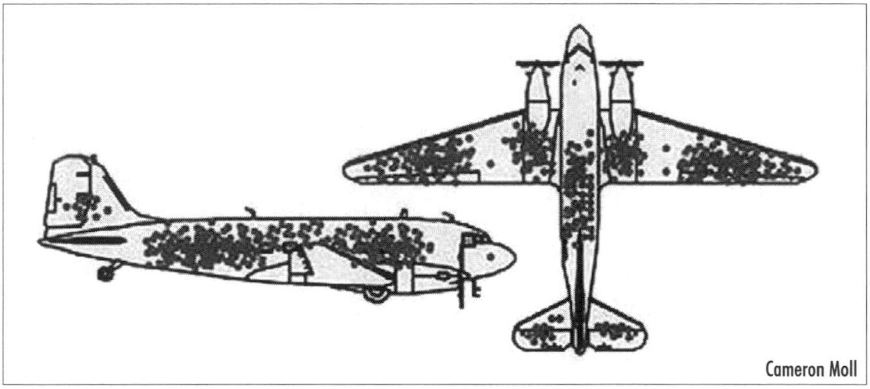

圖 2-1　哪些部位需要加強防護？

護板應當安裝在機翼和飛機尾部。你同意這種觀點嗎？

逃到美國的匈牙利猶太人亞伯拉罕．瓦爾德（Abraham Wald），敏銳地意識到這些資料存在倖存者偏差。返航飛機的駕駛艙和油箱之所以很少出現彈孔，是因為這些部位被擊中的飛機無法返回英國。

返航飛機的機翼，其出現彈孔的可能性更高，因為這些彈孔的傷害很小。

瓦爾德的建議與最初的結論完全相反：他們應當加固沒有彈孔的位置，而不是彈孔最多的位置。這個辦法發揮了作用。被擊落的飛機數量大幅減少，安全返航並且可以重新投入戰鬥的飛機數量大幅增加。瓦爾德清晰的思路為戰爭的勝利做出了貢獻。

暢銷書的祕密

在撰寫暢銷書《從A到A+》（*Good to Great*），美國管理學家吉姆．柯林斯（Jim Collins）及其研究團隊花了五年時間，考察了一千四百三十五家公司四十年的歷史，發現了股價表現優於平均水準的十一家公司：

雅培（Abbott Laboratories）	金百利（Kimberly-Clark）	必能寶（Pitney Bowes）
電路城（Circuit City）	克羅格（Kroger）	沃爾格林（Walgreens）

房利美（Fannie Mae）	紐柯（Nucor）	富國銀行（Wells Fargo）
吉列（Gillette）	菲力浦・莫里斯（Philip Morris）	

柯林斯對十一家大公司進行了一番詳細檢查，發現了一些共同特點，並為每個特點起了一個吸引眼球的名字，比如「第五級領導者」——具有謙遜的個人品質和職業驅動力、能夠將公司打造成卓越企業的領導者。

柯林斯描述他的工作是「尋找組織適用的永恆、通用的答案」。通過研究，他找到了所尋找的寶藏：「只要認真使用我們所發現的思想框架，幾乎任何組織都可以大幅提高自身的境界和表現，甚至成為一家卓越的組織。」那些想要相信他的讀者的確相信了他。《從A到A+》銷量突破四百萬冊，而且進入史上最佳管理類書籍的排行榜。

當然，問題在於，這是一項存在倖存者偏差的回溯性研究。下面是正確的研究方法。首先，選擇這個四十年區間一開始時便存在的一組公司。它們可以是標準普爾五百指數（Standard & Poor's 500）中的所有公司，紐約股票交易所的所有上市公司，或者其他名單上的公司。重點是，這份名單應當始於四十年前。接著，使用看上去合理的標準，預測出表現優於其他公司的十一家公司。這些標準必須具有客觀性，不能參考這些公司未來四十年的表現。先去查看哪些公司表現出色，然後再去預測哪些公司表現出色的做法是不公平的，也是沒有意義的。這不是預測，只是回顧。

在選定十一家公司以後，我們可以比較他們與其他公司接下來的表現。如果柯林斯是這樣做的，那麼十一家公司中的某些公司無疑會令人失望。一些公司可能會破產，一些公司可能不會被他選中，這就是世界的殘酷。不過，這也是一種公平的比較。

柯林斯並沒有這樣做。他在四十年區間結束時，選擇了十一家成功的公司，確保它們不會令人失望。柯林斯曾寫道，他「直接根據資料，進行了經驗性推斷，得出了所有想法」。他覺得自己的研究很專業，沒有偏差。這些內容不是他編造出來的，他的一切觀點都是通過資料推導出來的。

實際上，柯林斯承認過，他對一些公司的表現優於其他公司的原因一無所知。他告訴人們，他對「根據資料推導理論」的危險性渾然不覺。為了支持這種理論在統計上的合理性，柯林斯找到了科羅拉多大學的兩位教授。一位教授說：「在你的理論框架中，隨機出現的機率幾乎為零。」

另一位教授說得更加具體，他說道：「這十一家公司的員工表現出了你所發現的主要特點，而他們的直接比較對象並不具備這些特點。那麼，隨機找到這樣十一家公司的機率是多少呢？」根據他的計算，這個機率不到一千七百萬分之一。柯林斯的結論是：「找到十一個恰好具有『從A到A+』模式的隨機事件的可能性幾乎為零。我們可以充滿信心地得出結論：我們所找到的特點與從A到A+的轉變存在緊密的關係。」

我不知道這個一千七百萬分之一的機率是如何計算出來的（我聯繫了這位教授，他說他不記得了），但我至少知道它是不正確的。這位教授的計算中，假定這五個特點是在查看資料之前確定的。事實並非如此，因此這種計算沒有任何意義。正確的機率不是一千七百萬分之一，而是一。沒錯，是百分之百。

假設我抓到了五張撲克牌：黑桃3、黑桃8、方塊8、紅桃Q、黑桃A。這不是很神奇嗎？抓到這把牌的可能性大約是三百萬分之一，但它竟然出現在我的眼前！如果我在抓牌之前正確預測出了這五張牌，那才是一件神奇的事情。不過，如果我在抓到這把牌以後再去預測，那就一點也不神奇了。在我看到這把牌以後，擁有這五張牌的機率是一，不是三百萬分之一。

如果我們回顧歷史上的任何一組公司，不管是最優秀的公司還是最糟糕的公司，我們總能發現一些共同特點。瞧，柯林斯選擇的十一家公司的名字裡都有一個字母i或r，有幾家公司既有i又有r。從優秀到卓越的關鍵，是確保公司名稱中有一個i或r嗎？當然不是。

先選擇公司、然後尋找共同特點的做法既不令人意外，也不令人感興趣。真正有趣的問題是，這些共同特點能否預測哪些公司將在未來成功？

對於上面十一家公司來說，答案是否定的。房利美的股價從二〇〇一年的每股八十美元以上，變成了二〇〇八年的每股不到一美元。電路城在二〇〇九年破產。在《從A到A+》出版以後，其他九家公司在股市上的表現非常平庸。從圖書出版到二〇一二年，五檔股票的表現優於股市整體水準，六檔股票的表現不如股市整體水準。

二十年前，另一本企業暢銷書，做了一件非常類似的事情，這件事也存在完全相同的問題。這種迴圈現象給我們帶來的真正教訓，是寫作這些書籍的作者和購買這些書籍的數百萬讀者沒有意識到書中的本質缺陷。

世界頂級顧問公司之一麥肯錫公司，要求兩名默默無聞的顧問湯姆·彼得斯（Tom Peters）和羅伯特·沃特曼（Robert Waterman）研究幾家成功的公司。彼得斯和沃特曼與麥肯錫的其他顧問談話，列出了四十三家聲譽良好和資金雄厚的公司。接著，他們與經理談話，並且閱讀雜誌專訪，從中尋找共同的主題。根據這項相當隨意的研究，他們寫出了一部極具影響力、極為暢銷的書籍《追求卓越》（*In Search Of Excellence*）。此書列出了彼得斯和沃特曼在四十三家優秀公司中發現的八個共同因素，比如偏好行動和接近顧客。這也是一項回溯性研究。我們無法知道「偏好行動」（不管這種說法的含義是什麼）的公司是否比其他公司更加成功，或者過去表現出色的公司能否在未來表現出色。

在這四十三家公司中，三十五家公司擁有公開交易的股票。在這本書出版以後，十五家公司的表現優於股市的整體水準，二十家公司的表現不及股市的整體水準。柯林斯、彼得斯和沃特曼並沒有提供任何證據，證明這些公司過去取得成功的原因就是基於他們歸納出的特點。要想做到這一點，他們需要提供這些特點的理論依據，在不知道公司擁有或沒有這些特點的情況下選擇公司樣本，然後根據某種事先確定的衡量標準，監督他們的表現。這些作者並沒有開展這樣的工作。

對成功的企業、婚姻和人生進行回溯性研究的所有書籍都存在這個問題，包括成功企業、持久婚姻、活到百歲的方法／祕密／訣竅等。這類書籍存在固有的倖存者偏差。如果我們覺得自己知道成功的任何祕密，一個有效的檢驗方法是找到擁有這些特點的企業或個人，然後查看他們未來十年、二十年或五十年的表現。否則，我們僅僅是在考察過去，而不是在預測未來。

如何識破一本正經的胡說八道

我們會觀察人們的工作、遊戲和生活，而且我們自然而然會根據我們看到的現象得出結論。我們的結論可能會失真，因為這些人所做的事情是他們自己選擇的。我們所觀察到的特點，可能並非源於行動，而是反映了行動者的個性。

如果有人告訴我們，參與體育競技的孩子非常有自信，我們不應該認為體育競技可以增強自信。也許，自信的孩子喜歡參與體育競技。如果有人告訴我們，華爾街的工作人員很有進取心，我們不應該認為華爾街可以培養進取心。也許，華爾街容易吸引具有進取心的人。如果獲得普立茲獎的新聞工作者和獲得大學卓越獎項的人都會受到自我選擇偏誤的欺騙，那麼我們所有人都需要保持警惕。

我們自然而然會根據我們看到的現象得出結論——工人的工資、受損的飛機、成功的公司。我們還應當考慮到我們沒有看到的事情——離職的員工、沒有返航的飛機、失敗的公司。我們沒有看到的資料可能和我們看到的資料一樣重要，甚至更加重要。為避免倖存者偏差，應當從過去開始，並展望未來。查看二十年前受雇的人員、參與轟炸任務的飛機、四十年前便在經營的公司——然後查看接下來發生了什麼事。

Lesson 3

誤傳的謀殺之都

我有一個朋友，名叫史蒂夫，他從加州理工學院（California Institute of Technology）退學，參加了陸軍遊騎兵（Rangers）。這是美國士兵中的一個精英群體，專門執行高危近戰任務。遊騎兵的信條中有這樣一句話：「我的國家希望我比其他士兵走得更遠、更快，戰鬥得更加英勇。」

史蒂夫的部隊專門執行空降突擊任務，他的膝蓋在數百次跳傘經歷中受到了很大的傷害。一次，他的團隊遭到伏擊，困在越南的幾塊稻田裡。他們無法站起來作戰或者奔跑，因此儘量壓低身子，等待直升機過來驅離敵人。幸運的是，一個綽號為「狂野比爾」的狙擊手正駐紮在有利位置，專門應對這種情況。比爾位於稻田的三百公尺開外，但他經常可以命中三倍於這個距離的目標。當敵軍士兵探頭查看他們的藏身之處時，「狂野比爾」將他們一個一個地放倒。等到直升機趕到時，部分敵軍士兵已經死去，其餘士兵全都逃走了。另一次，「狂野比爾」在一百公尺外射殺了一名坐在汽車裡的敵軍將領，子彈威力極大，擊穿汽車的防彈玻璃，穿過司機擊中坐在後排的將軍。

史蒂夫帶著一對受傷的膝蓋和一系列令人震驚的故事離開了遊騎兵。在美國，他過著和平而活躍的生活。他參加體育運動，並且教人們水肺潛水。最終，他那對患有關節炎的膝蓋使他放慢了腳步。膝關節炎是一種退化性疾病。面對無法大量運動的黯淡前景，史蒂夫感到非常沮喪。一位醫生告訴他：「你的年紀大了，不適合參加體育運動了。」這使史蒂夫十分難過。

史蒂夫的情況並不是個案。幾十年來，當我們站立、走路、奔跑、跳躍和跳舞時，我們的膝關節一直在支撐我們超重的身體。因此，它們很容易撕裂，扭傷，出現一些游離體。最常見的療法是醫院每年進行數十萬次的關節鏡手術。這種手術需要切出兩個小型刀口，一個用於導入小型光纖攝影機，一個用於導入小型手術儀器。外科醫生需要移除碎片，然後修復、清潔、平整和修理餘下的結構。當這項耗資五千美元的手術完成後，疼痛就會消失。至少，醫生是這樣說的。

史蒂夫接受了關節鏡手術，並對結果大加讚賞。他反覆告訴我，我應當接受這項手術，以修復我那嬌嫩的膝蓋。不過，我對此持懷疑態度。幾十年來，人們並沒有比較關節鏡手術與其他療法的差異。醫生進行手術，患者表示他們感覺病情出現了好轉。除此以外，我們還需要知道什麼呢？首先，我們需要知道，他們的膝蓋是否真的改善？也許，患者之所以表示病情出現了好轉，是因為他們認為自己應當感覺到病情的好轉。永遠不要低估暗示的力量。

為了避免接受一項沒有必要的手術，我進一步考察這個問題。要想判斷手術是否有效，真正的科學方法是進行一項對照實驗，對一部分隨機選擇的患者進行關節鏡手術，並且不對其他患者進行這項手術。不過，有一個困難似乎無法化解：患者知道自己是否做過手術，這將影響他們怎麼回報自身感覺。

為了解決這個問題，在一九九〇年代，一項涉及一百八十名退伍軍人的對照實驗策略周延。醫生為對照組的患者切出兩個淺淺的刀口，並且做出模仿關節鏡手術的動作，這些患者並不知道他們是實驗的一部分。在接下來的兩年時間裡，獨立評估老兵狀況的醫生同樣不知道這項實驗。研究的結論是，同接受假手術的對照組相比，真正接受關節鏡手術的患者在任何時刻疼痛都沒有減少，或者表現出更好的功能。顯然，病人聲稱的疼痛緩解完全來自安慰劑效應（人們相信醫學的力量，希望看到治療方法帶來積極的效果，即使這種治療方法沒有任何醫學價值）。

這項研究二〇〇二年發表在《新英格蘭醫學期刊》上。六年後，發表在同一份期刊上的另一項研究證明，對於膝關節炎患者來說，跟只接受藥物和物理治療的對照組相比，接受關節鏡膝蓋手術、藥物治療和物理治療的患者在疼痛、僵硬度和物理功能方面並沒有表現得更好。現在，許多醫生建議病人放棄這項手術。我的醫生是一位運動醫學專家，他向我提出了同樣的建議。我相信他的觀點。

胃冷凍（gastric freezing）是一種治療胃潰瘍的奇特療法，目前已經一敗塗地。這種療法的開展也跟膝蓋療法非常類似。胃潰瘍有時會使人極度痛苦，過去人們常常通過物理切除胃酸來源的方法治療這種疾病。一位具有發散性思維的醫生想，既然他們可以用冰塊減少踝關節扭傷和其他外傷的疼痛，那麼他們也許可以用冰塊使病人的胃部失去知覺，從而減少疼痛。不過，讓病人吞下幾十個冰塊的方法不僅會使病人很難受，而且缺乏效率，因為你無法保證冰塊與潰瘍部位能持續接觸。

人們提出了解決方案：將氣球插入到潰瘍患者的胃部，然後通過氣球泵入低溫液體。這顯然比手術更加便宜，更加安全，儘管它的效果可能不像手術那樣持久。一九五〇年代的實驗表明，這種古怪的想法實際上是有效的，因為患者報告說，他們的胃酸分泌量減少，緩解胃部疼痛。這些結果發表在很有聲望的《美國醫學協會期刊》（*The Journal of the American Medical Association*）上。在此後的幾年時間裡，人們一直在用胃冷凍療法緩解潰瘍患者的疼痛。

和治療膝蓋問題的關節鏡手術一樣，胃冷凍療法缺乏相應的對照組，因此我們無法知道這種療法是否真的有效果。在被問及胃部疼痛時，患者往往會給出他們所認為的正確答案。

和之前一樣，我們需要一項對照實驗，將過冷液體泵入一組隨機選擇的患者體內，將與體溫相當的液體泵入另一組患者體內。當然，我們不能把我們所使用的液體種類告訴患者。

當人們最終結束這項實驗時，得到的結果令人吃驚。在接受胃冷凍治療的患者中，三十四%的患者表示病情出現了好轉；在接受與體溫相當的液體的患者中，這個比例是三十八%。又是安慰劑效應！隨後研究表明，胃冷凍沒有任何真正的效果，醫生從此不再將冰冷的氣球塞進人們的喉嚨。

正像這些例子表明的那樣，設計良好的實證研究通常涉及比較。不過，正像下一個例子說明的那樣，比較並不總是公平而有效的。有時，人們會拿蘋果和李子乾來比較。

麻塞諸塞州謀殺之都

如果道瓊工業平均指數一天下降一百點，這個數字是多還是少呢？要想正確看待這種變化，我們可以計算下跌百分比。如果道瓊指數當天開盤時是一千點，那麼一千點的下跌對應於一〇%的比例（令人恐慌）。如果道瓊指數當天開盤時是一萬點，那麼一百點的下跌對應於一%的比例（令人不快）。股票價格的百分比變化是有用的資訊。不過，一些百分比變化也具有誤導性，比如當人們比較某些小事與某些大事的百分比變化時。

韋爾弗利特（Wellfleet）是麻州的一座小鎮，以牡蠣、藝術家和寧靜著稱。不過，波士頓一份報紙報導說，韋爾弗利特當年的謀殺率是麻州之最，每十萬名居民中就有四十起謀殺案——這個數字是波士頓的兩倍多，後者每十萬名居民中只有十七起謀殺案。這篇報導非常使人吃驚。一名困惑的記者研究了這件謀殺統計謎案，發現韋爾弗利特的所有員警都沒有聽說過這座小鎮的謀殺案，包括一位在韋爾弗利特住了五十年的員警。

不過，一名被控在三十公里外犯下謀殺案的男子，在韋爾弗利特警局自首，這個案件誤記在韋爾弗利特轄區。韋爾弗利特只有兩千四百九十一名居民，因此一項錯誤統計的案件，被算成每十萬名居民中有四十起謀殺案。相比之下，波士頓發生了九十八起謀殺案，相當於每十萬名居民中發生十七起謀殺案。

這個謀殺之謎，顯現當基數很小時，一個統計意外能產生多巨大的影響。在波士頓，一項錯記的謀殺案對謀殺率的影響很小。在韋爾弗利特，一項錯記的謀殺案可以將一個以牡蠣和藝術家著稱的小村莊與底特律畫上等號。對於基數較小的情形，一種處理方法是使用許多年的資料，以獲得更大的基數。在過去五十年時間裡，韋爾弗利特只有一起錯記的謀殺案，或者說沒有謀殺案——兩種說法都可以證明，這的確是一個和平的小鎮。所以，不要擔心，把牡蠣遞給我吧。

請在我家後院開一座採石場

特曼庫拉（Temecula）是一個南加州社區，與洛杉磯、聖地牙哥和橘郡之間的距離大致相等。雖然特曼庫拉位於內陸山谷之中，但離太平洋只有二十公里。每天，海風通過一個山間空隙帶來涼爽的空氣，使特曼庫拉山谷形成了溫和的地中海氣候。

由於擁有怡人的氣候、樂觀進取的精神以及支持商業的態度，特曼庫拉的人口從一九八〇年的不到兩千人增長到了二〇一〇年的十萬人以上，家庭年收入中位數超過八萬美元。這個小鎮還擁有五十二萬平方公尺的體育設施，包括十座棒球場（五座帶有照明設施），兩座帶有照明設施的美式足球／足球場，一個游泳池以及體育館和社區中心。

晴朗的白天和涼爽的夜晚不僅可以吸引人口移入，而且適合生產葡萄酒，特曼庫拉山谷目前擁有三十多家釀酒廠。這裡還有數百家古董商店、特色商店、餐廳以及九座高爾夫球場，以及加州最大的賭場。這裡有熱氣球比賽、汽車展覽、爵士音樂節以及電影節。在不到三十年的時間裡，這個很小的小鎮已經升級成絕佳旅遊勝地，每月有七萬人入住特曼庫拉酒店，六分之一的當地居民從事旅遊業。

二〇〇五年，美國最大的礦業和建築公司申請在特曼庫拉附近建造採石場的許可證——實際上，這是一個超級採石場，面積相當於十七座足球場，深度與帝國大廈的高度相同。這個採石場每天將動用四千五百公斤炸藥，以便將岩石從山上分離出來，然後將其粉碎成石子和沙土（骨材），用作混凝土、瀝青以及其他建築材料。除了粉碎設施，他們還將建造兩個瀝青廠、一個混凝土廠以及一個碎石回收廠。採礦和加工每天持續二十小時，每週進行六天，每年將生產五百萬噸骨材。裝貨和運輸每天持續二十小時，每週進行七天，每天將有一千六百輛車進出該地。

根據計畫，這個採石場位於涼爽海風吹入特曼庫拉山谷時經過的山間空隙，因此，居民擔心這個超級採石場將影響城市的經濟和房產價值。如果海風將灰塵、噪音、刺鼻的味道以及其他污染物帶進這個美麗的城市，旅遊業者和房屋所有者該怎麼辦呢？

不必擔心，礦業公司請當地一位優秀經濟學家準備分析報告，宣稱這個採石場每年將為居民帶來一億七千二百萬美元的好處，而且不會帶來任何成本。礦業公司的真實身份是聖誕老人，為仍然相信聖誕老人的人帶來上億美元的禮物。

如果事實真如該公司所說，那麼各個城市將會為採石場選址展開激烈的爭奪。他們不會為了吸引專業體育團隊而提供租稅優惠、低息貸款和基礎設施。相反，他們將會提供租稅優惠給礦業公司。「這是一億美元。請在我們城市開礦場吧。」

不過，他們並沒有這樣做。

就連該公司雇用的經濟學家也承認這一點：「骨材開採作業幾乎總會遇到反對聲浪。」為什麼人們要反對沒有任何附加條件的上億美元利益呢？是他們太幼稚，還是受雇顧問的估計存在嚴重誤導性？你覺得呢？讓我們研究一下這位顧問對收益和成本的估計，看看我們能夠發現什麼。

關於經濟收益的試算表，充滿了令人頭疼的細節，比如碎石價格和去除水中細顆粒物所需要的絮凝劑用量。所有細節形成了一種看似嚴格的經濟分析，同時掩蓋了一個事實：在試算表最後得到的一億七千二百萬美元中，有一億五千萬美元並不是當地收益，而是公司的年利潤。沒錯，由於公司銷售的是特曼庫拉的「土地」，因此這位經濟學家將一億五千萬美元的公司利潤計成當地居民的收益。實際上，除了看到一家公司變富有所帶來的某種間接快感，這種利潤不會為當地帶來任何利益。

剩餘二千二百萬美元的預期利益，則來自新採石場的九十九個工作崗位，其中大部分是將骨材運往建築工地的卡車司機，這裡同樣有問題。計畫中的特曼庫拉採石場位於河濱市靠近聖地牙哥邊境的位置。公司預計，特曼庫拉採石場生產的骨材六〇％將被運往聖地牙哥市，聖地牙哥對更加遙遠的河濱市採石場的骨材需求也就隨之降低。

該公司的顧問表示，骨材總產量不會發生變化。一位顧問是這樣說的：「新採石場所做的事情僅僅是替代原有採石場。新的採石場不能也不會導致更多骨材被開採、運輸和使用。」

在這裡，顧問的觀點是正確的。骨材總產量是由需求決定的——也就是正在建設的住宅、商店和道路的數量，新的採石場只能改變骨材的生產地點。如果特曼庫拉的產量是五百萬噸，這將意味著河濱市其他地區的採石場減產五百萬噸。該公司自身的說法暗示了產量或工作崗位不會增加，只會從現有採石場轉移到新的採石場。

因此，公司聲稱為當地居民帶來的一億七千二百萬美元利益，完全是空中樓閣——它只是建築公司的一億五千萬美元利潤以及九十九個從現有採石場轉移到新採石場的工作崗位而已。「該公司不會帶來的」不是成本，而是利益！

那麼。經濟學家所說的「沒有任何成本」呢？特曼庫拉居民對房產價值的擔心是杞人憂天嗎？另一位顧問聲稱，在七十公里外的科羅納市，礦山生產與房產價值之間出現了「正相關」。城市領導人顯然應當歡迎超級礦場選擇他們這座美好的城市——因為城市房產價值將受到「超級影響」。

這種說法令人無法容忍。當任何兩樣事物隨時間增長時，它們之間可能沒有任何因果關係，但它們仍然具有統計相關性。圖3-1顯示了美國的啤酒銷量和已婚人口的數量，二者的相關性達到了驚人的〇・九九。面對強烈的相關性，我們能否認為飲酒會導致婚姻？或者倒過來，我們能否認為婚姻會導致飲酒？

當然，一定會有一些已婚人士同意這種結論。不過，正確的解釋是，當人口隨時間增長時，啤酒消費量也會增長。類似地，婚姻、嬰兒、汽車、鞋子、大學入學率、心臟病以及其他許多事物也會增長。穿鞋會導致嬰兒數量增長嗎？開車會導致心臟病嗎？這些事物的增長源自人口的增長，它們之間不一定存在任何關係。

礦山生產和房產價值也是同樣的道理。二者都在隨時間增長，它們之間不一定存在因果關係。公司出錢要求顧問證明一些事情，當顧問發現某種表面證據時，就會死死抓住證據不放。

我們都會做這樣的事情。這種事情極為常見，甚至擁有一個名稱：確認偏誤（Confirmation bias）。我們認為自己能夠預測美式足球比賽、選舉或者選股票結果。我們高估了自己的預測能力。如果我們的預測是正確的，

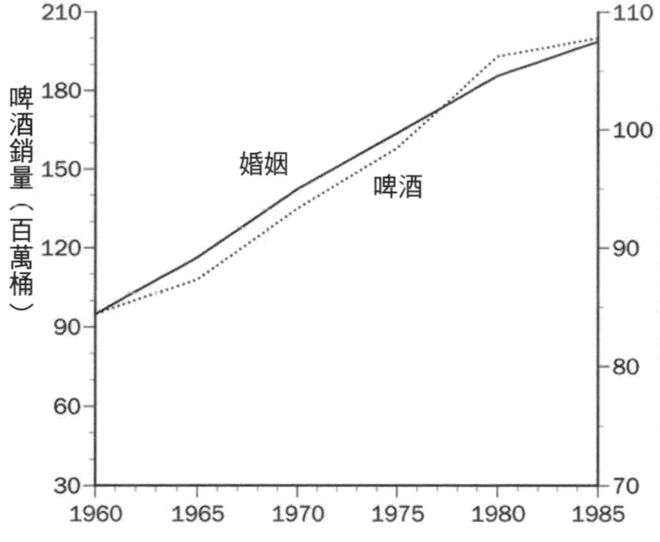

圖 3-1　飲酒與婚姻

這將證實我們的確是聰明人。如果我們預測失敗，這僅僅是運氣不好而已——裁判不公、投票率不高、其他投資者不理性。

當然，顧問通常會受雇尋找某些事情的證據，這些事情可能連他們自己都不相信。真的有人認為採石場會提高附近住宅的價值嗎？這種說法甚至無法通過表情測試。你可以將這種荒謬的說法講給你的朋友聽，看看你能否忍住笑聲。

不過，只要價格合理，有些人願意尋找能夠證明荒謬觀點的證據，然後裝模作樣地向人們證明這種觀點。在尋找令人信服的證據時，他們常常會找到巧合的相關性，而那些隨著時間和人口增長而增長的資料中，往往具有巧合的相關性。

這正是礦業公司所做的事情。他們甚至用周圍城鎮具有誤導性的統計數據支持自己的觀點。另一位顧問（他們雇用了許多顧問）指出，加州科羅納市的採石場已經存在了幾十年，那裡的房價與（目前）沒有採石場的特曼庫拉具有幾乎相同的成長率。因此，採石場不會抑制房產價值。

考慮這種觀點背後的邏輯。如果牛排和馬鈴薯的價格具有相同的成長率，這是否意味著牛排的價格和馬鈴薯一樣？假設兩幢相同的住宅位於具有同等吸引力的位置，二者相距八公里。兩幢住宅的市場價值相等，而且每年穩定地增長三%。一九八〇年，一幢住宅旁邊開了一家採石場，其價值立即下跌了二〇%。之後，兩幢住宅的價值仍然每年增長三%，二者的市場價值始終維持著二〇%的差距，如圖3-2所示。

正如礦業公司所說，靠近礦山的住宅與八公里外的住宅具有相同的價格成長率。這種平行的變化能否告訴我們採石場對附近住宅的價值具有正面影響、負面影響或者沒有影響？答案是否定的。要想回答這個問題，唯一的方法是查看哪幢住宅擁有更高的價格。

每一個優秀的魔術師都知道，要想騙過觀眾，關鍵在於轉移觀眾的注意力。這位顧問希望通過談論房價的變化，使我們忘記真正的問題：

靠近採石場的住宅是否價格更低？答案當然是肯定的。

我們很少能夠找到兩幢完全相同的房子，一幢靠近採石場，

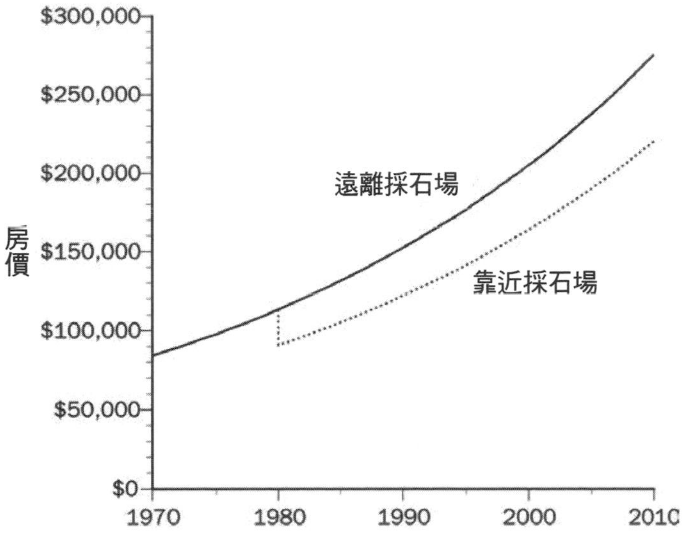

圖 3-2　地點，地點，地點

一幢遠離採石場。不過，我們可以使用一個包含各種住宅特點的統計模型，包括建築面積、浴室數量、與便利設施（比如好學校）的距離、與擾民設施（比如礦山）的距離。利用許多住宅的資料——有的住宅面積是一百八十平方公尺，有的是二百四十平方公尺；有的住宅有兩間浴室，有的有三間浴室；有的住宅靠近礦山，有的遠離礦山——我們可以估計出增加十平方公尺面積的價值，增加一間浴室的價值，距離礦山遠近的價值。

二〇〇六年，一份針對俄亥俄州數千幢住宅的研究做了同樣的工作（圖3-3）。研究結果顯示距離採石場一・六公里的住宅

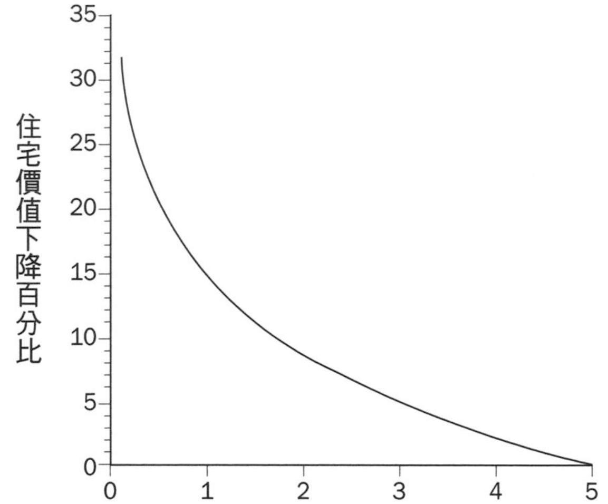

圖 3-3　住在採石場旁邊

價值下降了十五％，距離採石場三．二公里的住宅價值下降了九％——如果你說服礦業公司將採石場開在你家後院，你的住宅價值並不會因此而提高。

在這個強烈支持商業的社區裡，兩家支持商業發展的機構——特曼庫拉山谷旅遊局與商會——聽取礦業公司的報告，但並沒有被說服。這兩個團體強烈反對建造採石場。公司花了七年時間和數百萬美元資金，試圖使他們的採石場獲得批准。不過，在閱讀了幾千頁分析報告、聽取了相關市民和雙方專家幾十個小時的證詞以後，河濱市計畫委員會和行政管理委員會拒絕了這項採石場提案。他們顯然並不相信聖誕老人。

如何識破一本正經的胡說八道

比較是實證研究的生命線。在與某種替代方案進行比較之前，我們無法確定某種藥物、療法、政策或策略的有效性。不過，請當心膚淺的比較，包括對於大數和小數百分比變化的比較，對於除了隨時間增長以外沒有其他共同點的事物的比較，以及對於無關資料的比較。這些比較就像拿蘋果和李子乾相比一樣。

Lesson 4

新的經濟學上帝

電腦可以迅速正確地完成計算任務，但它不會考慮這些計算的意義和合理性。電腦只會做人們要求它去做的事情。有時，錯誤的問題會導致錯誤的答案。如果我想知道一百六十九的平方根，實際卻讓電腦計算一百九十六的平方根，電腦會告訴我答案是十四。對於我所提出的問題來說，這個答案是正確的。對於我想提出的問題來說，這個答案是錯誤的。這類錯誤被稱為「計算誤差」，但它們實際上是人為誤差。遺憾的是，一些計算誤差的後果極為嚴重。

一九九八年，美國太空總署（National Aeronautics and Space Administration, NASA）發射了一艘名為「火星氣候軌道太空船」（Mars Climate Orbiter）的太空船。太空總署的計畫是，當太空船接近火星時，便會發送到距離火星一百六十多公里的軌道上。在那裡，它得以安全記錄天氣資料。不過，這項耗資三億美元的太空任務最終失敗了，因為地球設備以磅／每秒[1]為單位測量推力，太空船使用的則是公制單位——牛頓，而工程師忘記了單位轉換。當太空船接近火星時，發動機開始點火，試圖將太空船送到圍繞火星的軌道上。不過，由於這種計算錯誤，火星氣候軌道太空船推進到離火星只有六十公里的地方，在大氣中燒毀了。三億美元打了水漂，僅僅是因為一個列印錯誤。

二〇一二年，又發生了一次完全不同、代價更昂貴的錯誤。摩根大通（JPMorgan）英國分部在「倫敦鯨」（London Whale）事件中損失了五十到一百億美元。「倫敦鯨」指的是押下巨大賭注的那個交易員，當時由於一個愚蠢的錯誤，他嚴重低估了銀行風險。在衡量風險時，人們需要計算一個簡單的平均值；例如，6和10的平均值是(6+10)/2=8。程式師忘記除以觀測值，因此，平均值錯計成 6+10=16。結果，計算出來的風險值比實際風險小得多。摩根大通認為倫敦鯨的交易相對安全，但是這些交易事實上非常危險，並且最終釀成了災難。

人們不僅會提供電腦錯誤的指令，有時還會提供錯誤的資料。美國國會聯合經濟委員會曾報告說，美國最富有的〇・五%家庭擁有全國三十五%的財富。同二十年前的二十五%相比，這是令人震驚的增長。政客發表了演講（真是稀奇），報紙用聳人聽聞的標題報導了這則故事。聯合經濟委員會主席、威斯康辛州民主黨人大衛・奧貝（David Obey）表示：「這說明富人變得更加富有」，並指出，之前的最高紀錄是一九二九年的三十二%。奧貝總結道：「這項研究徹底駁斥了『美國需要提供富人更多獎勵』的觀點。」傑出的經濟學家約翰・肯尼・加爾布雷斯（John Kenneth Galbraith）發出了不祥的警告：一九二〇年代財富的過度集中是導致大蕭條的原因之一。普通人買不起商品，公司請不起工人生產人們買不起的商品。紐約社會研究新學院（New School for Social Research）經濟學教授大衛・M・戈登（David M. Gordon）警告說，「美國的民主制度已經來到最危險的時刻，這是過去五十年不曾有過的事情——可能也是共和國成立以來不曾有過的事情。」

1 譯註：一磅約為〇・四五公斤。

華盛頓的一些懷疑者檢查計算過程，發現這類增長幾乎完全來自一項錯誤紀錄：某個家庭的二百萬美元財富被寫成了二億美元。接受調查的少數富人中，這一錯誤明顯提高了近五〇%的平均財富水準。修正後的資料顯示，最富有的〇・五%家庭擁有美國財富的二十六・九%，而不是三十五%。

在發現這個錯誤以後，奧貝發布了一份奇怪而虛偽的聲明：「我們很高興能夠得知，財富集中在超級富豪的成長幅度，不像最初所說的那麼顯著。」其他經濟學家對之前的聲明閃爍其詞，但是拒絕放棄他們的結論。

這個錯誤及時得到糾正，沒有對經濟政策造成任何影響。不過，另一件差錯的糾正則沒有這麼迅速。

政府債務臨界點

二〇一〇年，兩位哈佛教授卡門・萊因哈特（Carmen Reinhart）和肯・羅戈夫（Ken Rogoff）發表了一篇論文，認為當聯邦政府債務相對於國內生產總值（Gross Domestic Product, GDP）的比例超過九〇%時，就會拖累國家的經濟增長。在這種情況下，國家九〇%的收入得用以償還政府的債務。

這聽上去很合理，但是經不起推敲。政府並沒有短期清償債務的迫切理由。當我們購買住宅時，貸款金額比我們的年收入高得多。那又怎樣呢？真正重要的問題，是我們的收入是否足以支付每月分期，而不是我們的收入是否足以立即付清貸款。政府也是一樣的道理。而且，政府的負擔要輕一些，因為他們可以在必要時啟動印鈔機。此外，九〇％這個比例有什麼特別之處嗎？為什麼不是八〇％或者一〇〇％呢？你無法找到一個可信的理由，證明九〇％這個神奇的數字是經濟增長和衰退之間的分界線。

不過，這些教授的確認為九〇％的債務與ＧＤＰ之比是一個臨界點，如果超過這個比率，國家將衰退。而且，人們接受了這種觀點，因為這畢竟是哈佛大學教授的結論。表４－１列出了兩位教授最有說服力的證據。萊因哈特和羅戈夫研究了二十個進步國家（澳大利亞、奧地利、比利時、加拿大、丹麥、芬蘭、法國、德國、希臘、愛爾蘭、義大利、日本、荷蘭、紐西蘭、挪威、葡萄牙、西班牙、瑞典、英國和美國）。他們計算了每個國家每年債務與ＧＤＰ的比率（以百分數表示）以及扣除通膨因素後的ＧＤＰ成長率。根據債務與ＧＤＰ的比率，這些資料被分成了四個類別。

表４－１顯示，債務與ＧＤＰ之比的增長會降低經濟成長率。如果這個比率超過九〇％，經濟將衰退，ＧＤＰ將會下

	政府債務與 GDP 的比率			
	30%以下	30%到 60%	60%到 90%	90%及以上
平均 GDP 成長率	4.1	2.8	2.8	-0.1

表 4-1　1946~2009 年二十個發達經濟體的債務和 GDP 增長

降，經濟總量將會萎縮。萊因哈特和羅戈夫的結論是，「至少，這表示著傳統債務管理問題，應當成為公共政策的首要關注點。」

作為支持緊縮的有力證據，這項結論獲得了全球的關注。許多國家的財政強硬派援用羅戈夫和萊因哈特的研究，證明政府應當減少開支，提高稅收，以平衡預算，甚至獲得盈餘。這樣一來，政府才能償還債務。

在美國，共和黨二〇一三年的財政預算指出：經濟學家肯・羅戈夫和卡門・萊因哈特完成的一項著名研究證實了這個常識性結論。這項研究發現了決定性的實證證據，證明超過ＧＤＰ九〇%的總債務（指政府欠下的所有債務，包括政府信託基金持有的債務）對經濟增長具有重大的負面影響。

誰能對常識和決定性實證證據提出異議呢？

在這種宣傳的影響下，二〇一三年《華盛頓郵報》（*The Washington Post*）的一篇社論發出了不祥的警告：「債務與ＧＤＰ之比可能會持續攀升——並且危險地保持在九〇%關口，經濟學家視此威脅到經濟的持續增長。」在這裡，兩位經濟學家的一項研究似乎被《華盛頓郵報》描述成了所有經濟學家的普遍意見。事實上，許多經濟學家從不認為九〇%臨界點存在。大多數經濟學家的共識，是當一個國家的經濟未從始於二〇〇七年十二月的大蕭條中恢復過來時，為了減少政府債務而削減開支和提高稅收的做法，反而是錯誤的。許多人對羅戈夫和萊因哈特的研究感到極為懷疑，但是他們很難找到任何嚴重的錯誤。

一個問題是，美國債務與GDP的比例只在某四年裡超過九〇%。美國經濟在這四年內緊縮，那是非常特殊的年份：一九四六到一九四九年，正好是二戰結束以後。政府債務之所以異常偏高，是因為政府為了支持戰爭而大量借貸。戰後的衰退是由政府軍事開支的下降引起的，不是由戰爭期間積累的債務導致的。顯然，我們不應該認為這四年證明了政府債務會導致衰退。相反，這四年實際上證明了財政強硬派宣導的大幅削減政府開支的做法，才會導致衰退。

不過，世界各地的財政強硬派都在使用萊因哈特和羅戈夫的研究，以便支持英國保守黨黨魁大衛・卡麥隆（David Cameron）所說的「緊縮時代」。一些歐洲政府試圖削減開支和提高稅收來減少財政赤字。歐洲平均失業率從二〇一一年的一〇%上升到了二〇一二年的十一%和二〇一三年的十二%。就連頻繁宣導緊縮的國際貨幣基金組織（The International Monetary Fund, IMF）也承認，歐洲緊縮措施的危害性大大超出了預期。

我們無法知道萊因哈特和羅戈夫的論文導致多少產值損失，使多少人失去工作。經濟學家有時會進行這樣一種遊戲：指出自己希望成為哪一篇著名論文的作者。如果讓我選擇不希望由自己完成的論文，萊因哈特和羅戈夫的這篇論文將是我的首選。

事實證明，萊因哈特和羅戈夫的研究從一開始就存在嚴重缺陷。麻薩諸塞大學阿默斯特分校（University of Massachusetts Amherst）研究生托馬斯・赫登（Thomas Herndon）二〇一二年選修了一門由麥克・艾許（Michael Ash）和羅伯特・波林

（Robert Pollin）主持的研究生統計課程，其中一項課程作業是要複製一篇知名論文的研究成果。赫登選擇了萊因哈特和羅戈夫的論文。他付出了大量努力，但他無法複製他們的結果。他認為自己在某個地方出了差錯，卻無法找到這個錯誤。

赫登的教授之前見過類似的情況，通常是學生出了差錯。這也是該練習的目的——讓學生學習仔細正確地工作。這一次，情況有所不同。就連教授也無法發現這篇著名論文中的錯誤。

赫登認為知名教授不太可能花時間幫助一個小小的研究生，但他還是放棄單靠自己理清這項研究，開始聯繫萊因哈特和羅戈夫。果然，他們對他最初的請求置之不理。不過，他一次又一次地發出請求。畢竟，要想通過這門課程，他必須弄清自己在哪裡出了問題。

萊因哈特和羅戈夫最終給了他們資料以及試算公式，赫恩登很快發現了問題。實際上，這些資料存在一系列問題，包括粗心的錯誤和可疑的程式：

試算表中的一個錯誤

二十個國家的原始數據以反向字母順序出現在一張表格的第三十至四十九行。不過，當萊因哈特和羅戈夫編寫計算公式時，他們沒有使用第三十至四十九行，而是使用了第三十至四十四行，因此他們忽略了五個國家（澳大利亞、奧地利、比利時、加拿大和丹麥）。其中，三個國家（奧地利、比利時和加拿大）擁有債務與GDP之比大於九〇%的時間區間。在這些年份裡，三個國家的成長率都是正值。這三個與論文結論相反的例子，都排除在萊因哈特和羅戈夫夫的計算之外。

選擇性忽略某些資料

在表格中，萊因哈特和羅戈夫夫的計算還忽略了其他數據。在許多情況下，這是因為一些國家缺乏某幾年的資料。不過，一九四六～一九五〇年的澳大利亞、一九四六～一九五〇年的加拿大以及一九四六～一九四九年的紐西蘭是有數據的。奇怪的是，這些資料並沒有被納進來。

紐西蘭的資料尤其重要，因為要比的是債務與ＧＤＰ之比，在五年中前四年超過九〇%（一九五一年是第五年）。在這五年裡，紐西蘭的ＧＤＰ成長率分別是七・七%、十一・九%、負九・九%、一〇・八%和負七・六%，平均成長率是二・六%。萊因哈特和羅戈夫夫排除了前四年的資料，稱紐西蘭高債務年份的平均成長率是負七・六%。

不同尋常的平均

萊因哈特和羅戈夫夫寫道，表４－１中的計算基於「一千一百八十六個年度觀測值，每個類別中包含大量觀測值，包括超出九〇%的九十六個觀測值。」你可能認為類別中九〇%的平均成長率負〇・一%，是從九十六個年度觀測值中直接取平均得到的。事實並非如此。

萊因哈特和羅戈夫計算了每個國家的平均成長率，然後計算這些國家成長率的平均值。例如，英國有十九年的債務與ＧＤＰ之比超過九〇％，在這十九年裡，其平均ＧＤＰ成長率為二・四％。由於紐西蘭有四年忽略不計，因此它只有一年債務與ＧＤＰ之比超過九〇％，在這一年，其ＧＤＰ成長率是負七・六％。根據二十個年度觀測值，這兩個國家的平均成長率是一・九％。不過，萊因哈特和羅戈夫計算了二・六％和負七・六％的平均值，得到了負二・五％的平均成長率。

我們不知道萊因哈特和羅戈夫究竟是無意中犯了一個錯誤，還是故意選擇這種不同尋常的計算方法，給某國的一年資料和某國的十九年資料相同的權重。不過，我們至少知道這個錯誤支持他們的觀點。

表４－２顯示了這些問題的效果。取十個國家債務與ＧＤＰ之比超過九〇％的年份。在九個國家中，平均成長率是正值。唯一的例外是戰後的美國，而且這個例外與研究的主題無關。

表格的前兩列顯示了實際高債務年份以及萊因哈特和羅戈夫（ＲＲ）納入採計的年份。萊因哈特和羅戈夫忽略了前三個國家以及紐西蘭四年的資料。所有忽略不計的資料，其平均成長率都是正值。

後面兩列顯示了平均成長率，其中「正確」一列採計萊因哈特和羅戈夫忽略的三個國家及紐西蘭的那四年。

總體而言，藉著忽略資料以及賦予所有國家相同的權重，萊因哈特和羅戈夫計算出的高債務年份平均GDP成長率為負〇・一%。如果納入遺失資料，並且考慮到高債務年份的數量，正確的平均值為二・二%。赫恩登、艾許和波林的結論是：「與『萊因哈特和羅戈夫』的觀點相反，公共債務與GDP之比超過九〇%時的平均GDP成長率，與公共債務與GDP之比較低時的平均GDP成長率，兩者沒有明顯的區別。」

圖4-1所顯示的萊因哈特和羅戈夫夫的計算結果講述了一個清晰而令人信服的故事：過高的債務將不可避免地減緩增長速度。如果超過臨界點九〇%，國家將衰退。除了計算

	年份數量		GDP 增長	
	正確	RR	正確	RR
澳大利亞 1946 - 1950	5	0	3.8	
比利時 1947，1984 - 2005，2008 - 2009	25	0	2.6	
加拿大 1946 - 1950	5	0	3.0	
希臘 1991 - 2009	19	19	2.9	2.9
愛爾蘭 1983 - 1989	7	7	2.4	2.4
義大利 1993 - 2001，2009	10	10	1.0	1.0
日本 1999 - 2009	11	11	0.7	0.7
紐西蘭 1946 - 1949，1951	5	1	2.6	-7.6
英國 1946 - 1964	19	19	2.4	2.4
美國 1946 - 1949	4	4	-2.0	-2.0

表 4-2　萊因哈特和羅戈夫（RR）忽略的結果

中的各種錯誤，這些總結性的統計量還隱藏了資料中存在的巨大波動性。債務與增長之間並不存在任何簡單緊密的關係。

圖4－1顯示了論文所依據的資料，圖中九〇%的閾值處有一條分隔記號。根據研究的觀點，超過這條分隔記號的高債務狀況，將使一個國家衰退。我們可以看到，債務與增長之間並沒有任何令人信服的關係。許多高債務年份也是高增長年份，許多低債務年份也是低增長年份。這些資料本身證明九〇%沒有任何特殊之處。

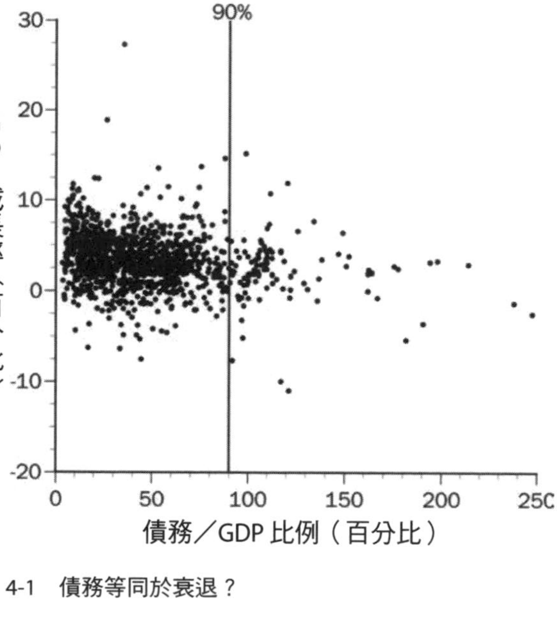

圖 4-1　債務等同於衰退？

相關性等同於因果關係？

緊縮財政政策的支持者認為萊因哈特和羅戈夫的研究，不僅證明了提高政府債務將會降低經濟成長速度，而且為此提出嚴厲的警告：如果政府債務超過GDP的九〇%，可能會導致經濟衰退。

也許，這種因果關係應該倒過來：經濟衰退將導致債務比率上升。首先，有一個簡單的算術性觀點：ＧＤＰ的下降將直接提高債務與ＧＤＰ的比例。假設債務是八十五，ＧＤＰ是一百，那麼債務與ＧＤＰ之比為八十五％（參考公式Ａ）。

如果ＧＤＰ下降到九〇，債務與ＧＤＰ之比將提升至九十四％（參考公式Ｂ）。

不是債務與ＧＤＰ之比上升導致ＧＤＰ下降，而是ＧＤＰ下降導致債務與ＧＤＰ之比上升。

不過，這還沒完。在經濟衰退期間，政府稅收會下降，政府在失業保險、食品券以及其他安全保障上的開支將會增長。這兩個因素都會推高政府債務。因此，經濟衰退不僅會使債務與ＧＤＰ之比的分母變小，而且會使分子變大。

如果經濟增長與債務／ＧＤＰ之間存在統計相關性，這種相關性可能主要（甚至完全）來自經濟對債務之比的影響。不是高債務比降低了增長速度，而是成長速度的減緩，提高了債務比例。

麻塞諸塞大學阿默斯特分校的另一位教授阿林德拉吉特．杜比（Arindrajit Dube）也研究了這個問題。根據萊因哈特－羅戈夫的資料，

公式A $$\frac{\text{債務}}{\text{GDP}}=\frac{85}{90}=0.94$$

公式B $$\frac{\text{債務}}{\text{GDP}}=\frac{85}{100}=0.85$$

杜比發現，債務與GDP之比與過去經濟增長之間的相關性，高於它與未來經濟增長之間的相關性——這印證了「經濟增長導致債務與GDP之比率發生變化」這一觀點。

墮胎會減少犯罪嗎？

三十年前，數學理論家是經濟學的上帝。當法國數學家與經濟學者傑拉德・德布魯（Gerard Debreu）一九八三年獲得諾貝爾獎時，記者想讓他對當時美國總統羅納德・雷根（Ronald Reagan）的經濟政策說點什麼，但德布魯堅決拒絕發表任何言論。一些人懷疑他不知道或者不關心這類事情。

時代發生了改變。經濟理論學者由於脫離現實的假設和明顯的錯誤結論，紛紛受到攻擊。與資料打交道的經驗主義者成了新的經濟學上帝。這個時代的標誌之一是芝加哥經濟學家史蒂芬・李維特（Steven Levitt）和《紐約時報》記者史蒂芬・杜伯納（Steven Dubner）合著的暢銷書《蘋果橘子經濟學》（*Freakonomics:A Rogue Economist Explores the Hidden Side of Everything*）。

書名完全是為了增加銷量，非常容易誤導人心。這本書與魔鬼沒有任何關係，李維特也不是草莽經濟學家[2]。而且，這本書並沒有探索萬物不為人知的一面。實際上，李維特是典型的經濟學家。他在哈佛大學獲得了學士學位，在麻省理工學院獲得了博士學位。他目前是芝加哥大學教授。二〇〇三年，美國經濟學會向李維特頒發了約翰・貝茨・克拉克獎章（John Bates Clark Medal）。這個獎章用於獎勵美國四十歲以下的優秀經濟學家，而且常常是諾貝爾獎的前瞻獎項。李維特是經濟學的經驗主義上帝之一。

李維特善於利用資料解決有趣的問題，比如競選經費對選舉結果的影響，監禁對犯罪率的影響，教育獎勵對教師作弊行為的影響。他的結論往往會引起爭議：競選經費的規模並沒有太大的影響；因過量訴訟案件而釋放的每名囚犯，每年都會導致另外的十五起犯罪案件。根據學生的考試成績獎勵教師的做法會大大增加教師從旁協助的作弊現象。李維特曾寫道：「我們最喜歡做的事情，就是在資料中發現其他人看不到的東西。」

不過，上帝也會犯錯。

李維特與約翰・唐納修（John Donohue）合寫的一篇論文，就認為美國的合法墮胎降低了總體犯罪率。這篇論文也許是李維特最著名的論文。文章指出，如果沒有合法墮胎，在社會經濟環境或者家長的忽視之下，那些「沒有必要」但仍然出生的孩子將會產生犯罪傾向（尤其是暴力犯罪）。

這是一種有趣的理論，甚至有可能是正確的。問題是，由於存在眾多的遺傳和環境因素，因此我們很難弄清每個因素的重要性。李維特說，他喜歡將結果從資料中梳理出來，聽起來，他似乎在炫耀一種寶貴的技能，但這似乎也意味著他喜歡搜刮資料，而這

2 編註：原文 Freakonomics 直譯為魔鬼經濟學，Rogue 有草莽之意。

可能是一種危險的做法。

下面是李維特所依據的資料。一九七〇年，墮胎在美國五個州合法化。一九七三年一月二十二日，由於「羅訴韋德案」（Roe v. Wade），墮胎在全美境內合法化。圖4-2顯示，在「羅訴韋德案」十八年以後，美國的謀殺率在一九九一年達到峰值，隨後開始下降，這意味著墮胎的確導致了犯罪人口的減少。在考察每個州的各項資料以後，唐納修和李維特總結道：「有鑒於最近犯罪現象的減少，合法墮胎似乎起到了五〇%的作用。」

這種爭議性說法受到了各界批評。一些人認為，謀殺率之所以在一九八〇年代上升，並在九〇年代下降，是因為敵對可卡因販毒集團之間的地盤爭奪戰出現了動盪。另一種理論是，一九九〇年代的犯罪率之所以下降，是因為孩子們接觸含鉛汽油和油漆中毒的機會變少了。

此外，一些研究人員指出，清楚知道自身行為對未來造成何種後果的女性，可能更傾向於墮胎，而她們也是能夠培養出守法孩子的優秀母親。而且，合法墮胎的規定可能會增加性活動和非婚生子女，而在單親家庭裡長大的孩子可能更容易犯罪。這些觀點意味著合法墮胎反而有可能提高犯罪率。

讓我們觀察一些資料。圖4-3顯示了十四到十七歲的犯罪率。「羅訴韋德案」所導致的首批合法墮胎行為扼殺了將在一九七三年年末出生的孩子。這些沒有必要出生的孩子將在一九八七年年末滿十四歲，並將在一九九一年年末時滿十八歲。因此，首批受到「羅訴韋德案」影響的群體將在一九八七年年末和一九九一年年末之間滿十四到十七歲。圖4－3顯示，犯罪率在這些年份持續上升，並在一九九三年達到峰值。一九九三年的犯罪率是一九八四年的三倍。

不過，一九九三年的那批人出生時，墮胎方案是合法而方便的，而一九八四年的那批人出生時墮胎是非法而困難的。

圖4－4顯示了十八到二十四歲以及二十五到三十四歲的犯罪率。首批受到「羅訴韋德案」影響的十八到二十四歲群體的謀殺率下降，但首批受

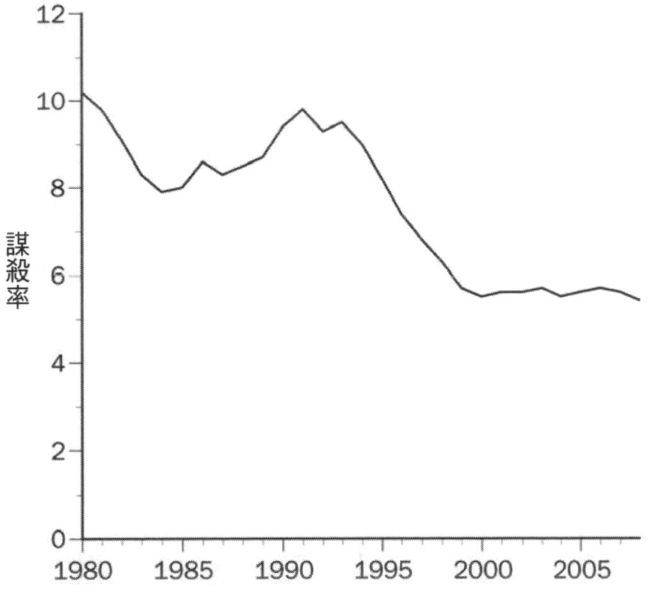

圖 4-2　每十萬人的謀殺案數量

到「羅訴韋德案」影響的二十五到三十四歲群體的謀殺率上升了。

所以，「羅訴韋德案」後十八到二十四歲群體的謀殺率出現了下降，但十四到十七歲和二十五到三十四歲群體的謀殺率上升。這些資料與「羅訴韋德案」降低謀殺率的理論並不一致。圖4－3和圖4－4真正能夠證明的是謀殺率在一九九〇年代早期達到峰值：十四到十七歲群體以及十八到二十四歲群體為一九九三年，二十五到三十四歲群體為一九九一年。三十五歲以上群體（圖中沒有顯示）的謀殺率在一九九〇年達到峰值。換一種說

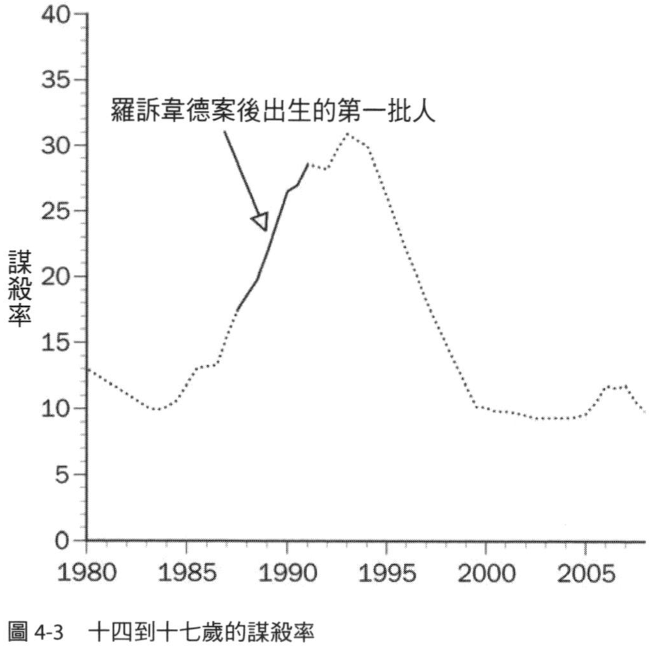

圖 4-3　十四到十七歲的謀殺率

法，三十五歲以上群體的謀殺率在一九九〇年達到峰值，二十五到三十四歲群體在一九九一年達到峰值，這些人都是在「羅訴韋德案」之前出生的。十八到二十四歲群體的謀殺率在一九九三年達到峰值，其中一些人在「羅訴韋德案」之前出生，一些人在其之後出生。最後，十四到十七歲群體的謀殺率在一九九三年達到峰值，這些人都是在「羅訴韋德案」發生幾年以後出生的。

真相是，所有年齡群體的謀殺率都在一九九〇年代早期達到峰值。不管怎樣解釋，合法墮胎都不會是其中的原因。

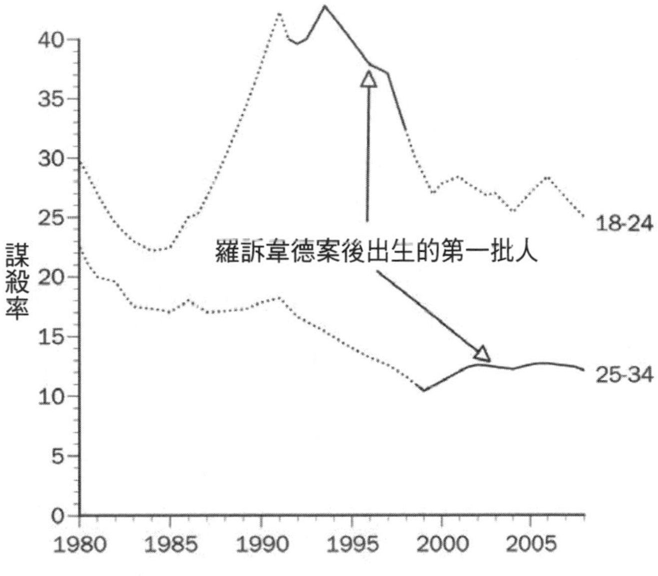

圖 4-4　十八到二十四歲以及二十五到三十四歲的謀殺率

是我的錯

那麼，唐納修和李維特是如何得出「合法墮胎減少犯罪」這一結論的呢？波士頓聯邦儲備銀行的兩位經濟學家克理斯多佛．富特（Christopher Foote）和克理斯多佛．戈茨（Christopher Goetz）仔細檢查過唐納修和李維特的研究，並發現了三個問題。首先，唐納修和李維特使用了逮捕日期，但是從逮捕到犯罪可能間隔了一年以上。其次，唐納修和李維特考慮的是犯罪總數，而不是犯罪率（調整了人口規模因素後的犯罪數）。人口數較少，犯案數自然可能就比較少，而合法墮胎本身就會降低人口數量。

第三個問題是「程序錯誤」，也就是一個簡單的人為錯誤。唐納修和李維特聲稱，他們利用某種統計分析程序處理各州內部不同年份之間的變化，但他們並沒有這樣做。在修正這些錯誤以後，富特和戈茨得到的結論是，墮胎很可能會提高暴力犯罪率，同時對財產型犯罪率沒有影響。

李維特承認了這個程序錯誤，並表示：「這使我個人感到非常尷尬，因為我一直為自己仔細處理資料的態度而自豪。」不過，這不是李維特第一次感到如此尷尬。之前一篇關於「提高警力對犯罪的影響」的論文也出現了一個程序錯誤，對此他發表了這樣的致歉聲明：「我需要承認這些錯誤，這使我個人感到極為尷尬。」在這兩次事故中，李維特很有風度地承認了錯誤（他還有別的選擇嗎？），但他仍然認為其他證據可以支持他的結論，只是結論的效果可能比他最初預想的要小一些。也許他說得沒錯，但是人們很難忘記這些尷尬的時刻。

如何識破一本正經的胡說八道

具有爭議性的論斷之所以具有爭議性，是因為它們違反直覺——這是一個很好的懷疑理由。當你聽到這樣的說法時，不要輕易認為自己是錯誤的。具有爭議性的論斷應當捨棄。先考慮數據是否存在問題，比如自我選擇偏誤。考慮因果關係是否應該顛倒過來。哦，對了，還要考慮出現錯誤的可能性（比如人們讓電腦計算一百九十六的平方根，而不是一百六十九的平方根。即使是最優秀、最誠實的研究人員也是人），而人總會犯錯。

萊因哈特和羅戈夫影響全球的研究以及《蘋果橘子經濟學》的巨大成功，都給我們帶來了極具諷刺意義的教訓，即是資料並不比思想更加重要。我們常常會被資料欺騙。

Lesson 5

洋基隊的門票真的划算嗎？

圖像可以解釋資料，做出推斷，發現傾向、模式、趨勢和關係。一張圖片的價值不僅可能勝過千言萬語，而且可能勝過一千個數字。不過，從本質上說，圖像具有描述性——圖片的目的是講故事。和其他故事一樣，愚笨的人可能會毀掉一個包袱，不誠實的人可能會撒謊。

圖像可能會有意無意地扭曲或破壞資料。

我的天哪

在一次例行會議上，一家網路公司的分析團隊向總裁展示了圖5－1中的收入圖像。圖中的資料是公司過去七個季度的收入。老實說，這張圖非常無聊。總裁看了一會兒，說：「那麼，為什麼這張圖的收入這麼平坦，而我上周向董事會展示的圖那麼糟糕呢？」分析團隊很吃驚。他們並沒有見過另一張圖，只好聳了聳肩。顯然，他們無法回答這個問題。

總裁將製作上一張圖的財務人員叫了過來，讓他把那張圖（圖5－2）分發給大家。當分析人員看到這張圖時，他們立刻笑了起來，因為這張圖的縱軸上並沒有零點。總裁沒有笑。她說，董事會一直在盤問她，讓她解釋為何收入下降得如此劇烈。她一次又一次地辯解說：「不是這樣的！」董事會成員則一次又一次地將手指向這張顯示收入崩塌的該死圖表。

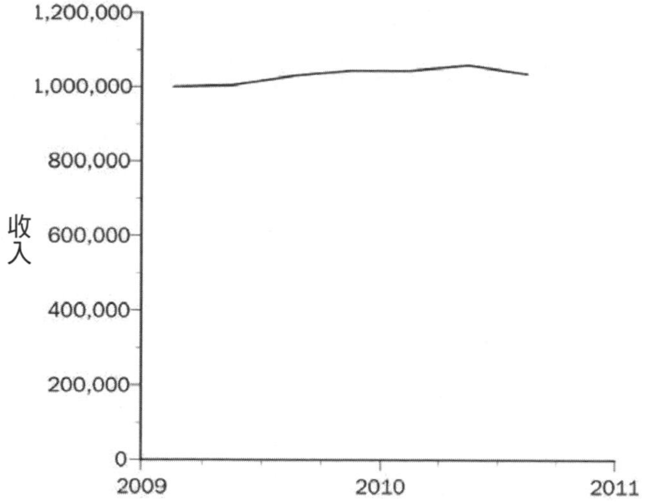

圖 5-1　收入變化是平坦的

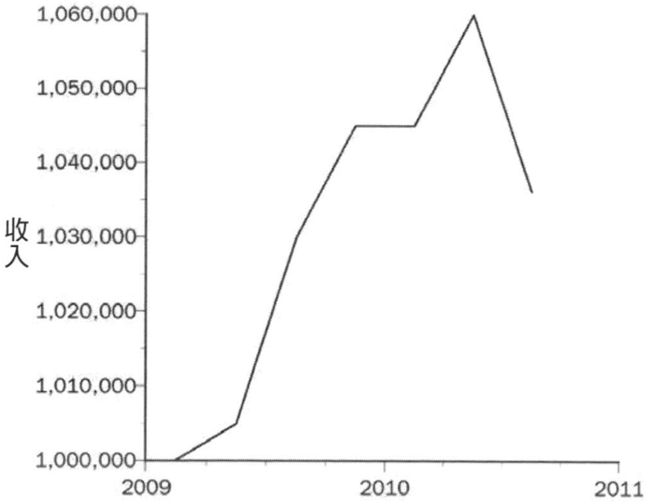

圖 5-2　收入急劇下降

圖5－1和圖5－2使用了完全相同的資料。不過，圖5－1的縱軸包含零點，圖5－2的縱軸則不含零點。圖5－1掩蓋了資料中的任何模式，我們無法判斷利潤達到峰值的時間。另一方面，圖5－1向我們傳達了「最近的下探很輕微」這一信息。

圖5－2忽略了零點，放大了資料的波動性，使我們能夠發現原本非常模糊的變化。不過，當忽略零點時，圖像將不再準確指示變化的量級。要想知道變化幅度，我們需要查看具體資料。圖5－2中的曲線高度下降了四〇％，但實際收入只下降了二％。

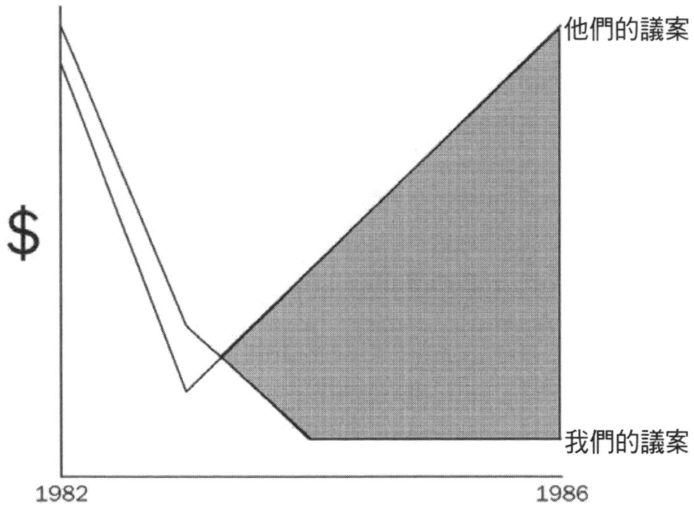

圖 5-3　神祕的數線

圖5－3顯示的圖像，資訊透明度更低，因為縱軸上並沒有數字。雷根總統曾在電視上用這樣的圖像分析年收入兩萬美元的家庭，根據他的議案以及眾議院籌款委員會擬定的計畫，看這一收入等級的家庭分別需要支付多少稅金。縱軸顯然忽略了零點，而且並沒有顯示任何數位，只有一個巨大的美元符號。由於縱軸沒有數字，因此我們無法衡

量兩條線之間的差距。實際上，一九八六年的差距相當於減少九%的稅收，即從二千三百八十五美元下降到二千一百六十八美元。由於縱軸忽略了零點，因此這個九%的差距被誇大，跟標有「他們的議案」那條曲線九〇%同高。又由於縱軸上沒有數字，從而阻止讀者察覺表格的誤導性。

事後，白宮發言人大衛．格根（David Gergen）告訴記者：「我們嘗試了帶有數位的圖像，發現它們在電視上很難看清，因此我們去掉了數字。我們只是想要傳達一種想法。」是的，沒錯。

虛驚一場

一九七六年，美國國家科學基金會（National Science Foundation, NSF）製作了一張圖（圖5－4）。顯然，這張圖意味著美國公民獲諾貝爾科學獎的數量驚人地下降。我們的教育系統出了什麼問題？我們的人才是否正在枯竭？

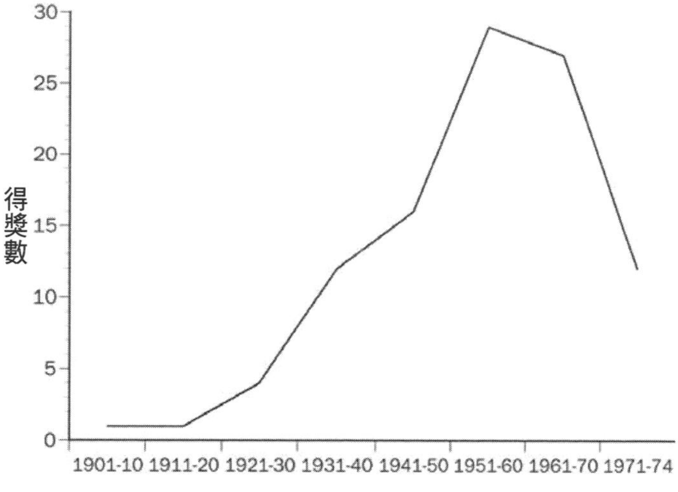

圖 5-4　美國諾貝爾科學獎得獎數正急劇下降？

等一下。看看時間軸。前七個時間段都是十年一個單位，但是第八個時間段一九七一到一九七四年只有四年。由於四年區間內的諾貝爾獎數量少於十年區間，因此美國國家科學基金會製造了一種幻覺，使人誤以為美國人獲得的科學獎項數量下降了。

圖5-5使用了完整十年期資料。如圖所示，美國公民最終在一九七〇年代獲得了比六〇年代更多的諾貝爾獎。當然，這個趨勢無法永遠持續下去，除非諾貝爾獎的總給獎數量提升。不過，在一九七〇年代，超過一半的諾貝爾科學獎都是美國人得的，優於一九八〇年代、九〇年代以及二十一世紀前十年的表現。

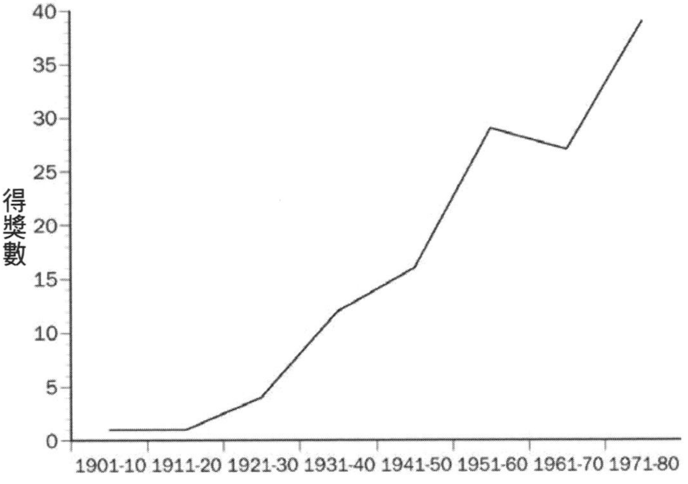

圖 5-5　美國諾貝爾科學獎持續增加

讓他們吃蛋糕吧[1]

新保守主義者大衛·弗魯姆（David Frum）在《紐約時報》上發表了一篇文章〈歡迎，新富人〉（Welcome, Nouveaux Riches.）。圖5-6是文章中一張圖片的更新版。如圖所示，在一九八〇年到一九九〇年之間，年收入超過十萬美元的家庭數量急劇增長。弗魯姆寫道：「這個星球的歷史上從未出現過如此龐大的富人群體。」這聽上去是不是有點誇張？

你注意到這張圖的奇怪之處嗎？前四個長條之間都是隔五年為一單位，但是第四個長條和第五個長條之間卻隔了十年（一九八〇和一九九〇）。如果調整長條之間的間隔，插入一九八五年的長條，增長幅度就會變得更加平緩，不會在一九八〇年和一九九

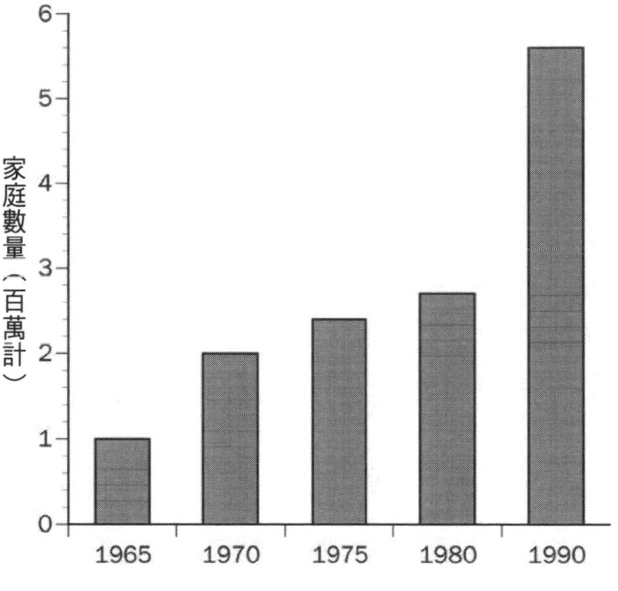

圖 5-6　年收入超過十萬美元的家庭數量

1 譯註：據傳法王路易十六的皇后瑪麗·安東妮聽說農民沒有麵包吃時，她說：「讓他們吃蛋糕吧」。

〇年之間突兀上漲。

而且，一九九〇年的十萬美元並不等同於一九六五年的十萬美元。在這段時間裡，物價上漲了大約三倍，因此一九九〇年的十萬美元大概相當於一九六五年的二・五萬美元。考慮到通膨因素，我們應當比較一九六五年年收入二・五萬美元的家庭數量與一九九〇年年收入十萬美元的家庭數量。我們還應當考慮到一九六五年和一九九〇年之間的人口增長。當總人口增加時，擁有高收入的人口數量自然有可能增加。

圖5－7修正了所有這些問題，扣除通膨因素後，顯示了年收入超過十萬美元的家庭百分比，並且插入了一九八五年的資料。此外，圖中還包含了一九九五年和二〇〇〇年的資料，以提供更多歷史背景。根據調整後的資料，一九八〇年代沒有什麼奇特之處。真正值得注意的是網路泡沫所在的九〇年代後期。

有彈性的數線

圖5－8是《華盛頓郵報》一張圖表的更新版本。根據這張圖，美國醫療成本在一九四〇年到二〇一〇年期間出現了穩定的增長。（視一九四〇年的成本為一，而非歸零。）

這張直線圖上裝飾著心形圖案。也許，這是為了顯示醫生的確非常關心病人，或者暗示丘比特那支筆直的箭射穿了十一顆心。或者，這種毫無必要的裝飾也許是為了轉移

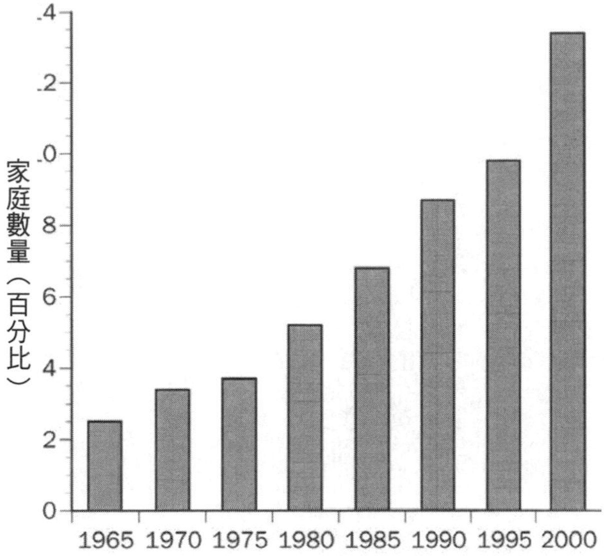

圖 5-7　扣除通膨因素後年收入超過十萬美元的家庭百分比

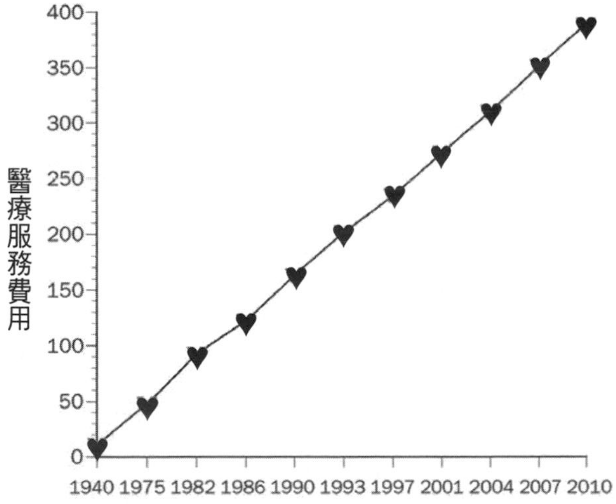

圖 5-8　醫療成本穩步上升

人們對橫軸的注意力。在橫軸上的十個等距區間中，第一個區間表示一九四〇年到一九七五年之間的三十五年，第二個區間表示一九七五年到一九八二年之間的七年，其餘區間表示三年或者四年。這些令人困惑的區間顯然是為了使曲線看上去更加平直。直線在視覺上也許更具吸引力，但它會歪曲數據。要想讓圖像準確顯示資料，每條數軸上的單位必須一致。同樣的半英寸不能有時是三十五年，有時是七年，有時是三年。如果圖中的區間變來變去，資料一定會遭到扭曲。

圖5-9使用了一致的區間。如圖所示，醫療成本並沒有直線增長。

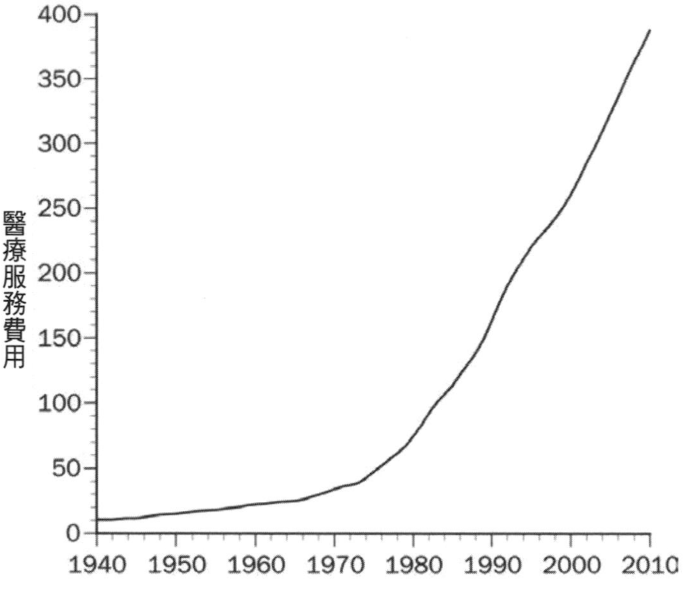

圖 5-9　修正過後的醫療成本圖

為什麼成本在一九七〇年以後加速增長？也許是因為始於一九六五年的醫療保險開始增長。也許是因為整體價格都增長了（圖像應當扣除醫療成本的通膨因素）。我們無法根據這些資料做出判斷。不過，我們至少知道，圖表中間隔的變化會扭曲資料。

惡作劇翻倍

一七八六年，擁有多項才能的蘇格蘭人威廉・普萊費爾（William Playfair）出版了包含四十四張圖表的《商業和政治圖表集》（*The Commercial and Political Atlas*），這是歷史上用圖像表示資料的一次標誌性事件。「普萊費爾」的字面意義是「公平行事」，儘管這個人時常沒有誠實運用才能。在這份圖表集中，有四十三張圖表顯示了工資、物價以及其他資料隨時間的變化。這種目前已經司空見慣的工具，在當時是一件極為新奇的事物，因此普萊費爾不得不做出解釋：「這種方法使一些人震驚不已，他們覺得這是一種荒謬的做法，因為幾何測量與金錢和時間之間沒有任何關係，但是這裡卻用幾何工具來表示金錢和時間。」

普萊費爾最著名的一張圖（見圖5-10）發表於一八二一年，顯示了從一五六五年到一八二一年「優秀技工」的週薪（圖表下方的曲線）和小麥價格（黑色直排）。普萊費爾寫道：「值得注意的是，歷史上小麥相對於技工勞動的價格，從未像現在這樣便宜。」雖然普萊費爾得出了正確的結論，即工資增長超過了小麥價格的增長，但他的圖表似乎顯示出了相反的結論。

我將使用一九七五年到二〇一〇年美國家庭收入中位數與消費者物價指數（consumer price index, CPI）的資料，說明普萊費爾的圖表為何具有誤導性。將這些資料放在一張圖表，算得上是一件很有挑戰性的工作，因為收入的範圍是一點二萬到五萬美元，而消費者物價指數的範圍則是五十四到二十八。一種解決方案（也就是普萊費爾的解決方案）是使用兩個縱軸，一個表示收入，另一個表示消費者物價指數。圖5－11似乎清晰指出，家庭收入的增長遠遠超出了消費者物價指數的增長。現在的美國人在經濟上顯然比過去富裕得多。

圖5－11真正說明的問題是，如果你將數線放大一倍，你就可以將惡作劇效果放大一倍。使用兩個縱軸並忽略一個或兩個縱軸的零點，你可以創建一家「統計美容院」，開啟許多美容可能性。圖5－12顯示了完全相同的資料，但是圖中物價的增長，似乎遠遠超過了收入的增長！這個把戲的關鍵在於調整

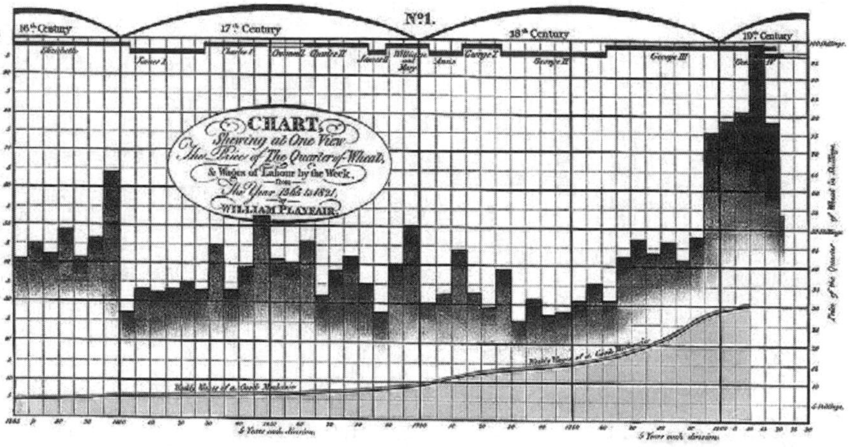

圖 5-10　普萊費爾跨越二百五十年的工資和物價圖像

數線上顯示的數位。如果在數線上選擇範圍較小的數位，資料的起伏就會放大，如果在數線上選擇範圍較大的數位，資料的起伏就會撫平。圖5－11使用了範圍較小的收入數線和範圍較大的「消費者物價指數」數軸，因此收入的增長看上去超過了物價的增長。圖5－12採用了相反的做法，使用了範圍較大的收入數線和範圍較小的「消費者物價指數」數線，因此物價的增長看上去超過了收入的增長。

這個問題沒有適用於所有情況的解決方案。在上面的例子中，一個很好的辦法是用物價數據校正收入數據，得到一組扣除通膨因素後的收入數據。圖5－13扣除通膨因素後，過去三十五年的家庭收入中位數出現了一定的增長（收入增長速度稍快於物價），但是經濟衰退而導致下跌的狀況也包含在其中。

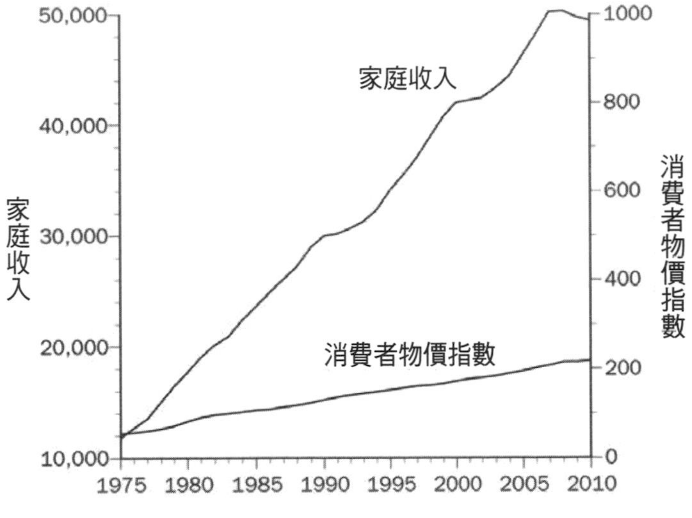

圖 5-11　收入增長遠超物價

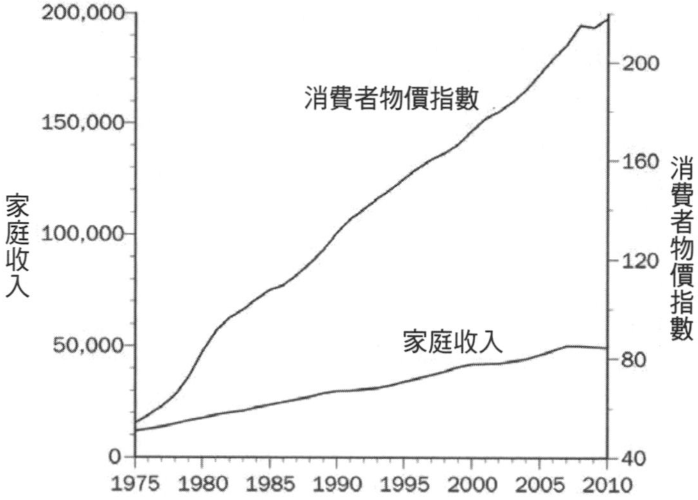

圖 5-12　物價增長遠超收入

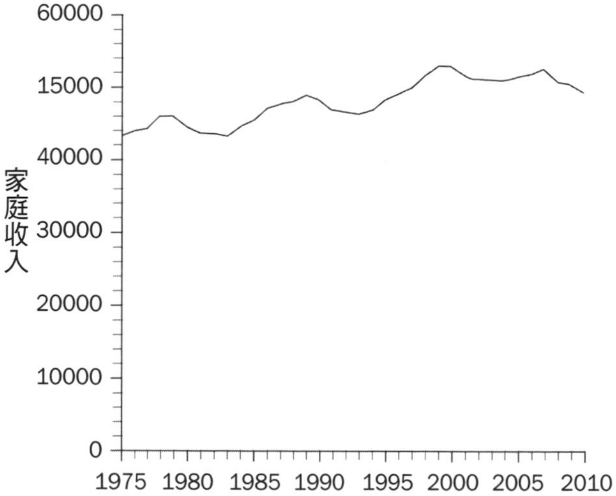

圖 5-13　扣除通膨因素後的收入

學生謊言

一所中等規模的大學有一份校刊，叫做《學生生活》（*Student Life*）。在校園裡，人們親切地稱之為「學生謊言」。這份校刊製作了一張圖（圖5－14）。在這張圖上，我們可以明顯看出，在一九九〇年代，該校的就讀成本（學費加上住宿和餐飲費用）迅速上漲，而學校在《美國新聞》（*U. S. News*）上的排名卻急劇下降。

圖中的問題實在是太多了。從哪兒說起呢？圖5－14有兩個縱軸，一個用於表示成本，一個用於表示排名。兩個縱軸都忽略了零點，放大成本和排名的變化。不僅省略零

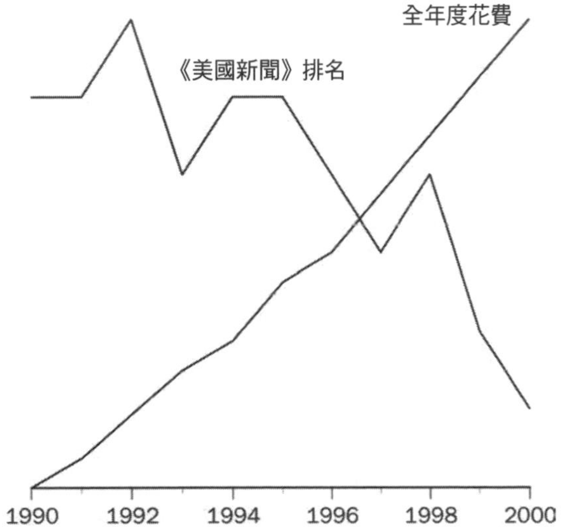

圖 5-14　花費越多，收穫越少

點省略，整個數線和相關數字都被擦掉了，因此我們無法衡量一九九〇年代這些變化的大小。這張圖顯示，成本從一九九〇年的二萬美元增長到了二〇〇〇年的三・六萬美元，每年大約增加六%，這個數字不算小，但它與同類大學的增長速度相當。

《美國新聞》的排名從十七變成了十三，這是很大的變化。但等一下，在大學排名中，第一名才是最好的學校！從十七變成十三實際上是進步了。

因此，成本的年成長率為六%，與同類大學基本持平，《美國新聞》排名則出現了很大的進步，這與圖5－14講述的驚人故事完全不同。在此之前，《伊薩卡時報》（*Ithaca Times*）頭版曾經貼出一張關於康乃爾大學學費和排名的類似圖表，它比圖5－14更加複雜，而且更加古怪。除了圖5－14中的問題，《伊薩卡時報》的圖表還省略了橫軸，因為它比較的是康乃爾大學（Cornell University）在兩個不同區間的學費和排名！學費使用的是一九六五到一九九九年（三十五年）的資料，學校排名使用的則是一九八八到一九九九年（十二年）的數據。

洋基隊的門票很划算

紐約洋基隊（Yankee）是棒球領域最具傳奇色彩的球隊。截止二〇一三年，在十八次世界職業棒球大賽中，洋基隊獲得了四十次參賽資格，贏得了二十七次冠軍。排名第二的聖路易斯紅雀隊（St. Louis Cardinals）只獲得了十一次冠軍，被遠遠甩在後面。四十三名洋基隊隊員進入了名人堂，包括貝比・魯斯（Babe Ruth）、盧・賈里格（Lou Gehrig）、喬・狄馬喬（Joe DiMaggio）和米奇・曼特爾（Mickey Mantle）。洋基隊也是職業體育界最受人鄙視的球隊之一，部分原因在於人們認為球隊用高薪挖走了小城市不太富裕的球員，藉金錢手段獲得成功。一些棒球迷自豪地戴著洋基棒球隊的帽子，其他棒球迷則故意炫耀T恤上的「洋基糟糕透頂」（Yankees Suck）字樣。

洋基體育場啟用於一九二三年，其成本相當於今天的三千多萬美元，擁有前所未有的五萬八千個席位。貝比・魯斯是一九二〇年代最受歡迎的棒球選手，他在洋基體育場的首場比賽中擊出了全壘打。要看魯斯全壘打的觀眾，花錢買的門票用於支付體育場的開銷，這使體育場獲得了「魯斯建造」（The House That Ruth Built.）的外號。八十六年後，二〇〇九年，洋基隊搬到了對街的新洋基體育場，該體育場的建設成本超過二十億美元。在新體育場的建造過程中，許多球迷擔心洋基隊會逐步提高已經很貴的票價，用以支付體育場的費用。

洋基隊用體育場包廂座位價格的歷史資料製作了一張圖（圖5－15）。這張圖顯示，從一九九五年到二〇一〇年，門票價格並沒有加速上漲，反而趨於平緩，這與人們的感受相反。

你注意到圖5－15的異常之處了嗎？不知為什麼，圖中的時間被放在了縱軸上。我們平時習慣於看到時間出現在橫軸上的圖像，因此我們很難第一眼看清圖5－15的含義。圖5－16顯示了同樣的資料，只是將時間放在了正常的位置，即橫軸上。這種數線

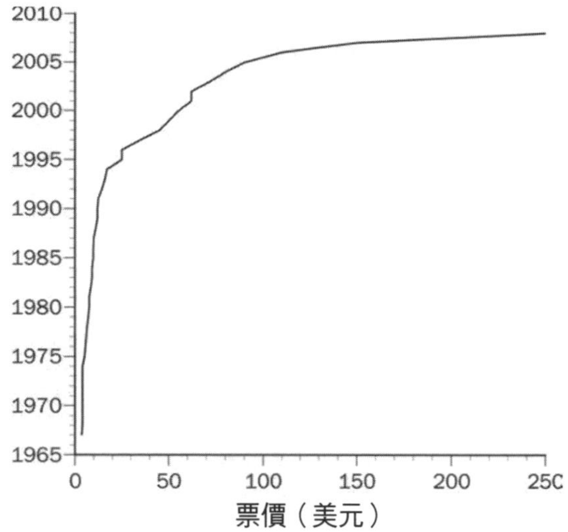

圖 5-15　洋基隊門票價格增速放緩

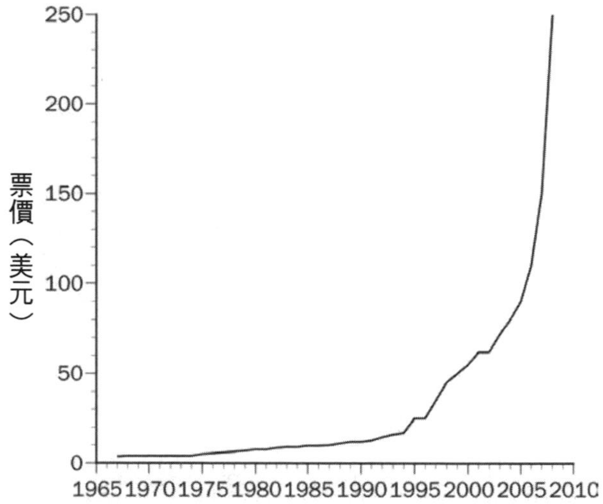

圖 5-16　洋基隊門票價格加速上漲

轉換逆轉了結論。一九九四年以後，洋基隊的票價增速不僅沒有下降，反而出現了上升。一九六七年到一九九四年的年成長率為六%，一九九四年到二〇一〇年的年成長率為二十一%。你還覺得這很划算嗎？

圖像的製作藝術

《時代》（*Time*）雜誌的第一位圖像專員是藝術學校畢業生，他的目標是「將統計資料表現為某種視覺思想，而不是一堆沉悶的數字。」數字本身並不沉悶。它們可以說明問題，引人注目，甚至令人愉快。當我們認為圖像的藝術性比知識性更加重要時，就會遇到麻煩。

越大越好？

當吉米・卡特總統（President Jimmy Carter）一九七九年任命保羅・沃克（Paul Volcker）擔任美國聯準會（The Federal Reserve System）主席時，美國的通貨膨脹率已經超過了十三%。在一場針對通貨膨脹的全面戰爭中，聯準會將利率提高到了前所未有的水準。在被問及這些貨幣緊縮政策是否會導致經濟衰退時，沃克回答道：「是的，而且越快越好。」在另一場談話中，沃克表示，「當最後的圓鋸停止轉動時」，他才會感到滿意。這句話的意思是，他希望將利率提到足夠高的水準，以堵住借貸源頭，使營造業停止運作。

一九八一年，住房抵押貸款利率達到了十八%，其他大多數貸款的利率還要更高。隨著利率上漲，家庭和企業減少借貸，以及減少買汽車、住房和辦公大樓的開支。失去工作的建築工人迅速減少了食品、服裝和娛樂開支，這給整個經濟帶來了傳遞效應。面對昂貴的貸款和下降的收入，農場主將拖拉機開進了華盛頓特區中心，封鎖了美國聯準會大樓。失業率從一九七九年的五・八%上升到了一九八二年的一〇%以上，這也是大蕭條以來的失業率高點。不過，美國聯準會的焦土政策，將通貨膨脹率從一九七九年的超過十三%，降低到一九八二年的四%以下。

圖5-17比較了三位美國總統任期結束時一張百元鈔票的購買力。根據定義，在傑拉德・福特（Gerald Ford）總統任期結束時，一張百元鈔票的價值為一百美元。到一九八一年吉米・卡特（Jimmy Carter）總統任期結束時，一張百元鈔票只值六十七美元——因為它只夠買四年前用六十七美元就能買下的東西。到羅納德・雷根（Ronald Reagan）總統任期結束時，一張百元鈔票只值四十九美元。

這些不斷縮水的百元鈔票似乎表明，吉米・卡特任職期間，鈔票面值的下降幅度相對溫和，雷根任職期間，鈔票面值的降幅則要大得多——這個結論很奇怪，因為卡特是一九七〇年代後期嚴重通貨膨脹期間的總統，而雷根在一九八一年一月才就任總統，當時通貨膨脹正在消退。一百美元、六十七美元和四十九美元三種資料，顯然意味著同雷根的任期相比，卡特任期內的美元價值下降得更厲害，但是下面這張圖卻講述了一個完全不同的故事。哪個故事才是正確的呢？

圖5-17的一個問題是，卡特擔任了四年總統，雷根則擔任了八年總統。雖然這張圖考慮到了年份因素，但是這種任期長度的差別並不明顯，因為橫軸上並沒有年份——實際上，圖中並沒有畫出橫軸。另一個問題是，由於省略了縱軸，我們無法判斷圖中是否包含零點。

更糟糕的是，圖中沒有使用簡單的直排，而是使用了形象的百元鈔票。雷根任期結束時的物價是福特任期結束時的兩倍，百元鈔票的價值減少了一半。如果將雷根那張鈔票的高度減半，同時不改變寬度，圖片就會失真，就像哈哈鏡一樣。為避免壓扁圖片，雷根那張百元鈔票的寬度和高度同時減半——這導致了另一種失真。現在，雷根那張鈔票的面積是福特那張鈔票的四分之一，因此這張百元鈔票的價值看上去減少了四分之三。

這是幾個數位比一張圖片更加有用的例子之一。卡特任職期間，物價的年成長

圖 5-17　一百美元的價值不斷下降！

率是十・七%，雷根任職期間，物價的年成長率是三・七%。這與用意良好但聰明過度的圖5－17所傳達的錯誤資訊完全不同。

視覺幻象

美洲原住民部落在南加州經營著多家賭場。有個部落雇了顧問，讓他根據這些賭場與潛在客戶來此的車程進行評估。這是一個複雜的問題，因為你需要考慮客戶的居住位置以及他們可以選擇的其他賭場。如果一家賭場與一些潛在客戶相距二十公里，那麼就會影響六十公里以外另一家賭場對這些客戶的吸引力。

顧問提出了一個專門用於估計「區位價值」的模型。他沒有解釋這個模型，而是用一張圖（圖5－18）展示結果。這張圖沒有顯示太多資訊，可算是圖表垃圾的一個優秀案例。圖片、線條、墨水和斑點可以使圖像變得更加生動，但它們常常會創造出缺乏吸引力的圖表垃圾，使眼睛更加疲勞，使讀者更加困惑。

圖像應當顯示表格無法顯示的模式，圖5－18並沒有做到這一點。圖中直排顯然表明了這十二家賭場的區位價值，而我之所以使用「顯然」一詞，是因為縱軸上並沒有任何標注。我們並不知道這些數字意味著什麼，或者它們是如何計算的。它們是美元嗎？是百分比嗎？是家庭數量嗎？十二個直排被排列成了鐘形曲線，但是作者並沒有解釋為什麼要把丘馬什賭場放在最前面，為什麼要把金橡子放在最後面。直排像鐘形曲線一樣先上升後下降的模式，並沒有揭示出任何有用的資訊。更加明智的做法是把這些直排按照從高到低的順序排列。

此外，橫軸上並沒有任何標注。相反，我們需要在圖像和圖例之間來回切換，而直排樣式的相似性使這種切換變得乏味而困難。直排的樣式會使人分心，三維外觀也沒有任何幫助作用。最後，即使我們破譯了直排的含義，我們也不容易將直排高度與縱軸上的數值相對應。

同表5-1這樣的簡單表格相比，這張柱狀圖並沒有表現出更大的價值。有時，簡潔就是美。

電腦也會生成文本垃圾——將大小、樣式和字體不匹配的文字黏貼在一起，形成像勒索信一樣的文件。文字處理程式中擁有

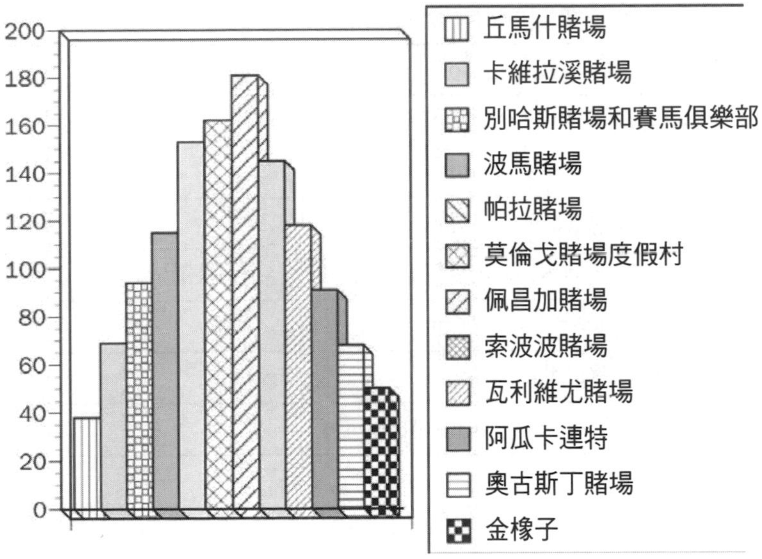

圖 5-18　缺乏說明作用的圖像

多種樣式選項，但這並不意味著我們必須在一份文檔中使用所有樣式。我曾收到一份兩頁紙的時事通訊，上面使用了三十二種不同字體，這還不包括粗體、斜體和不同文字大小所形成的變化。閱讀這樣的文本是一種痛苦。圖表垃圾和文本垃圾都是垃圾，是毫無價值的淩亂，它們無法為人們帶來清晰的信息，反而分散了人們的注意力，使人感到困惑。快把垃圾扔掉！

賭場	**區位價值**
佩昌加賭場（Pechanga Casino）	181
莫倫戈賭場度假村（Morongo Casino Resort & Spa）	162
帕拉賭場（Pala Casino）	153
索波波賭場（Sobobo Casino）	145
瓦利維尤賭場（Valley View Casino）	118
波馬賭場（Casino Pauma）	115
別哈斯賭場和賽馬俱樂部（Viejas Casino & Turf Club）	94
阿瓜連卡特（Agua Caliente）	91
卡維拉溪賭場（Cahuilla Creek Casino）	69
奧古斯丁賭場（Augustin Casino）	68
金橡子（Golden Acorn）	50
丘馬什賭場（Chumash Casino）	38

表 5-1　有時，一張簡單的表格勝過一張淩亂的圖表

如何識破一本正經的胡說八道

圖像可以揭示某種模式，比如收入隨時間的變化，以及收入與支出的相互關係。圖像也會扭曲資料，誤導讀者。

當心忽略數線零點的圖像。這種忽略可以放大圖像，顯示出之前因解析度問題而察覺不出來的模式。不過，這種做法也會放大資料的波動性，可能產生誤導效果。最糟糕的是數線上沒有數位的圖像，因為我們無法判斷資料的波動性得到了怎樣的放大。

當心沒有調整人口和物價增長因素的資料。不要被那些將時間放在縱軸上的圖像欺騙，儘管我們並不經常見到這樣的圖像。也不要被間隔不一致的圖像欺騙——比如同樣的半英寸時而表示五年間隔，時而表示十年間隔。

圖像不應僅是一種裝飾，只想為那些缺乏耐心的人帶來樂趣。有用的圖像可以準確而一致展示資料，說明我們理解資料。相反，圖表垃圾會分散我們的注意力，使我們感到困惑和煩躁。有些圖表垃圾的製作者本意是好的，但是方法不當。有些圖表垃圾則是故弄玄虛。

Lesson 6

美國有多少非裔職業運動員

偉大的法國數學家皮耶－西蒙・拉普拉斯（Pierre-Simon Laplace）曾經評論道：「機率只不過是以計算形式呈現的常識而已。」我們應當對缺乏思考的計算保持警惕。計算是一件相當容易的工作。更有難度的問題是這種計算是否有道理。

蒙提・霍爾的問題

統計難題和悖論是一種具有挑戰性的趣味頭腦體操，它們也可以說明先思考後計算的價值。「蒙提・霍爾問題」是一個很好的例子。在電視節目《讓我們做個交易》（*Let's Make a Deal*）中，你可以在三扇門中做出選擇。其中，一扇門後面是一項大獎，另外兩扇門後面是山羊。在你選擇一扇門後，主持人蒙提・霍爾（Monty Hall）每次都會向你展示一扇你沒選的門後面的山羊，並且詢問你是否想要換一扇門。

大多數人認為，既然還剩下兩扇門，那個這兩扇門的機會是均等的。不過，請動用一下你的常識。你已經知道你沒有選擇的兩扇門中的一扇門後面是山羊了。「他提醒你這個兩扇門中的一扇門後面有一隻山羊」與「他藉著向你展示一隻山羊來證明這一點」有區別嗎？關於你所選擇的那扇門，你並沒有獲得任何有用的資訊。選擇這扇門獲勝的可能性仍然是三分之一。因此，選擇最後一扇門獲勝的機率上升到了三分之二，你應該要更動選擇。

表6－1展示了三百場遊戲的結果，其中第一扇門是你最初的選擇。在獎品位於第

一扇門後面的一百場遊戲中，其中五十場主持人會展示第二扇門，另外五十場時則展示第三扇門。當獎品在第二扇門或者第三扇門後面時，主持人必須展示另一扇門。

第二扇門被展示了一百五十次。第三扇門被展示了一百五十次。不管主持人展示的是第二扇門還是第三扇門，獎品位於第一扇門後面的次數都是三分之一。

對於這個難題，其實有另一種思考方法，假設你在選擇第一扇門以後昏了過去。你既沒有看到蒙提打開一扇門，也沒有聽到他詢問你是否要換一扇門。顯然，你獲勝的可能性仍然是三分之一。

懷疑者有時會被一百萬扇門的極端情況說服。假設你不斷進行這項遊戲。每一次，蒙提向你展示剩餘那些門中某一扇門後面的山羊。你認為你能夠在半數遊戲中獲得大獎嗎？

憑藉「最高智商」入選吉尼斯世界紀錄名人堂的瑪莉蓮・沃斯・莎凡（Marilyn vos Savant）在聯合專欄「問問瑪莉蓮」中討論了蒙提・霍爾問題，在全國境內引發了人們的憤怒抗議。瑪莉蓮給出了正確答案，隨後收到了一萬

	第一扇門有獎品	第二扇門有獎品	第三扇門有獎品	總計
第二扇門被打開	50	0	100	150
第三扇門被打開	50	100	0	150
總計	100	100	100	300

表 6-1　蒙提・霍爾問題

多封信，許多信件來自大學教授，大多數信件認為她說錯了。喬治梅森大學（George Mason University）的一位數學教授極為憤怒：

> 你搞砸了！讓我給你解釋一下吧：如果能證明一扇門後沒有獎品，這種資訊會把剩餘兩個選項的機率變成二分之一。沒有任何理由能使二者之間出現差異。作為一名數學教授，我對公眾缺乏數學技能的現象感到深深的憂慮。請幫幫忙，承認你的錯誤，並在未來的工作中多加注意。

瑪莉蓮堅持自己的答案，並且邀請人們在家中進行這項遊戲。數萬名學生在全國各地的課堂上進行了實驗。新墨西哥州洛斯阿拉莫斯國家實驗室（Los Alamos National Laboratory）進行了電腦模擬。漸漸地，輿論發生了轉變。瑪莉蓮是正確的。那位喬治梅森大學的教授表示，「我向她寫了另一封信，並在信中告訴她，在收回自己愚蠢的言論之後，我要向妳低頭認錯。我發誓，為了贖罪，我將一一回覆所有寫信譴責我的人。作為一名教授，我很難為情。」

關於這段故事，《紐約時報》發表了一篇文章，包括蒙提．霍爾的採訪。霍爾曾在數千場《讓我們做個交易》電視節目的結尾，主持這項遊戲的某個版本。霍爾知道選手最初的選擇仍然有三分之一的正確機率，他還知道打開一扇門的做法會使選手認為自己的機會提高到了一半。他將這種做法稱為「亨利．詹姆斯對策」或者「旋轉的螺絲」。

當選手形成「五五開」的思維模式時，霍爾可以為他們提供換或不換的數千美元獎勵，以便從心理上將他們推向一邊或另一邊。霍爾還注意到，他不需要按照瑪莉蓮的規則行動。如果選手最初選擇的門後面是山羊，霍爾可以直接打開這扇門，不向選手提供轉換機會。霍爾與《紐約時報》撰稿人進行了十場遊戲，撰稿人每次都選擇了山羊。

二子悖論

另一個悖論，是一個名叫史密斯的男人正和他的女兒散步。史密斯說，他們家還有一個孩子。這個不在身邊的孩子是女孩的機率是多少？乍一看，這個機率似乎是二分之一。不過，一些專家認為這個回答很天真。這些專家說，正確答案是三分之一。他們還說，如果我們發現和史密斯在一起的女孩是他的第一個孩子，那麼這個機率就會從三分之一變成二分之一。這是怎麼回事呢？

這個悖論具有許多不同的形式，包括男孩、女孩、熊、鷹，而且曾經出現在許多不同的場合，包括馬丁・加德納（Martin Gardner）一九五九年在《科學人》（*Scientific American*）上的一篇專欄文章、約翰・保羅斯（John Paulos）一九八八年的作品《數學盲》（*Innumeracy*）以及雷納・曼羅迪諾（Leonard Mlodinow）二〇〇八年的作品《醉漢走路》（*The Drunkard's Walk*）。這個問題依據一項傳統假設，即在所有兩胎家庭中，四分之一家庭有兩個男孩（ＢＢ），四分之一家庭有兩個女孩（ＧＧ），一半家庭擁有一個男孩和一個女孩（男孩先出生的情況記作ＢＧ，女孩先出生的情況記作ＧＢ）。這些假設與現實並不完全相符，但是這個題目討論的是邏輯，而不是資料。

「專家」的觀點是，當我們知道史密斯的一個孩子是女性時，只剩下三種可能性：ＢＧ、ＧＢ和ＧＧ。因此，兩個女孩（ＧＧ）的機率是三分之一，一個男孩和一個女孩（ＢＧ或ＧＢ）的機率是三分之二。這種說法聽起來很有道理，但在你接受這種觀點之前，考慮下面的說法。如果這種邏輯是正確的，那麼它也適用於史密斯和男孩在一起散步的情況。在這種情況下，我們可以排除ＧＧ的可能性，認為史密斯擁有一個男孩和一個女孩的機率是三分之二。

如果這種觀點是正確的，那麼和史密斯在一起散步的孩子，是女孩還是男孩並不重要！因為在這兩種情況下，他擁有一個男孩和一個女孩的機率都是三分之二。因此，我們不需要知道和史密斯在一起的孩子性別。這個孩子可以藏在史密斯身後，具有某種模糊的性別，或者在公園裡和其他幾十個孩子一起玩耍。不管是哪一種情況，史密斯擁有一個男孩和一個女孩的機率都是三分之二。這種說法顯然是錯誤的，因為在所有兩胎家庭中，只有一半的家庭擁有一個男孩兒和一個女孩。常識一定是正確的，專家的推理一定存在缺陷。

回過頭來，考慮史密斯與一個孩子在一起散步的各種可能性。表6-2顯示了在ＢＢ、ＢＧ、ＧＢ和ＧＧ之間均勻分配的四百個家庭。在史密斯有兩個男孩的一百種情況中（ＢＢ），他總是和一個男孩散步。在史密斯有兩個女孩的一百種情況中

（ＧＧ），他總是和一個女孩散步。在他擁有一兒一女的情況中（ＢＧ或ＧＢ），一個合理的假設是，他與男孩或女孩散步的機率相等。

現在觀察第一行，即史密斯和女孩散步的二百種情況。在一百種情況中（ＧＧ），不在場的孩子是女孩，在另外一百種情況中（ＢＧ或ＧＢ），不在場的孩子是男孩兒。在第二行裡（史密斯和男孩兒散步的二百種情況），在一百種情況中（ＢＢ），不在場的孩子是男孩，在另外一百種情況中（ＢＧ或ＧＢ），不在場的孩子是女孩。不管和史密斯散步的孩子是女孩還是男孩，他的另一個孩子是男孩或者女孩的機率都是相等的。專家錯了，常識是正確的。

專家們根據錯誤的邏輯繼續說道，如果我們知道和史密斯散步的女孩比另一個孩子年長，那麼另一個孩子是女生的機率就會從三分之一提升到二分之一。專家的理由是，在我們知道陪伴史密斯的女兒是他的第一個孩子以後，我們可以排除ＢＢ和ＢＧ的情況，只留下ＧＢ和ＧＧ的情況。因此，兩個女兒的機率從二分之一提升到了二分

	BB	BG	GB	GG	總計
和女孩散步	0	50	50	100	200
和男孩散步	100	50	50	0	200
總計	100	100	100	100	400

表 6-2　史密斯的另一個孩子是男孩或女孩的機率相等

之一。不過，讓我們用常識考慮一下這種邏輯的推論。如果知道女兒年長可以將兩個女兒的機率從三分之一提升到二分之一，那麼知道女兒年幼，也可以將兩個女兒的機率從三分之一提升到二分之一。不過，這個女孩一定不是年長就是年幼。根據專家的說法，在這兩種情況下，兩個女兒的機率都會從三分之一提升到二分之一。因此，即使我們不知道這個女孩年長還是年幼，我們也知道兩個女兒的機率是二分之一！常識仍然是正確的，專家仍然是錯誤的。

最近，曼羅迪諾改進了「二子悖論」（two-child paradox），認為如果這個女孩宣布自己擁有一個獨特的名字，比如佛羅里達，那麼這種做法也會將兩個女孩的機率從三分之一提升到二分之一。他的理由仍然與直覺相反，而且最終證明是不正確的。如果曼羅迪諾的說法是正確的，它將適用於每一個名字，因為每個名字都是獨特的。（如果教名不夠獨特，可以使用教名和中間名，或者使用教名、中間名和出生日期。）如果這種說法適用於每一個名字，那麼這個名字是什麼並不重要，我們是否知道這個名字也不重要。這裡沒有悖論，只有扭曲的邏輯。

二〇一〇年，在兩年一度紀念馬丁．加德納的「加德納集會」上，蓋瑞．富希（Gary Foshee）提出了這個問題的另一個版本。他走上講臺，說道：「我有兩個孩子。一個是男孩，出生在星期二。我有兩個男孩的機率是多少？」停了一會，富希繼續說道：「你能想到的第一件事情是，『這和星期二有什麼關係？』實際上，二者之間存在密切的關係。」然後，富希走下了講臺。他的發言在會場和網路上引發了一場熱烈的討論。

我的回答是，這和星期二的確沒有任何關係。如果星期二能夠改變這個機率，那麼星期三、星期四或者一周裡的其他任何一天也能以同樣的方式改變這個機率。不過，這個孩子一定會出生在一周裡的某一天。因此，如果富希的說法是正確的，我們可以在不知道這一天是星期幾的情況下改變這個機率。富希是錯的，這一天是星期幾並不重要。

條件機率的混淆

我有一個缺乏耐心的親戚——讓我們叫他鮑伯吧。一次，鮑伯走進一家大賣場，準備購買一台智慧型手機。手機的款式實在是太多了！他請一位店員幫忙。面對店員說出的話語令人難以理解，鮑伯的沮喪感不斷加深。藍牙、GPS定位、畫素、HDML、IOS、LCD、RAM、ROM，等等。最終，鮑伯留下一句「你嗑藥了吧」，然後轉身離去。

在開車回家的路上，鮑伯想到了一個好主意，企業應當用藥檢篩選求職者，監督員工。奧運會有藥檢，自行車運動有藥檢，賽狗運動也有藥檢，為什麼不能把藥檢運用到某種重要的事情上，比如服務顧客呢？

鮑伯做了一些調查，發現針對吸食大麻的簡單尿檢擁有九十五％的準確率。這當然已經足夠好了！既然九十五％的準確率在統計檢驗中是一個足夠好的準確率，那麼它當然也可以用於排除癮君子。

不過，如果將鮑伯的想法付諸實踐，美國的失業率可能會急劇上升，而且這不是因為我們是一個毒品之國。鮑伯犯了一個很常見的錯誤，他混淆了兩種條件機率。

幾年前，一位黑人大學教授詢問一群黑人退伍軍人：美國有多少非裔職業運動員？退伍軍人給出的猜測在五萬人到五十萬人之間。正確答案是一千兩百人。美國的黑人律師是這個數字的十二倍，黑人醫生是這個數字的十五倍。沒有一個退伍軍人相信他的話，但他的說法是正確的。

這一現象有著更深層次的問題，即人們將不同的條件機率混淆在了一起。

我們看到黑人在職業運動員中占有很大的比例，因此下意識地認為很大一部分黑人都是職業運動員。如果我們將話題從種族轉變成性別，這個錯誤就會更加明顯。美國職籃的所有球員都是男性，但是在美國職籃打球的男性群體比例很小。

當年，許多（也許是大多數）非裔美國孩子希望成為下一個麥克．喬丹（Michael Jordan）或者魔術師詹森（Magic Johnson）。今天，他們希望成為勒布朗．詹姆斯（LeBron James）或者凱文．杜蘭特（Kevin Durant）。遺憾的是，他們幾乎無法成功。擁有夢想和抱負是很好，但是認清現實更加重要。學術和體育運動都很重要，學者兼運動員應當受到尊重。不過，同運動員相比，學者更有可能得到一份好工作。

二〇一二年，俄亥俄州立大學一位四分衛發布了一條推文：「我們是來打美式足球的，為什麼我們還要上課，我們不是來『打』學校的，上課沒有意義。」好吧，幾年以後，我們再來看看情況。

假陽性問題

毒品檢測領域也存在同樣的混淆問題。九十五％的大麻檢測準確率，意味在使用大麻的人之中，九十五％的人會檢測出陽性。那麼，問題來了：在檢測出陽性的人之中，大麻使用者的比例是多少？

如果對員工進行毒品檢測，會產生兩類錯誤。如果錯誤檢測出毒品痕跡，這種錯誤叫做假陽性。如果檢測沒能發現毒品痕跡，這種錯誤叫做假陰性。為了說明假陽性可能產生多大的問題，考慮一項針對一萬名員工的檢測，其中五百名員工（五％）使用了大麻，九千五百名員工（九十五％）沒有使用大麻。進一步說，假設檢測的準確率是九十五％：即九十五％的大麻使用者，會檢測出陽性，九十五％不使用大麻的人會檢測出陰性。

表6－3顯示，在使用大麻的五百人中，四百七十五人（九十五％）檢測出陽性，二十五人（五％）沒有檢測

	檢測呈陽性	檢測呈陰性	總計
大麻使用者	475	25	500
非大麻使用者	475	9025	9500
總計	950	9050	10000

表 6-3　假陽性問題

出陽性。在不使用大麻的九千五百人中，四百七十五人（五％）檢測出陽性，九千零二十五人（九十五％）沒有檢測出陽性。到目前為止，情況還算不錯。

不過，表6－3還顯示，在九百五十個陽性檢測結果中，四百七十五個是假陽性，高達五〇％的陽性員工沒有使用大麻，這就是我們需要謹慎對待條件機率的原因。雖然九十五％的大麻使用者會檢測出陽性，但只有五〇％的陽性結果來自大麻使用者。

在一九九七年的「錢德勒訴米勒案」（Chandler v. Miller）中，美國最高法院以八比一的表決結果，裁定喬治亞州要求某些州政府崗位申請者接受毒品檢測的法律，違反了第四修正案反對不合理調查的規定。法院認為，在具體個體沒有受到犯罪懷疑的情況下，得允許某種特殊需要優先於隱私權，在「嚴密保護」的情況下，調查是被允許的——比如航班飛行員的毒品檢測。不過，法院認為，州級當選官員使用毒品的可能性不會危害公共安全。（你可以在這裡吐槽了。）

罕見病問題

假陽性問題也存在於疾病檢測之中。和大麻檢測類似，即使針對疾病的檢測擁有很高的準確率，得到陽性檢測結果的許多人（甚至大多數人）仍然有可能不是這種疾病的患者。

下面的例子很能說明問題。一百位醫生被問到了這樣一個模擬問題：

在一次常規檢查中，你在一位女性患者的乳房上發現了一個腫塊。根據你的經驗，在一百個這樣的腫塊裡，只有一個腫塊是惡性的。不過，為了安全起見，你要求患者接受乳房X光檢查。如果腫塊是惡性的，那麼X光檢查將其診斷為惡性的機率是〇．八。如果腫塊是良性的，那麼X光檢查將其診斷為良性的機率是〇．九。在這個例子中，X光檢查認為腫塊是惡性的。根據這個X光檢查結果，你認為這個腫塊是惡性腫塊的機率是多少？

在一百位接受調查的醫生中，九十五位醫生給出了〇．七五左右的機率。不過，正確的機率是這個數字的十分之一：〇．〇七五！

表6-4顯示了一百名患者的情況。在十個病例中（一千人的百分之一），腫塊是惡性的。在八個惡性病例中（八〇%），檢測給出了正確的陽性結果。

在九百九十個良性病例中，檢測給出正確陰性結果的病例，共為八百九十一個（九〇%）。

觀察第一行資料。在十名得了惡性腫瘤的病人中，檢

	檢測呈陽性	檢測呈陰性	總計
惡性	8	2	10
良性	99	891	990
總計	107	893	1000

表 6-4　乳房 X 光檢測的假陽性

測出陽性結果的次數是八〇%：8/10=0.80。不過，觀察第一列數據。在得到陽性檢測結果的一百零七名患者中，只有七・五%的患者擁有惡性腫瘤：8/107=0.075。儘管十個惡性腫瘤中有八〇%的病患得到正確診斷，這些陽性檢測結果仍然遠遠少於假陽性結果——九百九十個良性腫瘤中被錯誤診斷的一〇%。正如這裡顯示，有時大數中的小比例大於小數中的大比例。

條件機率很容易得到錯誤解讀，而這些醫生顯然犯了這個錯誤。發展這項調查的研究人員指出：

> 犯錯誤的醫師常常表示，他們認為病人在得到陽性X光結果的情況下患癌的機率……與癌症患者得到陽性X光結果的機率大致相等……後一種機率是臨床研究計畫中測量到的機率，是醫生熟悉的機率。前一種機率則是制定臨床決策時需要使用的機率。看起來，大多數醫師並沒有分清這兩種機率。

顯然，大多數醫生混淆了下列條件性說法。如果腫塊是惡性的，檢測結果呈陽性的機率是多少？（答案：八〇%）如果檢測結果呈陽性，腫塊是惡性腫塊的機率是多少？（答案：七・五%）這些醫生對醫學資料的錯誤解讀，可能導致災難性後果。

達特茅斯鮭魚研究

當檢測數量很多時，假陽性是不可避免的。例如，假設一個看上去很健康的女性接受體檢，包括多項可能指示健康問題的風險因素獨立檢測（比如膽固醇和高血壓）。在每項檢測中，如果讀數超出健康女性九十五%的讀數範圍，結果就會被標為「異常」。在每一項檢測中，假陽性的機率是五%。對於十項檢測，假陽性的機率是四〇%。對於一百項檢測，假陽性結果的機率為九十九%以上。隨著檢測數量變多，假陽性的機率將接近百分之百。

下面的例子涉及一項包含大量檢測的標準神經科學實驗。實驗人員將志願受試者放進核磁共振成像儀，向他展示各種圖像，並且提出跟圖像有關的問題。這種實驗不是用植入大腦的電極跟蹤大腦活動，而是用核磁共振成像（fMRI）測量含氧和去氧血液流過大腦時產生的磁干擾。檢測過後，研究人員觀察超過十三萬立體像素，以查看大腦的哪些部位受到了圖像和問題的刺激。

核磁共振成像的測量包含許多雜訊，包括來自環境以及來自大腦不同部位脂肪組織密度差異的各種磁信號。有時，立體像素會忽略大腦活動（假陰性）。有時，立體像素會錯誤地指示大腦活動（假陽性）。

一個名叫克雷格·貝內特（Craig Bennett）的學生，在達特茅斯實驗室以一種獨特的方式開展了這項實驗。他用核磁共振成像儀研究一條鮭魚依次看到十五張照片時的大腦活動。下面是實驗報告的一部分：

> 對象：參與核磁共振成像研究的一條成熟的大西洋鮭魚。這條鮭魚長約四十五公分，重約一・七公斤，在掃描時處於無生命狀態。
>
> 任務：對相關鮭魚執行的任務，包括完成一個需要運用大腦的開放式任務。實驗向鮭魚展示了一系列照片，照片上描述了社會情境中具有特定情緒效價的人類個體。實驗要求鮭魚確定照片中的個體正在經歷的情緒。
>
> 設計：刺激以區組設計（block design）的形式呈現，每張照片展示十秒，然後休息十二秒。共展示十五張照片。總掃描時間為五分鐘半。
>
> 分析：實驗用廣義線性模型（Generalized linear model, GLM）的普通最小平方法處理鮭魚體素資料，用boxcar函數與標準血液動力反應來模擬血液動力反應的預測指標，並且添加了一個一百二十八秒的暫時高頻過濾器，以校正低頻飄移。實驗沒有使用自相關校正。

分析聽上去很專業，不是嗎？不過，你是否在物件部分注意到這條鮭魚「在掃描時處於無生命狀態」？沒錯，克雷格在當地市場買了一條死鮭魚，放進核磁共振成像儀，向牠展示照片，然後向牠提出問題。不過，由於立體像素數量眾多，因此出現了一些假陽性的結果，可以被解釋成鮭魚對照片和問題的反應。只是這條鮭魚已經死了。

根據這項實驗，貝內特和他的教授艾比蓋爾・貝爾德（Abigail Baird）提出了一個有力的觀點：核磁共振成像研究需要考慮到假陽性問題。高達四〇%的已發表論文並沒有做到這一點。

這項死鮭魚研究獲得了超過大多數核磁共振成像研究的曝光，甚至獲得了搞笑諾貝爾獎——哈佛大學每年都會舉辦一個非常歡樂的頒獎儀式，以獎勵「首先使人發笑，然後使人思考的成就」。

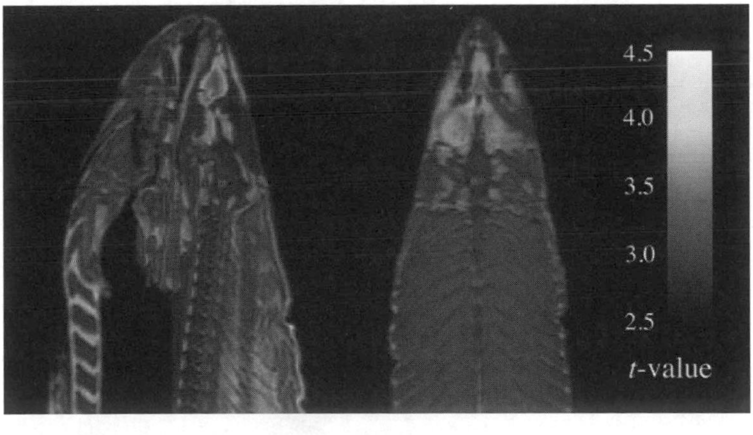

圖 6-1　鮭魚的核磁共振成像檢測結果

如何識破一本正經的胡說八道

蒙提・霍爾問題是一個絕妙的悖論，因為我們的直覺是錯誤的，而且運用常識可以加以改進。二子悖論則是另一種類型的精采悖論。在這個悖論中，我們的直覺是正確的，而且使用常識可以證實結果。

不要僅僅進行計算。運用常識思考你所回答的問題是否正確，假設是否合理，結果是否可信。如果一種統計觀點不合理，應對其進行仔細思考。你可能會發現，這種觀點是在胡說八道。

假陽性問題與條件機率的混淆有關。在某些情況下（比如存在某種疾病），一項檢測很有可能顯示陽性結果，但陽性檢測結果並不能認定疾病的存在。它可能是假陽性。對於罕見疾病（比如惡性腫瘤）或者存在大量讀數的情形（比如死鮭魚磁共振成像），假陽性現象更為常見。

Lesson 7

辛普森悖論

霍亂是以腹瀉和嘔吐症狀為特徵的腸道疾病，常常會導致患者死亡。霍亂最初僅存於印度次大陸。不過，十九世紀陸地和海洋貿易路線的發展，將這種疾病傳播到世界各地，導致數千萬人死亡。

一八三二年，霍亂襲擊倫敦，導致六千五百人死亡。當時的醫療機構，認為霍亂和其他疾病一樣，是吸入「瘴氣」（有毒氣體）引起的。腐爛的垃圾、街道上的人畜糞便以及泰晤士河散發出來的污染臭味，都使倫敦臭氣熏天。在潮濕多霧的夜晚，空氣尤其令人討厭。許多人懼怕「夜晚的空氣」，他們躲在門窗緊閉的室內。如果非得外出，他們也會遮住面部。在缺乏像樣的衛生設備、味道難聞的貧困街區，霍亂更加常見，這一現象支持了瘴氣理論。

瘴氣理論無法得到明確證明，因為這個問題存在其他一些需要考慮的干擾因素。例如，整體來看，貧困街區居民的年齡高於其他街區。人們吃著不同的食物，從事不同行業，甚至缺乏暖氣設備。真正作用的是其中一個因素，還是所有因素呢？

有時，科學家可以在受控條件下進行實驗，控制干擾因素，以便能分離出一個因素的影響效應。如果其他所有相關因素維持恆定，那麼觀測的結果顯然是變動因素導致的。不過，這種理想的對照實驗常常是不現實或不道德的，因此研究人員必須根據觀察到的現象得出結論，而無法控制現象。霍亂問題即是如此。醫生當然無法強制隨機選擇一部分人吸入有毒氣體，同時隨機選擇另一部分人在空氣乾淨的環境下生活和工作。不過，當時出現了一個自然形成的實驗，徹底揭示了這種疾病的原因。

幾個世紀以來，倫敦和其他大城市的住宅用地下糞坑蒐集人類排泄物。專業人員會定期清空糞坑，並用貨運馬車運走廢物。這些廢物被稱為「夜間土壤」（night-soil），因為晚間的城市街道行人稀少，專業人員會選擇在這個時候將其運走。通常，這些廢物被運往附近的農場，以充當肥料。

一八四八年，法律要求倫敦市民停止使用糞坑，將他們的住宅與遍布整個倫敦的新建污水管道相連起來。這次立法減少了糞坑和運輸「夜間土壤」所導致的惡臭和危險，但它也製造了另一個問題。污水管道將未經處理的污水排入泰晤士河，而這條河流是許多倫敦市民的直接或間接飲用水來源。

一八四九年，三十六歲的醫生約翰・斯諾（John Snow）發表了一篇論文《論霍亂的傳播模式》（*On the Mode of Communication of Cholera*），認為霍亂不是吸入污濁空氣導致，而是由「患病人體排出的物質污染了飲用水，並藉此傳播的一種有毒物質」所導致的。我們並不知道斯諾從何提出這種理論。也許，他認為呼吸糟糕的空氣應當影響肺部，但霍亂影響的卻是腸道，這意味著它與人們的飲食有關。斯諾還發現，在一八四八年禁止糞坑的法律頒布後不久，倫敦就發生了一八四八到一八四九年的霍亂大流行。當然，這種推理是一種稱為「前後即因果」（post hoc ergo propter hoc）的邏輯謬論。一個事件緊隨另一個事件發生，並不意味著後面的事件是由前面的事件導致的。

佛蘿倫斯・南丁格爾（Florence Nightingale）和其他頂尖公共衛生權威認為斯諾的想法過於天真，缺乏依據。瘴氣理論已經根深蒂固，很難被一個年輕醫生的奇異猜測推翻。斯諾無法控制包括瘴氣在內的所有潛在干擾因素，不能強迫一些人飲用污水，又強迫另一些人飲用乾淨的水，只為檢驗他的理論。不過，在一八五四年，當另一場流行霍亂襲擊倫敦時，斯諾想出兩種方法檢驗該理論。

多年來，薩瑟克和沃克斯豪爾水務公司（Southwark and Vauxhall Water Company）與蘭貝斯公司（Lambeth Company）一直在通過不同的管道將泰晤士河同一受汙染區域的水源輸送到倫敦的相同街區。在一八四八到一八四九年霍亂流行期間，兩家水資源公司的客戶死亡率相同。在一八四八年禁止糞坑的法律頒布後，英國微生物學家亞瑟·哈索爾（Authur Hassall）對倫敦水源與污水系統之間的關係，進行了詳細而充分的研究。他得到的結果令人震驚，一八五〇年發表在英國著名醫學期刊《刺胳針》以及一部名為《對倫敦和郊區居民水源的一項顯微鏡研究》（*A Microscopical Examination of the Water Supplied to the Inhabitants of London and the Suburban Districts*）的書籍中，他寫道：

> 我已經證明，泰晤士河水中始終可以檢測到與污水相連的各種動植物物質，包括一些糞便，而且，同樣的物質存在於一些公司提供的水源之中。這條證據鏈是完整而具有決定性的。因此，我們反覆發現，肉類纖維以及蔬菜組織等更多無法消化的部位，從抽水馬桶進入污水管道，從污水管道進入泰晤士河，從泰晤士河進入水源公司的蓄水池，從蓄水池重新回到人們家中。

因此，毫無疑問，根據目前的倫敦供水系統，這座城市的一部分居民不得不以某種形式消化自己的排泄物，並為這種特權支付帳單。

在哈索爾詳細而令人擔憂的結論的影響下，一八五二年的《大都會水法》（Metropolitan Water Act）規定，從一八五五年八月三十一日起，倫敦水源公司不得從泰晤士河嚴重污染的區域汲水。蘭貝斯公司已經獲得了上游三十五公里處的土地，並在一八五二年做出了改變，開始從沒有受到倫敦污水影響的泰晤士河區域汲水。薩瑟克和沃克斯豪爾公司直到一八五五年才開始搬遷。

斯諾意識到，這是檢驗他理論的絕佳時機。相鄰住宅的居民恰巧由不同的水源公司提供服務，這一事實自然而然地控制住了各種潛在干擾因素。斯諾寫道：

> 同時，這項實驗的規模也最大。不同性別、各個年齡區間和職業、各種階層和地位、從上流人士到窮人的三十多萬市民毫無選擇地被畫分成了兩個群體，而且在大多數情況下，他們對此並不知情。一個群體的供水系統包含倫敦污水，其中含有可能來自霍亂病人的任何物質，另一個群體的供水系統中基本沒有這種雜質。

斯諾考察了一八五四年霍亂流行前七個星期的所有病人死亡紀錄，並且確定兩家水源公司的供水家庭名單。他發現，薩瑟克和沃克斯豪爾公司每一萬戶家庭的死亡人數是另一家公司的近九倍。這些資料證明了飲用污水與霍亂發病之間的關係。

斯諾還發現其他有力證據。一八五四年的霍亂流行對蘇活區（Soho）的影響尤其強烈，在十天之內導致五百多人喪生。斯諾就住在蘇活區附近。四分之三的居民逃離了這個地區，顯然是想躲開這裡的瘴氣。不過，斯諾並沒有離開，他想實地證明自己的理論。

當時，整個倫敦市有幾十口公共水井，人們可以在這裡打水喝，或者帶水回家。蘇活區還沒有與倫敦污水系統相連接，斯諾懷疑蘇活區的糞坑正在污染從公共水井打上來的水。斯諾畫了一張圖，顯示了十三個公共水泵的位置以及五百七十八個霍亂受害者的住所。他很快發現，許多受害者生活在布羅德大街的一個水泵附近。這個水泵位於布羅德大街（Broad Street）和劍橋大街（Cambridge Street）的十字路口。圖7-1中的疊加線顯示了霍亂受害者的住址，這些受害者顯然集中於水泵附近，很可能是因為他們喝了這裡的井水。

	家庭數量	霍亂死亡數量	每一萬戶家庭的死亡數量
薩瑟克和沃克斯豪爾公司	40046	1263	315
蘭貝斯公司	26107	98	37
倫敦其他地區	256423	1422	59

表 7-1　倫敦各地區霍亂致死人數對比

斯諾親自走訪了住在其他公共水泵附近的霍亂受害者，發現他們常常在工作、購物或上學路上經過布羅德大街的水泵，並飲用這裡的井水。斯諾還發現，一些家庭之所以使用布羅德大街的水泵，是因為這裡的水味道比較好。

另外，許多生活在布羅德大街水泵附近但不喝井水的人並沒有受到霍亂的影響，這給瘴氣理論沉重的一擊。這個街區的人們呼吸著相同的空氣，但是只有用布羅德大街的水泵喝水的人才會死於霍亂。

聖詹姆斯教區（St James's parish）負責管理布羅德大街水井的監護委員會急於採取措施，結束這場流行霍亂。斯諾說服他們取走了水泵把手，以阻止人們飲用這裡的井水。霍亂很快停止了。不過，在霍亂停止以後，人們重新安上了水泵把手。瘴氣理論過於根深蒂固，很難被一位年輕的醫生推翻。

後來，人們發現了布羅德大街水泵傳播霍亂的原因。最初，

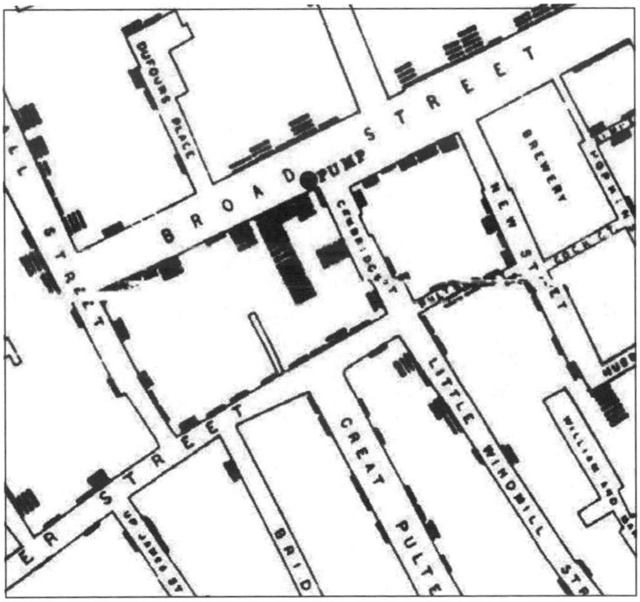

圖 7-1　布羅德大街水泵附近的霍亂死者，用住址前的橫線表示

這裡曾經是一座住宅，一個罹患霍亂的嬰兒，其尿布曾丟進住宅糞坑裡。當房屋被燒毀、街道被拓寬時，房子裡的糞坑就此遺棄。人們在距離糞坑〇・九公尺的地方挖了這口水井。後來，糞坑滲漏，污染了布羅德大街的水井。

一八五八年，斯諾因中風不幸病故。他沒能看到自己理論被世人接受，沒能看到流行霍亂的終結。一八五九年，倫敦開始建設一個現代污水系統。具有諷刺意義的是，這項措施的目的是將污水管線布置在地下，以免其散發氣味，從而減少瘴氣。這種做法無意中帶來了一個好處，那就是污水不再污染人們的供水系統。一八六六年，另一場流行霍亂襲擊倫敦，但是與新的污水系統相連接的城鎮區域並沒有受到影響。當這個系統徹底完工時，倫敦終於安全了。

現代科學家最終證明了斯諾的理論。霍亂是飲用汙染水源才傳播出去的。所有進步國家的城市都建設了有效的汙水處理系統和乾淨供水系統，消滅了流行霍亂。今天，約翰・斯諾以其在研究重要公共衛生問題時對資料的獨創性使用，得到了認可和紀念。他被視為研究疾病模式、原因和影響的流行病學之父。

干擾因素常常出現在使用觀測性資料的研究中，因為人們無法通過現實的方法使這些因素維持恆定。不過，大自然有時會為研究人員提供便利條件。在霍亂研究中，斯諾非常幸運能研究倫敦市區相鄰住宅、卻由不同水源公司服務的區域，從而減少了社會經濟因素的干擾效應。斯諾指出，生活在相鄰住宅的家庭可能來自相同的社會經濟階層。如果斯諾需要比較不同水源公司服務的不同街區或城市，這種條件就無法成立了。

有時，為了處理干擾因素，可以細分觀測性資料。在研究吸菸對健康的影響時，性別可能是一個干擾因素。一項設計良好的研究可能會分別分析男性和女性的資料，以控制性別因素。在研究收入對生育的影響時，年齡和宗教信仰可能成為干擾因素。一項設計良好的研究可能會把資料分成具有相同年齡和相似宗教信仰的不同小組。

最重要的一點是，我們應當永遠牢記，研究結論有可能受到干擾因素的干擾。

某人的悖論

二〇一〇年，一家網路公司蒐集了兩種不同網頁形式的資料。在「一次點擊」形式中，廣告出現在網頁的第一個頁面上。在「二次點擊」形式中，第一個頁面上顯示的是關鍵字，而如果使用者點擊關鍵字，與這個關鍵詞有關的定向廣告就會顯示出來。在這兩種形式中，如果用戶點擊廣告，公司就會獲得收入。二次點擊形式要求用戶付出更多精力，但定向廣告可能更加有效。因此，當用戶選擇「二次點擊」廣告時，公司可以獲得更多收入。

分析人員向公司總裁展示了表7-2所示的數據。（收入和用戶數的單位均為百萬。）二次點擊形式具有較高的RPM（revenue per thousand users，平均一千名用戶的收入），為十二・十四美元，一次點擊則只有十一・六美元。下一步的行動似乎很明顯：如果他們在所有網頁上使用二次點擊形式，收入就會增長。

一次點擊			二次點擊		
收入	用戶數	RPM	收入	用戶數	RPM
$2.9	250	$11.60	$1.7	140	$12.14

表 7-2　收入、用戶與千人收入（RPM）

這個結論可能是個代價昂貴的錯誤。這些資料屬於觀測性資料，可能存在自我選擇偏誤，即拜訪「一次點擊」網站的用戶可能與拜訪「二次點擊」網站的用戶存在系統性差異。要想進行有效的比較，公司可以進行一項對照實驗。每個網站可以將使用者隨機導向兩種形式中的一種。這樣一來，公司就可以有效比較不同形式的效果。

還有一個不太明顯的問題。一個討厭的統計學家分發了一張表（表7-3），這張表畫分美國本土和國外的用戶。在兩種用戶中，一次點擊形式都具有更高的RPM。不出所料，人們感到極為震驚。總裁舉起雙手，詢問為什麼一次點擊形式在美國本土和國外全部占優勢，但在總體上卻處於劣勢。一些員工提議檢查這些資料。其他一些人露出茫然的表情，希望某人能夠站出來解決這個悖論。

然後，大家就明白了。

這是辛普森悖論的一個例子。雖然愛德華・辛普森（Edward Simpson）在一九五一年的一篇論文中描述了這個悖論，但它實際上是由另外兩位統計學家在五十年前發現的，這使辛普森悖論成了「斯蒂格勒定律」（Stigler's law）的一個例子。斯蒂格勒定律的內容是：「沒有一項科學發現是以其最初發現者的名字命名的。」（斯蒂格勒本人就是一個例子，他指出，羅伯特．K．默頓〔Robert K. Merton〕才是斯蒂格勒定律的發現者。）辛普森悖論指的是當群集數據被分開時，其中的模式發生逆轉的現象。在上面的例子中，對於群集數據來說，二次點擊占據優勢。當資料被分成美國和國際兩部分時，一次點擊占據優勢。

要想理解這種逆轉，首先考慮二次點擊網站擁有較高RPM的群集數據。用戶類型（美國或國際）是一個干擾因素，因為RPM不僅與點擊形式有關，也與用戶類型有關。同國際用戶相比，美國用戶擁有更高的RPM，而且恰巧更喜歡訪問二次點擊網頁，這推高了二次點擊的總體RPM。如果我們將這種干擾因素考慮在內，分開美國用戶和國際用戶的數據，我們就會發現，在兩種類型中，一次點擊擁有更高的RPM。

如果所有網頁使用一次點擊形式，才有可能提高

	一次點擊			二次點擊		
	收入	用戶數	RPM	收入	用戶數	RPM
美國	$1.8	70	$25.71	$1.2	50	$24.00
國際	$1.1	180	$6.11	$0.5	90	$5.56
總計	$2.9	250	$11.60	$1.7	140	$12.14

表 7-3　區分美國用戶與國際用戶

	申請人	錄取率
男性	8442	44%
女性	4321	35%

表 7-4　男性更有可能被錄取

公司的總體收入，這與他們最初的印象相反。幸運的是，公司的政策專家非常聰明，認識辛普森悖論，而且進行上面描述的對照實驗。他們的結論是，一次點擊形式在大多數網站上表現得更好，但是一些網站更適合二次點擊形式。

要想注意到可能的辛普森悖論，關鍵是考慮是否存在被忽略的干擾因素。下面是另一個例子。一九七〇年代，有人指控加州大學柏克萊分校研究院歧視女性申請人。作為證據，他們提供了表7－4中的資料，指出男性申請人的錄取率為四十四%，而女性申請人的錄取率只有三十五%。

法院啟動了一項調查，以確定哪些系的問題最為嚴重。不過，在考察了該學院八十五個系的錄取率以後，人們幾乎沒有發現女性受到歧視的證據。相反，他們覺得一些系對於女性的錄取率反而高於男性。

表7－5顯示了前六個大系的錄取率。第一個系擁有最高的錄取率，第二個系擁有第二高的錄取率，依此類推。總體而言，男性申請人的錄取率是四十五%，女性申請人的錄取率則只有三〇%——這似乎是歧視女性的明顯證據。不過，在考察每個系時，只有兩個系（第三個系和第五個系）

男性的錄取率高於女性，而且這種差異很小，不具有統計顯著性。唯一具有統計顯著性的錄取率差異出現在第一個系。在這裡，女性的錄取率明顯高於男性（八十二%和六十二%）。

這仍然是辛普森悖論。當資料被分解時，群集數據中的模式遭到了逆轉。這裡的干擾因素是，一些系的錄取率遠高於其他系。第一個系擁有六十四%的總錄取率。第六個系擁有六%的總錄取率。現在，你應該注意到，男性更喜歡申請第一個系，而不是第六個系，女性則恰恰相反。

圖7-2以圖形的方式證明了表7-5所顯示的結論。橫軸是系錄取率。縱軸是每個性別申請這個系的人數比例。字母F代表女性申請人，M代表男性申請人。例如，最左邊的兩個點代

	總計		男性		女性	
系	申請人	錄取率	申請人	錄取率	申請人	錄取率
1	933	64%	825	62%	108	82%
2	585	63%	560	63%	25	68%
3	918	35%	325	37%	593	34%
4	792	34%	417	33%	375	35%
5	584	25%	191	28%	393	24%
6	714	6%	373	6%	341	7%
總計	4526	39%	2691	45%	1835	30%

表 7-5　前六個大系的錄取率

表第六個系，它的錄取率是六%。十四%的男性申請人和十九%的女性申請人申請了第六個系。兩條曲線表明，總體而言，女性傾向於申請錄取率較低的系，男性申請人則恰恰相反。男性的總體錄取率較高，因為他們以不成比例的人數申請了最容易進入的系。在考察所有八十五個系並且考慮到這種干擾因素以後，人們撰寫了一份詳細的研究報告，指出該校「對女性存在微小但具有統計顯著性的取向」。

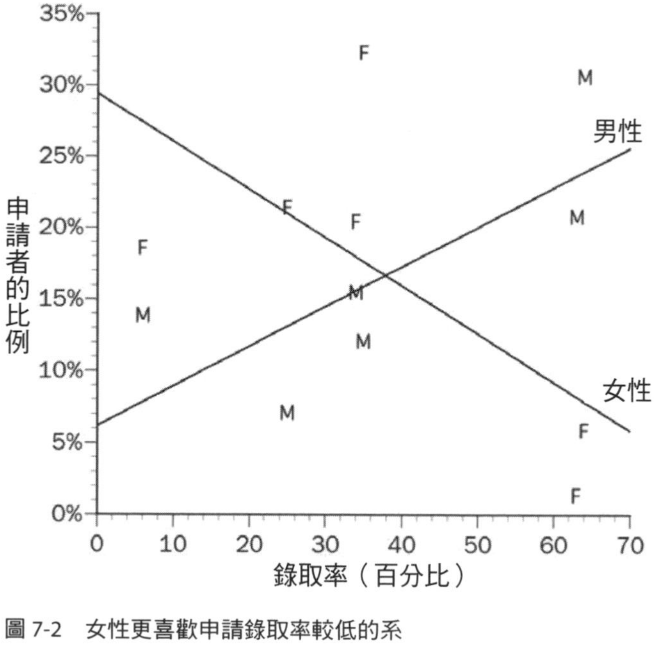

圖 7-2　女性更喜歡申請錄取率較低的系

發現干擾因素並不總是一件容易的事情。這裡的要點是，我們應當留意當中是否存在可能改變結論的干擾因素。讓我們來看幾個例子。

阿拉斯加航空公司在五個主要競爭機場中，都擁有優於另一家航空公司的準點飛行紀錄，但其總體準點紀錄則不如競爭對手，為什麼？因為阿拉斯加航空擁有許多飛往西

	雙日	單日	所有日期
寇里	20/100=0.200	90/300=0.300	110/400=0.275
吉米	61/300=0.203	31/100=0.310	92/400=0.230

表 7-6　誰是更好的打者？

雅圖的航班，而西雅圖的天氣問題經常導致飛機延誤。在每個年齡群體中，瑞典的女性死亡率都要低於哥斯達黎加，但瑞典擁有更高的女性總體死亡率，為什麼？因為瑞典擁有更多的老年女性（老年人擁有相對較高的死亡率）。一項醫學研究發現，一種手術對於小型和大型腎結石的治療成功率，均高於另一種手術，但其總體成功率卻不如另一種手術，為什麼？因為它經常被用於治療大型腎結石（大型腎結石的治療成功率相對較低）。

所有這些例子以及其他許多例子之所以存在辛普森悖論，是因為某種干擾因素對群集數據產生了影響。不過，這並不意味著分解資料永遠優於群集數據。表7-6比較兩個假想的棒球選手，將資料分成了單日和雙日。例如，寇里（Cory）在雙日的一百次擊球中擊出二十個安打，安打率為20/100=0.20。在這些編造出來的資料中，兩名選手恰巧在單日擁有更好的表現，寇里恰巧在單日擁有更多的擊球次數。因此，雖然吉米在單雙日都具有更高的安打率，但是整個賽季安打率更高的人是寇里。

根據這些資料，你認為誰是更好的打者？我認為是寇里，因為我們沒有理由認為單雙日是一個有意義的干擾因素。這只是資料中的一種巧合而已。如果我們根據每天的字母數分解資料，或者將日期按照字母順序排列，我們可能會看到同樣的現象。在這些情形中，分解資料中的模式僅僅是一種巧合，我們可以安全地將其忽略掉。群集數據可以更加準確地衡量誰是更好的打者。在其他一些情形中，干擾因素是真實的，忽略它們是一種危險做法。

我要再來一杯咖啡

咖啡擁有一段漫長而充滿爭議的歷史。咖啡灌木幾個世紀以前在非洲熱帶森林中被人發現。最初，人們將磨碎的豆子和水果混在一起，連皮帶殼一起吃下去。去除渣滓後飲用液態咖啡的做法，似乎起源於十五世紀的葉門，隨後傳播到其他地區。在土耳其，咖啡成了日常生活的一個重要部分，人們甚至會評估準新娘沖咖啡的能力。結婚以後，如果丈夫無法每天提供咖啡，妻子可以和他離婚。

咖啡目前是世界上最受歡迎的飲料之一。許多人喜愛咖啡，另一些人則認為咖啡具有成癮性，對健康有害。咖啡被稱為世界上使用最多的毒品。真相究竟如何？關於咖啡的第一項統計研究發生在十八世紀的瑞典，那是一項有趣的實驗。

咖啡在十七世紀被引入瑞典，並逐漸流行開來。不過，許多人將咖啡視為邪惡的飲品，認為它會使富人上癮，使廣大人民受到煽動。多年來，咖啡被課以重稅，或者完全禁止。後來，國王古斯塔夫三世（King Gustav III）開展了一項有趣的實驗。據說，這是瑞典的第一項臨床試驗。

古斯塔夫是一位在許多方面表現開明的獨裁者。他開展了許多經濟和政治改革，賦予天主教徒和猶太人宗教自由，減少死刑和拷打，並且慷慨地支持藝術。不過，他的一些冒險行動則沒有那麼成功。為了團結人民，他曾向俄羅斯開戰。瑞典皇家歌劇院的裁縫為一夥瑞典人製作了俄羅斯軍裝，這些人穿過俄羅斯邊境，向一個瑞典邊防哨所開火。以這場自導自演的挑釁事件為導火索，古斯塔夫對俄羅斯發動了一場「自衛」進攻。這是一場代價高昂的戰爭，雙方失去了許多戰士、船隻、彈藥和裝備，卻沒有獲得或失去任何土地。古斯塔夫國王沒能利用共同的敵人，團結瑞典人民，反而導致了巨大的傷亡和經濟代價，許多人對他喪失了信心。

古斯塔夫對酒精和咖啡的戰爭，結果同樣失敗。為了籌集資金應對軍事災難，古斯塔夫將製造和銷售酒精飲料的權利收歸政府所有。這一政策的效果和美國的禁酒令類似。農民仍然在釀酒，酒精消費量不降反升。至於咖啡，一些著名的瑞典科學家認為咖啡是一種健康的滋補品，另一些人則持有相反的觀點。古斯塔夫相信咖啡是一種毒藥，並且決定證明這一點。他找到了兩個犯下謀殺罪行、即將被斬首的男性雙胞胎。古斯塔夫將他們的判決改為終身監禁，但是有一個條件。其中一個人需要每天喝三壺咖啡，另一個人需要每天喝三壺茶。兩位由朝廷任命的醫生將確保這些要求得到實施，並且需要在雙胞胎去世時通知國王。古斯塔夫相信，他為那個喝咖啡的人準備了和斬首相同的命運——他的死將徹底證明咖啡是一種毒藥。

結果，醫生和古斯塔夫都死得比雙胞胎早（古斯塔夫被人刺殺）。喝茶的兄弟最終在八十三歲那年去世，當時喝咖啡的兄弟仍然活得很健康。雖然這個結果出乎意料，但是瑞典政府仍然將咖啡禁令維持到了一八二〇年代。最後，瑞典政府終於決定完全允許瑞典人民去做他們想做的事情——飲用咖啡，飲用大量的咖啡。

值得注意的是，古斯塔夫在實驗中明智地選擇了兩個完全相同的男性雙胞胎，以消除性別、年齡和基因的干擾效應。最明顯的缺點是，實驗的樣本太小了。如此小的樣本無法得出任何具有統計說服力的結論——包括支持咖啡或者反對咖啡的結論。

多年以後，一些規模更大的研究認為古斯塔夫關於咖啡有害的觀點是正確的。不過，這些研究都存在致命缺陷。一個反覆出現的問題是，我們無法在現實中進行長期隨機實驗。古斯塔夫是國王，可以用一對即將被斬首的雙胞胎去做他想做的事情。我們無法讓人們喝咖啡或者不喝咖啡。相反，我們只能使用觀測性資料。我們觀察到一些人喝咖啡，我們觀察到另一些人不喝咖啡，我們的確會去比較兩個樣本群體。問題是，選擇喝咖啡的人和選擇不喝咖啡的人之間可能存在系統性差異。

例如，一九七一年的一項研究發現，同沒有膀胱癌的人相比，患有膀胱癌的人更願意喝咖啡——這意味著咖啡會導致膀胱癌。不過，這裡存在一個干擾因素，那就是喝咖啡的人更願意吸菸。導致膀胱癌的到底是咖啡還是香菸呢？一九九三年，一項針對三十五項研究的嚴格分析報告證明了咖啡的清白，指出香菸才是真正的元凶。報告認為，

「在扣除吸菸的影響以後，沒有證據表明男性或女性的『下泌尿道癌』風險上升。」二〇〇一年的一項研究證明了香菸會增加膀胱癌的風險，而咖啡則不具有這種效果。這項研究還提出了一個新的觀點：同不喝咖啡的吸菸者相比，喝咖啡的吸菸者患上膀胱癌的可能性要小一些。咖啡似乎可以在一定程度上抵銷香菸的致癌效果。

下面是另一個例子。一九八〇年代早期，備受尊重的研究員、哈佛大學公共衛生學院院長布萊恩・麥克馬洪（Brian MacMahon）領導的一個團隊，發現喝咖啡和胰腺癌之間存在緊密的聯繫。這項研究發表在世界頂級醫學期刊之一《新英格蘭醫學期刊》上，並且上了全國新聞版面。這個哈佛研究小組提出，如果人們停止喝咖啡，胰腺癌發病率可能會大大降低。麥克馬洪遵守了自己提出的建議。在研究之前，他每天喝三杯咖啡。在研究之後，他戒掉了咖啡。

麥克馬洪的研究比較了患有胰腺癌的住院病人以及患有其他疾病、並被同個醫生要求住院的病人。這是一種針對觀測性資料的便捷採樣，因此是有問題的。這些醫生中有許多腸胃專家。許多沒有罹患癌症的住院病人放棄咖啡，因為他們擔心咖啡會使潰瘍和其他腸胃問題惡化。患有胰腺癌的病人則沒有停止喝咖啡，因此幾乎可以保證胰腺癌患者之中的咖啡飲用者更多。不是咖啡導致了胰腺癌，而是其他疾病導致其他人不再喝咖啡。

另一個問題是，麥克馬洪之所以進行這項研究，是因為他認為胰腺癌可能與酒精或香菸有關。他考察了酒精，考察了香菸，考察了雪茄，考察了煙斗。他沒有發現任何關聯。不過，他仍然繼續探索。他嘗試了茶，嘗試了咖啡。終於，他發現了一個現象：胰腺癌患者喜歡飲用更多的咖啡。

當我們挖掘資料之後，終於得出一種理論時，我們不能用搜刮過的資料檢驗這種理論。假設我拋一百次硬幣，在以各種可能的角度考察資料以後，我注意到，在拋出兩個正面和一個反面以後，下一個硬幣是正面的可能性超過了一半。這種古怪的理論是仔細考察過自己資料得到的，因此它當然可以被這些資料證實。要想進行公正的檢驗，我需要事先提出理論，然後用新的拋硬幣實驗對其進行檢驗。

隨後的研究（包括麥克馬洪的團隊進行的一項研究）沒能證實最初的結論：「與之前的研究相反，我們沒能觀測到男性或女性的任何風險趨勢。」美國癌症協會也同意這種觀點：「最近的科學研究發現，咖啡與胰腺癌、乳腺癌或者其他癌症風險之間沒有任何關係。」隨後的研究不僅沒有證明麥克馬洪最初的理論，反而發現喝咖啡似乎可以降低胰腺癌的風險——至少是對男性而言。

咖啡似乎具有許多健康益處，包括降低許多癌症、肝硬化、膽囊疾病、心血管疾病、失智症、帕金森氏症、血栓以及痛風的風險。咖啡最大的風險似乎是傷害胃腸器官的保護層。正因為如此，具有潰瘍和其他胃腸問題的人才會被要求停止喝咖啡——這也是最初的胰腺癌研究存在缺陷的原因之一。

在這份存在缺陷的胰腺癌研究發表以後，二〇一二年，同一份著名期刊《新英格蘭醫學期刊》發表了迄今為止規模最大的一項研究，這項研究在十三年時間裡追蹤四十萬人。研究發現，扣除吸菸、喝酒和鍛煉的干擾效應，同不喝咖啡的人相比，每天喝一杯咖啡的人在各個年齡段去世的機率都會下降五到六個百分點。對於每天喝兩杯或三杯咖啡的人來說，男性的風險可以降低一〇%，女性的風險可以降低十三%。

研究人員為什麼不斷改變想法呢？巧克力曾經是有害的，現在是有益的。葡萄酒曾經是有害的，現在是有益的。咖啡曾經是有害的，現在是有益的。陽光曾經是有害的，現在是有益的。好的變成了壞的，壞的變成了好的。這是因為，最初的研究存在缺陷——而這通常是因為人們忽略了干擾因素，或者為了尋找值得發表的結論，進而探究資料。

如何識破一本正經的胡說八道

如果一項研究支持你的觀點，你自然會會意地點點頭，認為你的觀點得到了證實。更加明智的做法，則是仔細觀察並考慮干擾因素。當一項研究看上去不合理時，你也應當採取這種做法。

例如，柏克萊研究生錄取政策歧視女性的說法看上去是合理的。不過，當人們深入調查，想找出問題最嚴重的院系時，他們發現了想像不到的狀況——實際上，這些院系有優待女性申請人的傾向。女性的總體錄取率之所以偏低，是因為她們更喜歡申請錄取率較低的教育計畫。

由於潛在的自我選擇偏誤和干擾因素，觀測性研究有它的挑戰性。對於利用資料發現理論的研究，應時刻保持警惕。

Lesson 8

狀態火熱的雷・艾倫

ＮＢＡ總決賽，波士頓塞爾提克對上宿敵洛杉磯湖人隊，在第二場比賽中，塞爾提克後衛雷・艾倫（Ray Allen）連續投中七個三分球。一名隊友表示，這「令人難以置信」。另一名隊友認為這件事「不可思議」。一位體育記者寫道：「艾倫手感發熱。」另一個人則表示艾倫進入「超級巨星或電影情節中才能達到的投籃境界」。

艾倫的情況並非特例。連續得手和連續失誤在體育賽事中很常見。許多籃球員連續多次投籃得分（或不進）。許多美式足球四分衛連續多次傳球成功（或失誤）。許多棒球選手連續多次安打（或出局）。球迷和選手看到這種連續現象，認為選手狀態很好或者很糟。帕維斯・沙特（Purvis Short）在十二年的ＮＢＡ生涯中平均每場得分十七分，他還在一場比賽中得了五十九分。沙特說出人們的普遍看法：「你處在僅僅屬於你的世界。這很難描述。不過，籃框似乎變的很寬。你知道不管怎麼投，球都會進入籃框。」

和以前一樣，我們仍然是在看到一種模式以後，再編造出符合這種模式的理論。如果籃球選手連續多次投籃得分，這一定是因為他的狀態很好，投籃得分的機率才上升。如果選手連續多次投籃不中，這一定是因為他的狀態不好，投籃得分的機率出現了下降。大多數球迷和選手並沒有認識到，即使每次投籃、傳球或擊球與之前的投籃、傳球或擊球沒有關係，也會出現完全巧合的連續現象。

例如，假設我拋二十次硬幣，每次拋硬幣代表一次投籃。正面代表命中，背面代表不中。一連串正面代表狀態火熱，一連串背面代表狀態不佳。下面是我的結果：

正面 正面 正面 背面 背面

背面 背面 正面 正面 背面

正面 正面 正面 正面 背面

正面 正面 背面 背面 正面

第四次連續出現了四個背面。第十一次連續出現了四個正面。我經歷狀態不好的時刻，隨後又經歷狀態很好的時刻，儘管每次拋硬幣都是獨立事件！

我重複這個實驗十次。在七次實驗中，我拋出了連續至少四個正面或背面。我兩次拋出連續四個正面或背面，四次拋出連續五個正面或背面，一次拋出連續十個正面或背面。表8-1顯示拋二十次硬幣時，出現各種連續次數的理論機率。連續拋出四個或更多正面或背面的機率是〇・七

連續次數	恰好是這個連續次數的機率	至少是這個連續次數的機率
<3	0.021	1.000
3	0.211	0.979
4	0.310	0.768
5	0.222	0.458
6	0.121	0.236
7	0.061	0.115
8	0.029	0.054
9	0.013	0.025
>9	0.012	0.012

表 8-1　拋二十次硬幣連續出現正面或背面的機率

六八。在我的十次實驗中，有七次出現了這樣的情況。我所拋出的連續七個正面或背面不太常見，但如果像我這樣重覆實驗十次，這種情況也有大約十一%的機率。

當然，這是拋硬幣，不是真正的投籃。不過，這正是問題所在！在完全隨機的拋硬幣中，常常會出現僅是巧合的連續命中或不中。這並不能證明運動員的優秀狀態或糟糕狀態僅僅是一種巧合，但它卻在提醒我們，優秀的狀態無法確保連續成功，糟糕的狀態也不能保證連續失敗。優秀或糟糕的狀態也許僅僅是運氣而已。

雷・艾倫在美職籃生涯中投出了超過七千個三分球，命中率為四〇%。想像一個四〇%正面機率的硬幣拋了七千次。實際上，在這七千次中，在某個地方，幾乎一定會出現連續七個正面。雷・艾倫的連續命中，也許並不比連續七個正面具有更多的含義。

小數定律

以色列裔美國心理學家丹尼爾・卡尼曼（Daniel Kahneman）和美國行為科學家阿莫斯・特沃斯基（Amos Tversky）合作發表了許多論文，包括我們的判斷如何受系統性偏差和誤差影響的開創性研究。二〇〇二年，卡尼曼獲得了諾貝爾經濟學獎。特沃斯基無法與他共享這個獎項，因為他已經過世了。不過，卡尼曼表示：「我感覺這是一個共同獎項，我們共事了十幾年時間。」

卡尼曼和特沃斯基觀察到的認知錯誤之一，是相信小數定律。想像我們從一個裝滿紅球和藍球的巨大容器中取出十個球。小數定律指的是一種錯誤觀念：如果容器中五〇%的球是紅球，那麼我們取出的十個球中將有五個紅球。事實並非如此。我們取出五個紅球和五個藍球的機率約二十五%。大多數時候，紅球和藍球的數量是不等的。

錯誤的小數定律將導致兩個相互關聯的錯誤。第一個錯誤叫做賭徒謬誤。如果我們取出的前三個球是紅球，那麼我們往往會（錯誤地）認為下一個球很可能是藍球，因為我們最終一定會得到五個紅球和五個藍球。類似地，如果一個公正的硬幣（fair coin）被拋擲十次，前三次都是正面，那麼下一次很有可能是背面，因為我們最終將會得到五個正面和五個背面。第十章將會更詳細討論這種謬誤。

第二個錯誤發生在我們不知道容器中有多少紅球和藍球的情形中。如果我們取出五個球，其中四個球是紅球，我們就會（錯誤地）認為容器中一定有八〇%的球是紅球。因此，下一個球有八〇%可能性是紅球。

類似地，如果籃球選手在五次投籃中命中四次，我們可能認為他下次投籃命中的機率是八〇%。如果這個選手在五次投籃中四次不中，他下次投籃命中的機率只有二〇%。根據很小的投籃樣本，我們認為選手的狀態由好轉壞，從八〇%的命中率轉變成二〇%的命中率。我們沒有意識到，即使選手每次投籃命中的可能性都是五〇%，他也會時而五投四中，時而五投一中。這種現象無法說明任何問題。

我們天生習於尋找模式，並且相信我們看到的模式背後一定存在某種合理的解釋。上述錯誤觀念就是這種傾向的一個例子。一九三七年和一九三八年，真力時（Zenith）

廣播公司每週廣播了一系列超感知覺實驗。這個廣播節目邀請聽眾猜測錄音室裡的「發送者」正在觀看的符號，並把猜測結果寄給電臺。這種實驗涉及五個隨機「二選一」（比如圓圈或者方塊），類似於五次拋硬幣。

這項在全國境內進行的實驗並沒有證明超感知覺的真實性。相反，實驗的主要結論是，人們低估了亂數中模式的出現頻率。聽眾選擇了看上去具有隨機性的序列，避開了看上去不具有隨機性的序列。例如，在一項實驗中；

一百二十一位聽眾選擇了下面這個序列

□□○□○

只有三十五個人選擇了

□○□○□

只有一個人選擇了

□□□□□

如果方塊和圓圈是隨機選擇的，就像拋五次硬幣一樣，那麼上面這些序列擁有完全相同的出現機率。不過，聽眾感覺方塊和圓圈應平衡出現（第十章將會討論這種錯誤的平均定律），因此不會出現全是方塊或者全是圓圈的情況。他們還認為方塊和圓圈完美交替的平衡不太可能出現，因為它看上去不具有隨機性。聽眾不願意猜測連續五個方塊或者方塊和圓圈完美交替的序列，因為他們不相信這些序列會隨機出現。

從另一個方向考慮這個問題。你不需要猜測圓圈和方塊序列的結果。相反，考慮你看到其中某種模式時的反應。第一個模式沒有任何獨特之處，第二個模式比較奇特，第三個模式更加奇特。我們知道圓圈和方塊出現的可能性是相等的，但是我們仍然會低估連續五個方塊或者完美交替序列完全隨機出現的可能性。相反，我們認為這些模式背後一定存在某種特殊的因素。也許，電臺人員對圓圈和方塊的選擇不是隨機的？

同樣的道理，當一個平時擁有五〇％命中率的籃球選手連續五次投籃命中時，我們認為一定存在某種特殊的理由。選手狀態很好，下次投籃很可能命中。連續五次傳球成功的四分衛狀態很好，下次傳球很可能成功。連續五次拿到好牌的牌手運氣很好，下一局很可能拿到好牌。

我們老是低估巧合在生活中有多普遍，沒能認識到隨機性會生成看上去有意義、實際上毫無意義的模式。對無法解釋的事情做出解釋，這種說法常常誘使我們輕易相信。

投籃手感

三位傑出的心理學家——康乃爾大學的湯瑪斯．吉洛維奇（Thomas Gilovich）以及史丹福大學的羅伯特．瓦隆（Robert Vallone）和阿莫斯．特沃斯基對「熱手現象」

（Hot-hand phenornenon）做了一項有趣的研究。他們調查一百名籃球迷，發現九十一％的人相信選手「在兩三次投籃命中以後，再次投籃命中的可能性，往往高於兩三次投籃不中以後再投籃命中。」他們還要求這些球迷估計一個假想的、擁有五〇％命中率的選手，要是在上次投籃命中以及不中的情況下，分別投籃命中的機率。球迷的平均估計值分別是六十一％和四十二％。

籃球選手也相信狀態火熱和糟糕的說法。在他們調查的七位職業選手中，五個人（七十一％）相信選手在之前兩三次投籃命中以後，投籃命中的可能性要高一些。關於五〇％命中率的假想選手，在上次投籃命中以及不中的情況下，再次投籃命中的可能性，職業選手的平均估計值分別是六十二・五％和四十九・五％。

吉洛維奇、瓦隆和特沃斯基考察了各種籃球數據，認為這種常見的感受是錯誤的。他們最有說服力的資料來自美國職籃費城七六人隊一九八〇到一九八一年的賽季表現。教授對每名選手連續兩次或三次投籃命中以後投籃命中的頻率，與這名選手連續二次或三次投籃不中以後投籃命中的頻率進行了比較。他們發現，事實上，選手在連續投籃命中以後的整體表現，稍差於連續投籃不中以後的表現。

這種分析的一個問題是，上述資料沒有考慮兩次投籃的時間間隔。一名選手的連續二次投籃可能間隔三十秒，間隔五分鐘，位於一場比賽的上下半場，甚至出現在不同的比賽中。球迷和選手並不認為一個人週二在費城的表現，會影響他週四在波士頓的投籃命中機率。另一個問題是，連續命中的選手往往可能做出難度更大的投籃動作。這可以解釋選手在投籃命中以後，為何整體表現更加糟糕。

此外，當一名選手被認為狀態火熱或糟糕時，對方可能會對他採取不同的防守策略。投籃選擇可能還會受到分數、比賽剩餘時間以及雙方選手累計犯規次數的影響。這個問題存在許多干擾因素。

美職籃首發隊員平均每場比賽進行十到二十次投籃，每個半場五到十次。如果「手感好」是一種相對溫和的現象，那麼基於五到十次投籃的統計檢驗不太可能發現這種現象，尤其是當資料中隱藏著不同投籃難度、不同投籃間隔以及其他干擾因素時。吉洛維奇、瓦隆和特沃斯基的結論，不僅與球迷和選手的觀念相抵觸，而且與大量證據相矛盾。在大量體育運動中，當運動員充滿自信時，他們可以表現得更好。在一項扳手腕研究中，要事先告知競爭者他們比對手強或者比對手弱，當對決雙方獲得錯誤資訊、認為弱者更強時，較弱的一方在十二場比賽中贏了十場。當對決雙方獲得關於誰是強者的正確資訊時，較強的一方贏得了所有十二場比賽。

有一種看上去比較合理的觀點是，連續投籃命中的籃球選手會變得更加自信，這種信心可以幫助他表現更好的。也許，好手感是真實的，但是由於投籃選擇、投籃間隔以及防守調整等干擾因素，很難在籃球比賽中檢測出來。

那麼，其他運動項目的證據呢？高爾夫球和擲飛鏢領域，也有一些研究狀態火熱和狀態糟糕的實驗證據。不過，在這些研究中，志願者需要反覆打高爾夫球和擲飛鏢，但他們的報酬卻很微薄。（你相信每天只有五美元嗎？）面對大量試驗，他們幾乎沒有理由認真對待這件事情，因此研究人員觀測到的火熱和糟糕狀態，可能源自動力不足的志願者。如果志願者專心實驗時的成功率較高，感到厭倦時的成功率較低，命中和失誤就會在資料中出現群集，形成連續成功和連續失敗的現象。在這些連續成功和連續失敗之中，他們的能力並沒有波動，真正波動的是他們的專注力。

為了繞過籃球研究和人工實驗中存在的問題，我開始尋找在沒有干擾因素的情況下，高水準運動員為了真正的利益、全力競爭的運動項目。

選手的每次嘗試最好具有相同的條件和相同的難度，兩次嘗試之間最好間隔很短的時間。我想到了兩個運動項目：職業擲馬蹄鐵和保齡球。它們並不是非常吸引人的運動，但它們的確具備我所需要的特點。

小華特．雷．威廉斯

一位名叫小華特．雷．威廉斯（Walter Ray Williams, Jr.）的優秀運動員恰好在兩個運動項目上都有著不俗的表現。威廉斯最初用右手投擲馬蹄鐵。十歲那年，他參加了一場錦標賽，在五十次投擲中投出了四十五個套環，獲得了「神投手」的外號。十三歲那年，他傷到了右手手指，並且開始學習左手投擲。

十八歲那年，他傷到了右手手腕，因此改到了左手。他的右手套環率是八十五％，左手套環率是五〇％。是的，你沒聽錯，他的左手比我們一般人的右手還要厲害。

威廉斯用右手獲得了六個世界冠軍。當他的套環率下降到七〇％時，他改用左手。四十六歲那年，他用左手在世界錦標賽中獲得了第二名。威廉斯說，現在，他的兩隻手在這個項目中的表現一樣好，但他更喜歡使用左手。

他在保齡球領域的表現也許更加出色，而且這顯然為他帶來了更加豐厚的財務回報。（你無法以投擲馬蹄鐵為生，但你可以靠投擲保齡球成為百萬富翁。）威廉斯七次成為職業保齡球員協會（Professional Bowlers Association, PBA）年度選手，在ＰＢＡ錦標賽中贏得了將近五百萬美元獎金。不過，他最喜愛的仍然是馬蹄鐵。他開著一輛房車周遊全國，從一個馬蹄鐵或保齡球賽場趕到另一個賽場，並且儘量擠出一些時間去打高爾夫——他的差點（handicap）[1]是三。在被問及為什麼能夠做到這些時，他的回答很簡單：「長期以來，我一直是這樣做的，我覺得這很正常。」威廉斯有許多連續多次命中的經歷。一九九一年，他以三十二歲的年齡連續投出了五十六個馬蹄鐵套環。他在ＰＢＡ比賽中打出了八個完美球局（連續十二次全中）。不過，他當時已經獲得了兩個體育項目的世界冠軍，並且擲出許多馬蹄鐵和保齡球。也許，這些連續命中僅僅是幸運的巧合。威廉斯是一個聰明的運動員，他曾回憶自己高中時在當地大學參加電腦課程時的情景：「最初，我和許多對電腦一無所知的人一樣，感到有點害怕，因為我們覺得電腦很聰明。實際上，電腦是很笨的。它們只會按照你的要求工作。如果你讓它們去做錯

[1] 編註：差點是衡量高爾夫球員在標準球場的潛在能力數值，選手的差點指數越小，能力越強。

誤的事情，它們就會去做錯誤的事情。」我說過，他的確是一個聰明的運動員。

威廉斯在加州大學波莫納分校（California State Polytechnic University）主修物理學，輔修數學。在精采的保齡球紀錄片《一群普通紳士》（*A League of Ordinary Gentlemen*）中，威廉斯表示，如果保齡球這條路走不通，他「很可能會成為教師，或者為美國太空總署工作。」在加州大學波莫納分校的畢業論文中，他寫了一個預測保齡球軌跡的電腦程式。他還寫了一個軟體程式，用於記錄馬蹄鐵錦標賽的詳細結果。當我尋找馬蹄鐵比賽資料中，我無意中發現了威廉姆斯及其蒐集的資料。他對「好手感」現象也很感興趣，而且願意和我分享他的資料。

投擲馬蹄鐵

馬蹄鐵比賽場地有兩個相距十二公尺的標樁。在每局比賽中，每位選手向同一個標樁投擲兩個馬蹄鐵，四個馬蹄鐵投擲完畢後開始計分。套住標樁的馬蹄鐵叫做「套環」，記三分；位於標樁十五公分範圍內的非套環記一分。在常規抵銷計分法中，兩位選手投出的套環相互抵銷，與標樁距離相等的馬蹄鐵也相互抵銷。如果一位選手投出兩個套環，對手投出一個套環，第一位選手得三分。如果兩位選手都投出兩個套環，雙方不得分。第一位達到四十分的選手將成為獲勝者。

在世界錦標賽中，入圍的十六位選手捉對廝殺，每位種子選手需要與其他十五位選手依次過招。最終排名是由選手的總體勝負紀錄決定的。頂級錦標賽中，選手通常投出六〇％到八〇％的套環，比賽通常持續二、三十局。歷史上最偉大的比賽之一，出現在一九六五年的世界錦標賽上：在持續兩個半小時、長達九十七局的馬拉松式較量中，套環率八九・七％的雷・馬丁（Ray Martin）輸給了套環率九十・二％的格倫・雷德・亨頓（Glen"Red"Henton）。

「好手感」問題在於選手在一局比賽中投出的套環數量，是否取決於前幾局投出的套環數量。世界級投手通常不會出現雙誤，我原將每個選手每局的表現描述成雙套環或非雙套環。頂級選手投出雙套環的次數約占一半，這與拋硬幣非常類似。

表8－2使用了威廉姆斯提供給我的二〇〇〇年和二〇〇一年世界錦標賽的數據。根據這張表，選手在雙套環之後，再次投出雙套環的可能性，高於非雙套環之後、又投出雙套環的可能性（0.548：0.501）。他們在連續兩次雙套環之後投出雙套環的可能性高於兩次非雙套環之後投出雙套環的可能性（0.545：0.49）。這些「好手感」模式意味著存在另一種相同的「差手感」模式：非雙套環之後出現非雙套環的可能性，高於雙套環之後出現非雙套環的可能性（0.499：0.452）。

表8－2中的經驗性差異看上去可能不太明顯，但它足以決定誰是冠軍，誰是失敗者。

在六十四名選手中，五十一名選手在雙套環之後投出雙套環的可能性，高於非雙套環之後投出雙套環的可能性。在六十三名選手中，四十八名選手在兩次雙套環之後投出

	雙套環頻率	非雙套環頻率
兩次雙套環之後	0.545	0.455
一次雙套環之後	0.548	0.452
一次非雙套環之後	0.501	0.499
兩次非雙套環之後	0.490	0.510

表 8-2　雙套環或非雙套環之後，又投出雙套環或非雙套環的頻率

雙套環的可能性，高於兩次非雙套環之後投出雙套環的可能性（一名選手的兩種可能性相等）。這些差異均具有很高的統計顯著性。投擲馬蹄鐵的隨機性不像拋硬幣那麼大。選手的確會獲得好手感和差手感。

保齡球

在保齡球運動中，十個瓶子被排列成金字塔形，與球道起始處相距十八公尺。每局比賽包含十格。如果選手在某一格第一次投球時擊倒所有十個球瓶，這一格將記作全中。如果選手沒有投出全中，倒下的瓶子將被清走，選手將獲得擊倒剩餘球瓶的第二次機會。如果選手在第二次投球時擊倒剩餘球瓶，這一格將被記作補中。

選手每格的基本分等於擊倒球瓶數。如果是補中，得分為十分，加上下次投球時擊倒的球瓶數。如果是全中，得分為十分再加下兩次投球時的擊倒球瓶數。如果第十格投出補中或全中，選手將獲得獎勵投

球機會（補中獎勵一次，全中獎勵二次）。完美球局包含十二次全中（十格加上兩次獎勵投球），得分為三百分。職業保齡球選手投出全中的機率為六〇％左右，平均每局得分超過二百分。

在PBA錦標賽中，所有選手先投九局。九局得分排在前六十四位的選手進入下一輪，然後再投九局。前三十二名選手進入對抗賽，選手將根據前十八局的表現獲得編號並捉對廝殺。一號種子對三十二號種子，二號種子對三十一號種子，依此類推。

表8-3使用了二〇〇二到二〇〇三年賽季PBA對抗賽階段的資料。根據這張表，選手在前一格投出全中以後，再投出全中的可能性，高於前一格投出非全中以後、又投出全中的可能性（0.571：0.560）。他們在前兩格投出全中以後，投出全中的可能性高於投出兩個非全中、又投出全中的可能性（0.582：0.546）。

和投擲馬蹄鐵一樣，表8-3中的差異看上去可能不太明顯，但它足以決定誰是勝利者，誰是失敗者。

在一百三十四名保齡球選手中，八十名選手全中

	全中的頻率	非全中的頻率
兩次全中後	0.582	0.418
一次全中後	0.571	0.429
一次非全中後	0.560	0.440
兩次非全中後	0.546	0.454

表 8-3　全中或非全中之後全中的頻率

後投出全中的可能性，高於非全中後投出全中的可能性。而且，在一百一十名選手中，七十七名選手在兩次全中後投出全中，其可能性高於兩次非全中後投出全中（二十四名選手資料不足，無法進行有效比較）。和投擲馬蹄鐵一樣，這些保齡球差異具有很高的統計顯著性。

我們也許可以將連續十二次全中組成的完美球局視為終極好手感。在二〇〇二到二〇〇三賽季ＰＢＡ巡迴賽的對抗賽階段，出現了十九場完美球局。如果「好手感」只是一種傳說，那麼完美球局的預期場次只有這個數字的一半左右。四十二名選手在前十格中全部投出了全中，需要加投兩次。根據這項資料，如果「好手感」只是一種傳說，那麼完美球局的預期場次，也只有十九場的一半左右。這兩個結果均具有統計顯著性。

我們的結論比較複雜。我們受模式誘惑，希望獲得這些模式的解釋。當我們看到一連串成功時，我們認為「好手感」提高了成功的可能性；當我們看到一連串失敗時，我們認為「差手感」提高了失敗的可能性。對於拋硬幣，我們很容易駁斥這種理論，但在涉及人類時，情況就不同了。我們顯然會產生或好或壞的情緒，這將導致我們的能力有所起伏。問題是，這些波動是否重要，是否可以忽略。

許多關於好手感的實證研究並沒有給出具有說服力的答案，因為這些研究的資料中存在干擾因素。例如，投籃涉及不同的投球位置和不同的防守壓力。所以，我們很難判斷選手之所以表現起伏，究竟是他的能力波動，還是他的不同的投籃方式或者對手的不同防守策略。

不具有這些干擾因素的馬蹄鐵和保齡球資料，反而顯示出好手感和差手感的證據。我們所觀測到的表現波動足以分出勝敗——但它並沒有人們想像的那麼明顯。

如何識破一本正經的胡說八道

我們喜歡在資料中尋找模式並為我們所看到的模式編造一些理由，這是無法避免的事情。因此，我們很容易相信好手感和差手感的說法是真實的，進而相信成功率會出現極大的波動。記住，即使在隨機的拋硬幣實驗中，也會出現僅僅來自巧合的、引人注目的連續成功和連續失敗現象。

好手感和差手感很可能的確存在，但它的差異比我們想像的要小得多。

Lesson 9

勝者的詛咒

西北大學經濟學教授賀拉斯・西克里斯特（Horace Secrist）職業生涯相當傑出。他著有十三本教材，曾任西北大學經濟研究局局長。一九三三年，在「經濟大蕭條」時，他出版了一本書，希望能解釋災難的原因，提供解決方案，維護自己的學術名譽。結果，這本書反而毀了他的名聲。

當時的傳統經濟觀點認為，從整個國家來看，供給會創造出與之相應的需求。像總需求不足這樣的事情是不可能存在的，因為企業不僅雇用工人提供商品和服務，而且支付工人工資，以確保一個國家的公民有能力購買這些商品與服務。像失業率這樣的問題是不可能存在的，因為勞動市場可以平衡需求和供給，確保每個想要工作的人都能找到工作。這就是需求供給平衡的含義：公司能夠招到他們想要招聘的人數，想要工作的人能夠找到工作。

英國經濟學家約翰・梅納德・凱因斯（John Maynard Keynes）研究全球經濟大蕭條，認為傳統觀念是錯誤的。從一九二九年到一九三三年，美國的產量下降了一半，失業率從三%上升至二十五%。農場收入下降了三分之一，超過十萬家企業破產，包括全國超過三分之一的銀行。絕望的人們在街角乞討，在垃圾堆裡翻找食物。在英國，總產量下降了三分之一，失業率達到了二〇%。經濟學家凱因斯總結道：

馬爾薩斯（Malthus）[1]之後的職業經濟學家顯然對其理論結果與事實觀察缺乏一致性的現象無動於衷……這使經濟學家們被視為憨第德（Candide）

式[2]的人物，他們脫離這個世界，專心澆灌自己的菜園，他們認為只要我們不加干預，整個世界就會在所有可能的方向中朝著最美好的方向發展……經典理論也許代表了我們的經濟應當具有的狀態。不過，如果認為現實與理論相符，我們就會忽視眼前的困難。

凱因斯認為，需求不足不僅是可能的，而且是大蕭條的原因。一個人只要睜開眼睛，就會看到這一點。他認為，供給不會自動創造需求。相反，需求常常會創造供給。如果人們減少對家具的開銷，企業就會減少家具產量，開除一些家具製造者。這些失去工作和收入的家具製造者將會削減食品、服裝和娛樂開銷，導致這些行業的公司減少產量和員工。這種效應將波及整個經濟體，因為每個人的開支為其他人提供了收入，每一次開支的降低，都會減少其他人的收入和消費能力。失業人數可能會越來越多，並且可能維持很長時間。

一九三六年，凱因斯發表了經典論文《就業、利息和貨幣通論》（*The General Theory of Employment, Interest and Money*），顛覆了經濟學理論。實際上，這篇論文創造出了一個全新的經濟學分支，叫做宏觀經濟學。

在此之前，賀拉斯．西克理斯特已在學術領域浸淫多年，深受古典經濟學的束縛。

---

1 編註：英國人口學家和政治經濟學家。

2 編註：伏爾泰小說《憨第德》中人物，有老實人的意思。

西克理斯特認為，大蕭條的原因一定出現在供給端，因此開始研究企業實踐。西克理斯特及其助手花了十年時間，蒐集和分析了美國百貨商店、服裝店、五金店、鐵路和銀行等七十三個不同行業的資料。他整理了從一九二〇年到一九三〇年多項企業成功指標的年度資料，包括利潤對銷售額的比率、利潤對資產的比率、費用對銷售額的比率、費用對資產的比率。對於每個比率，他根據一九二〇年的比率，將每個行業的公司分成了四個部分：最優的二十五％、次優的二十五％、第三好的二十五％以及墊底的二十五％。接著，他計算了前四分之一公司從一九二〇年到一九三〇年每年的平均比率。他對其他三個部分的公司進行了同樣的計算。每個部分的比率值都隨時間推移而收斂。一九二〇年位於前兩區的公司在一九三〇年更加接近平均水準。一九二〇年位於後兩區的公司在一九三〇年更加接近平均水平。最極端的兩區表現出了更大的變化。

顯然，他發現了一個普遍成立的經濟真理。隨著時間的推移，最成功和最不成功的公司往往更接近平均水準。美國企業正在向平庸靠攏。他在《平庸在商業中的勝利》（*The Triumph of Mediocrity in Business*）一書中記錄和描述了這種理論。這本書是一部統計學力作，共四百六十八頁，包含一百四十張表格和十三張圖表，有力支持他那不同尋常的結論。

西克理斯特的結論是：

在完全自由的行業，准入和持續競爭意味著平庸的持續。新的公司是由相對「不勝任」、至少是缺乏經驗的人成立的。如果一些公司取得成功，它們必須滿足它們所屬行業和市場的競爭要求。不過，出色的判斷、經營意識和誠信總是無法抵抗肆無忌憚、愚蠢輕率、資訊不暢通和考慮不周的做法。結果是，零售行業過於擁擠，店鋪很小而且缺乏效率，大量企業能力不足，費用相對高昂，利潤微薄。只要某個領域可以自由進入（事實的確如此），只要競爭是「自由」的（在上述範圍內，事實的確如此），那麼優勢和劣勢往往無法持續。相反，平庸往往大行其道。

美國的經濟問題顯然源於他所發現的新的經濟原則：競爭壓力將不可避免地削弱優秀企業的才能。顯而易見的解決方案呢？保護優秀公司免於跟想進入市場的不勝任公司相互競爭。

在出版這部作品之前，西克理斯特向三十八位傑出的統計學家和經濟學家尋求意見和批評。他們顯然沒有發現任何問題。作品出版以後，著名同行們最初發表的評論充滿了溢美之辭。

> 這本書出色地說明了如何利用統計研究將經濟學理論轉變成經濟學定律，將一門質性研究轉變成量性研究……這本書以極為可信的方式，展示一位有能力的統計學家兼經濟學家如何以刻苦的、長期持續的、有思想的、極為成功的

努力加強我們關於競爭事實和理論的知識。（出自《政治經濟學期刊》〔*Journal of Political Economy*〕）

你將情不自禁地讚美作者及其助手，他們熱情又執著地完成了一項極為艱苦的任務。（出自《皇家統計學會期刊》〔*Journal of the Royal Statistical Society*〕）

作者總結說，在相互依賴的商業結構中，競爭力量的相互作用將確保「平庸的勝利」。作者的研究方法具有充分的科學性。（出自《美國經濟評論》〔*American Economic Review*〕）

從社會角度看，具有競爭性商業制度的經濟體未來毫無希望，只有兩點例外：這些研究可能會導致一些商業規畫被引入；儘管優秀單位久而久之會淪為平庸，但是這種平庸的整體水準可能會通過某種形式的私人或社會控制得到提升……這些結果為商業人士和經濟學家帶來了具有悲劇性色彩的持續問題。（出自《美國政治和社會科學院年報》〔*Annals of the American Academy of Political and Social Science*〕）

傑出統計學家哈洛德·霍特林（Harold Hotelling）寫了一篇犀利的評論，禮貌而堅定地說明了西克理斯特十年的工作成果無法證明任何事情。西克理斯特不但沒有維護自己的名譽，反而成了被回歸平均值愚弄的一個經典案例。

回歸平均值

我曾經和學生發表一篇研究棒球領域的回歸平均值的論文。刊登這篇論文的期刊評論員寫道：

> 幾乎沒有哪個統計事實比回歸平均值更加有趣，原因有兩點。首先，人們幾乎每天都會在生活中遇到它。其次，幾乎沒有人理解這種現象。這兩個原因的疊加使回歸平均值成了人類決策最基本的錯誤來源之一，在醫學、教育、政府甚至體育領域導致許多錯誤的推理。

沒錯，我們幾乎每天都會遇到回歸平均值現象，而且幾乎沒有人理解這種現象。就像西克理斯特的例子說明的那樣，這是一種致命的組合。要想理解回歸，假設一百個人被問到二十個關於世界歷史的問題，每個人的「能力值」是他在大量此類測試中的平均得分。一些人的能力值是九十，一些人的能力值是八十，一些人的能力值近乎為零。

一個能力值為八十的人在測試中擁有八〇%的平均正確率，但他不會在每次測試中得到八〇%的正確率。想像一個擁有無數問題的測試庫。根據幸運程度，一個能力值為八十的人在一項測試中知道超過八〇%問題的答案，在另一項測試中知道不到八〇%問題的答案。一個人在任何一項測試中的得分都是對其能力值的不完美測量。

我們能夠根據一個人的測試分數做出哪些推斷呢？一個重要推斷是，一個測試分數相對比其他人高的人，很可能得到了高於自身能力的分數。在一項測試中得分在九十到九十五之間的人，可能具有更加普通的能力值（比如八十五到九十、八十到八十五或者七十五到八十），只是這一次發揮出了超常水準。但他也可能具有更高的能力值（比如九十五到一百），只是這一次表現不佳。前一種情況的可能性比較大，因為能力值低於九十到九十五的人，比能力值高於九十到九十五的人要多。

如果這個人的能力實際上低於九十到九十五，那麼當他進行另一次測試時，他的分數很可能也會低於九十到九十五。類似地，得分遠低於平均水準的人可能表現不佳，並且可能在隨後的測試中得到高一些的得分。這種「得分遠離平均值的人，在第二次測試中往往會獲得更加接近平均值的得分」的現象，便是回歸平均值的一個例子。

我們可以在許多環境中遇到回歸現象——尤其是當我們想要測量的某件事情得到不完美的測量結果時。標準化考試顯然是對能力的不完美測量。因此，由於較低的考試成績得去特殊輔導的學生，通常並不像他們的分數顯示得那樣糟糕。所以，即使輔導老師什麼也不做，只是打著響指說「給我提高成績」，這些學生也有可能在隨後的考試中做出更好的表現。

醫學檢測是對患者情況的不完美測量，因此檢測結果會出現回歸現象。假設一名患者在常規醫學檢查中接受二十項檢測，其中一項檢測結果令人擔憂，但患者的狀況很可能不像檢測結果顯示得那樣糟糕，在接受一些治療以後，即使這種治療毫無價值，患者也可能出現改善。

投資成功是對投資者才能的一種不完美測量。因此，我們也會看到回歸現象：平均來看，在任何一年做出最佳股票選擇的投資顧問，在第二年都會變得更加平庸。

第七章對不同網頁格式（比如一次點擊和二次點擊形式以及不同的頁面顏色和字體）進行測試的網路公司也會出現回歸現象。公司根據下列實驗提出建議。當一名用戶訪問網站時，網站用隨機事件生成器，帶著使用者移到多個頁面版本中的某個版本。接著，公司記錄使用者的反應（用戶在頁面上的停留時間、或用戶是否一層層點擊下去，以獲得更多資訊等等）。經過幾天測試，公司需要彙報哪個頁面版本最為成功。該公司反覆遇到的一個問題是，當客戶聽從公司的建議並更改格式時，他們所獲得的實際收益通常低於實驗中觀測到的收益。你如何解釋這種現象呢？

當然是回歸平均值啦！每個實驗得分都是對格式收益「能力」的不完美測量。由於實驗中存在隨機性（這當然是事實），得分最高的格式的未來收益，可能比實驗結果更加接近平均值。如果實驗中用戶點擊量出現了三〇%的增長，實際成長率可能只有二〇%。這種格式沒有任何問題，它仍然是最成功的格式。只不過，公司需要認識到，

「實際收益比實驗預測值更加平緩」是一種極為自然的現象。

諾貝爾獎得主丹尼爾・卡尼曼（Daniel Kahneman）曾告訴以色列飛行教官，如果新兵接受表揚而不是懲罰，他們可以進步更快。一位高階教官提出了強烈的反對意見：

> 我曾在許多場合中表揚漂亮地執行某種特技動作的飛行學員。總體而言，當他們再次訓練時就會退步。另一方面，我經常對表現糟糕的學員大吵大嚷。總體而言，他們下次會做出更好的表現。所以，請不要告訴我們鼓勵是有效的，懲罰是無效的，因為實際情況恰恰相反。

卡尼曼立即意識到，這位教官受到了回歸平均值的欺騙。做出最佳飛行表現的學員通常並不具有他們表現出來的那種遠高於平均水平的能力。平均來說，不管教官表揚他們，叱責他們，還是一言不發，他們都不會在下次飛行中做出同樣好的表現。指責卡尼曼的高級教官誤以為他的表揚導致學員退步。實際上，這些學員並沒有看上去那樣優秀。類似地，平均來說，飛行表現最為糟糕的學員，並沒有看上去那麼無能。如果教官能夠控制住自己的吼叫，這些學員可以在下次飛行中做出更好的表現。

卡尼曼後來寫道：

> 這是一個快樂的時刻，因為我理解世界的一個重要真理：由於我們往往在

其他人表現出色時獎勵他們，在其他人表現糟糕時懲罰他們，又由於回歸平均值現象，因此從統計上看，我們將因為獎勵別人而受到懲罰，由於懲罰別人而受到獎勵，這是人類社會的一個組成部分。

卡尼曼不是第一個認識到回歸平均值重要性的人。在十九世紀，弗朗西斯・高爾頓爵士（Sir Francis Galton）在研究父母及其成年孩子身高時，也觀察到回歸平均值現象。身材異常高大的父母有較矮的孩子，身材異常矮小的父母有高一些的孩子。不過，高爾頓得出了錯誤的結論：人類身高正在回歸平庸；實際上，高爾頓這項研究的題目是《世代身高向平庸回歸》（*Regression Towards Mediocrity in Hereditary Stature*）。

回歸平均值並不意味著每個人都會得到相同的歷史測試分數，它也不意味著每個人都會具有相同的身高。回歸平均值意味著觀測到的身高，只是對我們遺傳自父母並傳給孩子的基因的不完美測量。一個身高兩公尺的人可能擁有一・八公尺的基因並受到了積極的環境影響，或者擁有二・一公尺的基因並受到了消極的環境影響。前一種情況的可能性比較大，因為擁有一・八公尺基因的人比擁有二・一公尺基因的人多得多。因此，我們觀測到非常高的父母的身高，通常高於他們的基因身高以及他們孩子的平均身高。

回歸是雙方向的，因為它僅僅反映了隨機波動。身高很高的父母通常孩子矮一些，身高很高的孩子通常父母要矮一些。我的身高是一・九公尺，我不僅比我的成年孩子高，而且比我的父母高。

這種現象不限於身高。回歸存在於無法靠觀測準確反映出來的任何遺傳特性之中：身高、體重、智力、足部尺碼、頭髮密度。異常的父母通常擁有不太異常的孩子，異常的孩子通常擁有不太異常的父母。

西克理斯特的愚蠢

同樣的道理，西克理斯特關於成功和不成功公司的研究也涉及回歸平均值。在任何給定的年份，最成功的公司可能擁有更多的好運，不僅優於其他公司，而且優於自身長期利潤率的表現。最不成功的公司則恰恰相反。這就是頂尖和墊底公司隨後的表現通常更加接近公司平均水平的原因。與此同時，它們的頂尖和墊底位置被其他正在經歷好運或霉運的公司所取代。這種上下波動是正常生命起伏的一部分，它並不意味著所有公司很快就會流於平庸。

讓我們考慮一個具體的例子。假設某個行業裡有三種公司：好公司，壞公司，普通公司。每家好公司按照投資報酬率計算的平均利潤率為40％。每家壞公司的平均利潤率為20％。每家中等公司的平均利潤率為30％。每一種公司的數量相等。每家公司的平均利潤率是它的「能力值」。每家公司在任意一年的利潤率，等於其能力值+6％、+3％、-3％或者-6％。因此，能力值為40的公司在任意一年擁有46％、43％、37％和34％利潤率的可能性是相等的。它們的年利潤率在能力值附近隨機波動。我並不是說現實中的能力永遠不會發生變化。我只是在這裡做出一種假設，以說明即使能力不變，回歸也是有可能發生的。

這些假設用於生成一九二〇和一九三〇兩年的資料，在每一年，有十二種具有同等可能性的利潤率觀測值：46%、43%、37%、36%、34%、33%、27%、36%、24%、23%、17%和14%。

根據西克理斯特的做法，假設我們根據這些公司的利潤率觀測值將其分成四個部分。最優的部分包含利潤率觀測值為46%、43%和37%的公司。次優的部分包含利潤率為36%、34%和33%的公司。第三好的部分為27%、26%和24%。墊底部分是23%、17%和14%。

回歸平均值之所以發生，是因為利潤率的觀測值遠離平均值的公司，往往擁有更加接近平均值的能力值。在這種情況下，他們在其他任意一年的利潤率將更加接近平均值。在我們的例子中，利潤率觀測值位於前四分之一的公司擁有46%、43%和37%的利潤

	1920	1930
第一部分，1920	42	40
第二部分，1920	34	33
第三部分，1920	26	27
第四部分，1920	18	20

表 9-1　根據一九二〇年利潤率形成的四個部分的平均利潤率

率。它們的平均利潤率是42%。不過，所有這些公司都具有40%的能力值。它們排在所有公司前四分之一的該年份中擁有42%的平均利潤率，但它們在其他任意一年的平均利潤率期望都是40%。表9-1顯示了這些公司根據一九二〇年利潤率被分成四個部分時的收斂情況。

一九二〇年位於前二分之一的公司往往於在一九三〇年擁有更加接近平均水準的利潤率。一九二〇年位於後二分之一的公司同樣在一九三〇年擁有更加接近平均水準的利潤率。

這種回歸並不取決於我們使用哪一年將公司分成四個部分。不管使用哪一年分組，利潤率都會在另一年出現回歸。表9-2顯示了根據一九三〇年利潤率分組時的收斂情況。

圖9-1以圖形方式說明了如果我們像西克理斯特，使用一九二〇年畫分四個部分，利潤率將在一九三〇年出現回歸。圖9-2說明若我們使用一九三〇年畫分四個部分，利潤率將在一九二〇年出現回歸。

	1920	**1930**
最優部分，1930	40	42
次優部分，1930	33	34
第三好部分，1930	27	26
墊底部分，1930	20	18

表 9-2　根據一九三〇年利潤率形成的四個部分的平均利潤率

這裡面絕對不涉及能力值的收斂。我們假設每家公司每年的能力值是相同的。回歸之所以發生，僅僅是因為利潤率在能力值附近隨機波動。異常的父母通常擁有不太異常的孩子，反之亦然。同樣的道理，不管我們沿著時間前進還是後退，利潤率都會回歸。觀測到的回歸只能證明當利潤率在能力值附近波動時，觀測到的利潤率差異大於實際能力值的差異。正如霍特林所說，「這些圖表只能證明相關利潤率存在波動趨勢。」十年的工作成果隨著這句話流進了下水道。

古老的謬誤何曾消亡？

雖然霍特林對西克理斯特的錯誤進行了明確的剖析，但是這個錯誤並沒有消失。一九七〇年，一位著名的政治經濟學家寫道：

> 一部完全被人遺忘的、具有類似主題的早期實證作品擁有一個意味深長的名字：《平庸在商業中的勝利》。這本書由賀拉斯．西克理斯特撰寫，一九三三年由西北大學經濟研究局出版。這本書包含一個詳細的統計學論證過程，證明了隨著時間的推移，平均而言，最初表現出色的公司會退步，而最初表現糟糕的公司則會改善。

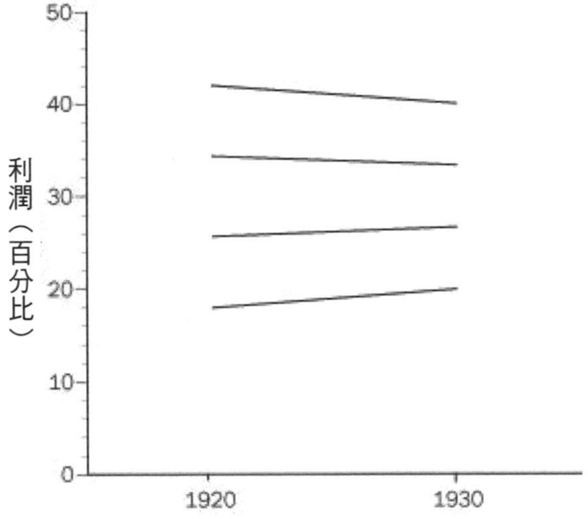

圖 9-1　根據一九二〇年利潤率形成的四個部分在一九三〇年出現回歸

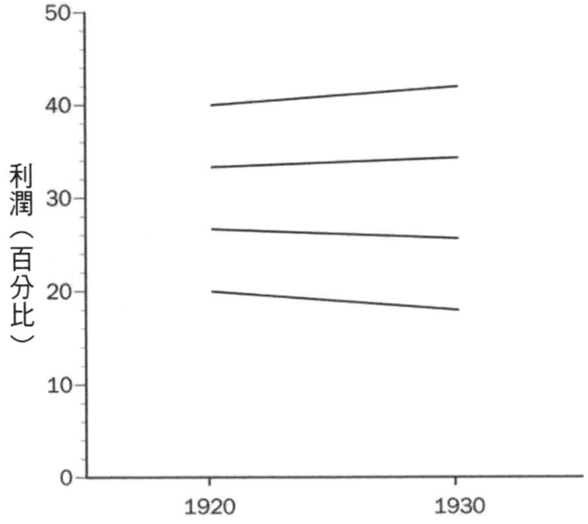

圖 9-2　根據一九三〇年利潤率形成的四個部分在一九二〇年出現回歸

遺憾的是，天真的作者並沒有意識到西克理斯特的結論之所以沒有任何影響的原因。他只記得西克理斯特，忘記了霍特林。

一九八〇年代，一位諾貝爾獎得主在一本投資教科書中指出，「最終，經濟力量將導致不同公司利潤率和成長率的收斂。」為了支持這種說法，他考察了一九六六年利潤率最高和最低的公司。十四年後，一九八〇年，兩個群體的利潤率更加接近均值。他得意地總結道：「對總體平均值的收斂是顯而易見的……這種現象無疑是真實的。」多麼似曾相識的說法！和五十年前的西克理斯特一樣，他並沒有考慮到這種收斂僅僅來自回歸平均值的可能性。

幾年後，另外兩位傑出的金融教授（其中一位也是諾貝爾獎得主）犯下了完全相同的錯誤。他們發現了資料中的收入回歸現象。和西克理斯特一樣，他們將其完全歸因於競爭力量：

> 在競爭環境中，行業內和跨行業的利潤率都會向平均值靠攏。其他公司最終會模仿一家公司在高於正常利潤率時的創新產品和新技術。破產或被收購的前景，將激勵利潤率較低的公司將資產分配到更有成效的地方。

競爭力量也許的確存在。不過，它們顯然不是全部。部分原因（甚至全部原因）在於「收入相對較高的公司更有可能正走好運，而不是走霉運」這一單純的統計性觀察。

這種反覆出現的錯誤的另一個版本出現在一本書及其書評之中，二者均出自著名經濟學家的手筆。他們認為，所有國家的經濟成長率隨時間收斂。他們完全忽略了回歸平均值在這種收斂中起到的作用。米爾頓．弗里曼（Milton Friedman）寫了一篇恰當的評論，題目叫做〈古老的謬誤何曾消亡？〉（Do Old Fallacies Ever Die?）

這本書的作者和書評作者都是優秀的經濟學家，對現代統計方法瞭若指掌，他們竟然沒能認識到自己陷入了回歸謬誤，對此我感到很吃驚……不過，考慮到這種謬誤普遍存在於大眾討論和學術研究中，我也許不應該感到吃驚。

既然著名統計學家、金融教授和經濟學家都能忽略回歸平均值，其他人又怎麼能倖免呢？

道瓊指數落榜生

道瓊工業平均指數（Dow Jones Industrial Average）是代表美國最優秀公司的三十支績優股的平均價格。根據道瓊的說法，這些「重要公司以其產品或服務的品質，享有聲譽，並擁有強勁而成功的成長史」。

一個平均指數委員會定期改變道瓊指數中的股票。有時，這是因為公司與另一家公司合併或者被另一家公司收購後、停止交易股票。有時，公司經營困難，不再被視為真正的績優股。這些「落榜」公司被更加成功的公司所取代。

例如，一九九一年十一月一日，家得寶（Home Depot）取代了西爾斯（Sears）。西爾斯是具有傳奇色彩的美國成功故事，它從一家銷售手錶、玩具、汽車和易組裝房屋等各種商品的目錄郵購公司，發展成美國最大的零售商。西爾斯在道瓊指數中待了七十五年，但它目前在與沃爾瑪（Walmart）、目標百貨（Target）和家得寶等折扣零售商的競爭中陷入了困境。西爾斯的收入和利潤開始下降，股價也在過去的六個月裡下跌了將近五〇%。家得寶則在住宅建設和裝修的帶動下急速發展，每過五十六個小時就要開一家新店。該公司的工具與西爾斯具有傳奇色彩的克拉夫茨曼工具，存在直接競爭關係，而且它似乎正要贏得這場銷售戰爭。家得寶的股票價格過去六個月上漲了五〇%。

當一家正在衰落的公司被一家蒸蒸日上的公司取代時，你認為哪檔股票會在接下來表現得更好——進入道瓊指數的股票，還是離開道瓊指數的股票？如果你能考慮到回歸平均值，你就會知道，被踢出道瓊指數的股票未來的表現很可能會優於取代它的股票。

這是違反直覺的，因為我們很容易將偉大的公司與偉大的股票混淆在一起。假設你發現了一個歷史上長期具有豐厚穩定利潤的偉大公司（讓我們稱之為利恩米恩〔LeanMean〕）。利恩米恩是一個優秀的投資項目嗎？答案取決於股票價格。每股十美元的投資有吸引力嗎？一百美元呢？一千美元呢？對於某些價格，股票太貴了。對於某些價格，股票太便宜了。不管公司多麼優秀，我們都需要首先了解股票價格，然後再去判斷它是不是一個具有吸引力的投資項目。

經營困難的公司也是一樣的道理。假設一家不幸叫做「聚酯纖維西裝」（Polyester Suits）的公司處於下行死亡螺旋之中，公司目前每股份一美元，這個數字預計每年穩步下降五%，誰會購買如此失敗的股票呢？如果價格合適，誰會不買呢？你會用五美元購買每年的股息分別為一美元、九十五美分、九十美分……的股票嗎？如果五美元的價格無法打動你，一美元呢？十美分呢？

讓我們回到道瓊指數添加和刪除的股票上來。投資者面對的問題，不是進入道瓊指數的公司目前是否比取代的新公司更加成功，而是哪些股票是更好的投資品？進出道瓊指數的股票都是耳熟能詳的公司，都會受到數千名投資者的密切關注。一九九九年，投資者非常清楚，家得寶表現出色，西爾斯表現糟糕。這種觀念一定會體現在它們的股價上。這就是家得寶股價上漲五〇%、西爾斯股價下跌五〇%的原因。

不過，由於回歸平均值，被移出道瓊指數的公司，通常不像它們近期表現所暗示的那樣可怕，取代它們的公司通常也不像它們表現得那樣優秀。在這種情況下，落榜的股票通常擁有不合理的低價，入榜的股票通常擁有名不副實的高價。當一家表現糟糕的公司向平均水準回歸時，其股價會上漲。當一家表現出色的公司向平均水準回歸時，其股價會下跌。意味同新加到道瓊指數中的股票相比，被道瓊指數刪掉的股票通常會表現得更好。

在被踢出道瓊指數五年半以後，西爾斯在二〇〇五年被凱馬特（Kmart）收購。如果你在西爾斯被道瓊指數刪除以後立即購買它的股票，那麼到西爾斯被凱馬特收購的時候，你的總報酬率將達到一〇三％。在同樣的五年半時間裡，取代西爾斯的家得寶下跌了二十二％。標準普爾五百股價指數這段時期的報酬率是——十四％。西爾斯離開道瓊指數後的報酬率高於平均水準，而家得寶進入道瓊指數後的報酬率低於平均水準。（凱馬特和西爾斯的合併效果非常糟糕，但那又是另一個故事了。）西爾斯與家得寶的對比是一起孤立事件，還是「道瓊指數落榜生表現優於道瓊指數入榜生」這一系統性模式的一部分呢？實際上，一九九九年發生了四次輪替：家得寶、微軟、英特爾和西南貝爾公司取代了西爾斯、固特異輪胎、聯合碳化物和雪佛龍。家得寶、微軟、英特爾和西南貝爾公司都是偉大的公司，但這四檔股票在接下來的十年裡表現都很糟糕。

假設你在一九九九年十一月一日四次替換發生那天，各投資二千五百美元在道瓊指數添加的四支股票上，共計一萬美元。這是你的入榜投資組合。你還建立了一個落榜投資組合，在道瓊指數刪除的四檔股票上各投資二千五百美元。

表9-3顯示了替換發生後的十年間這些投資組合的表現與標普五百的對比。十年後，標普五百下跌了二十三％。入榜投資組合表現更加糟糕，下跌了三十四％。相比之下，落榜投資組合上漲了六十四％。

這仍然只是一九九九年道瓊指數的四次替換而已。也許一九九九年是不同尋常的一年，其他年份的替換具有不同的表現？並沒有。二〇〇六年的一項研究考察了一九二八年十月一日道瓊三十檔股票平均指數誕生以來的所有五十次更改，發現在三十二次更改中，被刪除股票的表現優於替代它們的股票，在十八次更改中，被刪除股票的表現不如替代它們的股票。被刪除股票的組合每年比新增股票的組合好四％。經過七十八年的積累，這是一種巨大的差距。一百新增股票的投資組合將在二〇〇六年增長到十六萬美元，而一百美元被刪除股票的投資組合將增長到三百三十萬美元。

由此看來，表現糟糕、被踢出道瓊指數的公司，比取代它們的好公司更適合投資。

冠軍窒息

大多數體育迷都相信「冠軍窒息」現象——取得某種優異成績的運動員隨後的表現往往令人失望。顯然，人們會付出不同尋常的努力，以取得不同尋常的成績。不過，當他們登頂時，他們對失敗的擔憂會使他們的擔憂變成現實。同樣的現象似乎也存在於許多職業領域。

在美國六〇年代洋基名將羅傑・馬里斯（Roger Maris）一九六一年以六十一個全壘打超越貝比・魯斯以

	初始投資組合	五年後	十年後
入榜投資組合	10000 美元	6633 美元	6604 美元
落榜投資組合	10000 美元	9641 美元	16367 美元
標普 500	10000 美元	8295 美元	7652 美元

表 9-3　一九九九年十一月一日添加和刪除的股票

後，他在一九六二年和一九六三年分別只打出了三十三個和二十三個全壘打。美國導演馬丁・史柯西斯（Martin Scorsese）於一九七六年執導經典作品《計程車司機》（*Taxi Driver*）以後，在一九七七年製作了糟糕透頂的《紐約，紐約》（*New York, New York*）。

最有名的例子是《運動畫刊》（*Sports Illustrated*）封面詛咒。在奧克拉荷馬連大學續贏得四十七場大學美式足球比賽勝利之後，《運動畫刊》刊登了「奧克拉荷馬為何戰無不勝」（Why Oklahoma is Unbeatable.）的封面故事。奧克拉荷馬大學在下一場比賽中以二十一比二十八輸給了聖母大學（University of Notre Dame du Lac）。經過這次潰敗，人們開始注意到，出現在《運動畫刊》封面上的運動員明顯受到了詛咒，無法在之後的比賽中取得同樣優秀的表現。二〇〇二年，《運動畫刊》刊登了關於詛咒的封面故事，使用了黑貓的圖片和可愛的文字說明「沒人願意登上的封面」。最近，我們又有了「麥登詛咒」：出現在電子遊戲《勁爆美式足球》（*Madden NFL*）封面上的美式足球選手無法取得像之前那樣優秀的表現。

不好意思，讓你們這些真正相信詛咒的人失望了。其實這只是回歸平均值而已。運動員的表現是對技能的不完美測量，因此它會向回歸平均值。表9-4顯示了二〇一〇年平均打擊率最高的十位職業棒球大聯盟選手。喬希・漢彌爾頓（Josh Hamilton）的平均打擊率最高，為〇・三五九。你認為喬希是一個在二〇一〇年賽季表現令人失望的、打擊率為〇・四的打者呢，還是在二〇一〇年表現出色的、打擊率為〇・三的打者呢？二〇一〇年排在前十名的打者都在這一年取得了超出職業生涯平均水準的表現。總體而言，這十位選手職業生涯的平均打擊率約為〇・三〇一，他們在二〇一〇年的平均擊球率則是〇・三二七。

在二十項比較中，這些選手只有三次在二〇〇九年或二〇一一年的表現優於二〇一〇年。在二十項比較中，前十位打者二〇一〇年的平均擊球率在二〇〇九年和二〇一一年有十七次朝回歸平均值（回歸是一種趨勢，不是必然的）變化。

回歸並沒有描述「能力」

	2009	2010	2011	職業生涯
喬希・漢彌爾頓	0.268	0.359	0.298	0.308
卡洛斯・岡薩雷斯	0.284	0.336	0.295	0.298
米格爾・卡布雷拉	0.324	0.328	0.344	0.317
喬・莫爾	0.365	0.327	0.287	0.323
喬伊・沃托	0.322	0.324	0.309	0.313
艾德里安・貝爾特	0.265	0.321	0.296	0.276
奧馬爾・因方特	0.305	0.321	0.276	0.275
羅賓遜・卡諾	0.320	0.319	0.302	0.308
比利・巴特勒	0.301	0.318	0.291	0.297
特羅伊・托洛維斯基	0.297	0.315	0.302	0.293
平均	0.305	0.327	0.300	0.301

表 9-4　二〇一〇年平均打擊率最高的十位選手二〇〇九年和二〇一一年的表現

隨時間的變化，比如公司被競爭削弱或者棒球選手的狀態隨著年齡的增長而下滑。回歸是由「表現」相對於「能力」的波動導致的，因此遠離均值的表現反映了更加接近均值的能力。

所以，不管我們向前查看下一年，還是回頭查看上一年，我們都會觀察到棒球選手的回歸現象。

根據「平庸勝利」謬誤，我們會得出優秀選手和隊伍技能退步的結論。實際上，正確結論是任何賽季表現最優秀的人，通常不像他們耀眼紀錄顯示的那樣出色。大多數人的運氣比較好，使他們在某個賽季的表現優於上一個賽季和下一個賽季——而在上一個賽季和下一個賽季，其他人將取代他們的頂尖位置。

《運動畫刊》詛咒和約翰．麥登詛咒是回歸平均值的極端案例。當一名選手或一個團隊做出足以登上《運動畫刊》或《勁爆美式足球》封面的優異表現時，他們接下來的表現幾乎一定會退步。考慮到運氣在運動員成功的表現中，起著一定的作用，淩駕於其他人之上的選手或團隊，幾乎都受到了運氣的幫助——身體健康、幸運的反彈球、可疑的裁判。好運不可能永遠持續下去，非凡的成功也是如此。

尋找學院院長和靈魂伴侶

幾年前，一所小型私立大學在全國範圍內尋找一位新的學院院長。學校認為所有內部候選人都不夠優秀。遴選委員會根據數百名外部申請人的簡歷和介紹信，又選出了幾個人，邀請他們在中立地帶參加面試，以免洩密。令遴選委員會印象最為深刻的三位候選人被邀請到校園裡，在兩天時間裡與教員、行政人員、職員和學生見面。

遴選委員會對這三位優秀候選人極為熱情。不過，同候選人到來之前的大肆宣傳相比，每位候選人的實際表現都很令人失望。人們謠傳說，遴選委員會已經確定了人選，他們故意請來了兩位失敗者，以表明他們中意的人是最優秀的候選人。不過，關於誰是委員會中意的人，意見大為分歧。

你覺得這個例子存在回歸平均值現象嗎？沒有人能夠僅僅根據簡歷、介紹信和機場面試知道每位候選人的優秀程度。你認為看上去最優秀的三位候選人實際上比他們的表現更加優秀，還是不像他們表現得那樣耀眼？如果一個人比他表現得還要好，但他仍然能夠在候選人之中排在前三位，這樣的事情實在是太少見了。失望幾乎是無法避免的，因為表現最為優秀的三位候選人，幾乎一定不像他們看上去那樣出色。回歸平均值現象還可以解釋內部候選人為何處於固有的劣勢地位。一個在大學裡工作了二三十年的人並沒有太多可以隱藏的優缺點。和處於未知狀態的外部候選人不同，對於內部候選人，你對他的了解和他未來的表現基本是一致的。

有一年，我在我的統計課堂上討論了這段經歷。課後，一名學生找到我，向我講述了一個不同尋常的巧合。前一天晚上，他和他的父親通了電話。他的父親是另一所大學的社會學教授，他抱怨說，當他們邀請最優秀的教職申請人來到校園時，這些申請人通常不像書面上和先前短暫面試中表現得那樣令人激動。這名學生說，他會在下午打電話給父親，簡單談談回歸平均值現象。

我們尋找靈魂伴侶也是同樣的道理。每個人都在尋找不同的東西，我們可以稱之為「魅力」。在我們見到的幾十人、幾百人或者幾千人之中，少數人會脫穎而出。當我們看到魅力的跡象，並鼓起勇氣深入了解這個人時，我們通常會失望。壞消息是，這是正常的。好消息是，我們需要繼續尋找下去。值得深思的是，對方很可能和我們有著同樣的感受。實際上，在生活中，我們幾乎每天都會遇到回歸平均值現象。我們應當努力預測和識別這種現象，不要被這種現象欺騙。不要忘記西克理斯特的故事。

如何識破一本正經的胡說八道

當學術能力或運動能力等特點得到不完美測量時，觀測到的表現差異會誇大實際能力差異。表現最優秀的人與平均水準的距離，很可能不像看上去那樣遙遠，表現最為糟糕的人也是如此。因此，他們隨後的表現將會朝著回歸平均值發展。

這並不意味著表現最優秀的人受到了詛咒。實際上，這只是因為他們的出色表現得到了好運的幫助。回歸平均值也不意味著能力向均值收斂、大家很快就會具有平均水準，它僅僅意味著一件事，極端表現在經歷好運和壞運的群體之間輪換。回歸平均值也不表示成功和不成功的公司將走向令人沮喪的平庸。

Lesson 10

如何改運？

在影集《歡樂單身派對》（*The Seinfeld*）[1]〈反面〉（The Opposite）一集中，喬治承認他的生活之所以與設想完全相反，是因為他所做的每個決定都是錯誤的。他的好友傑里告訴喬治，最好的解決方法就是將他通常會做的事反過來。所以當喬治看到一位美女獨自吃飯時，他應該走過去：「我是喬治，待業中，目前跟我父母住在一起。」沒想到，這個做法成功了。喬治去紐約洋基隊應徵時，指責老闆喬治・史坦布瑞納（George Steinbrenner）毀了洋基隊，沒想到老闆當場就聘用了他。

與此同時，另一位主角伊萊恩生活變得一蹋糊塗，她失去了男友、工作和公寓。在這一集的結尾，伊萊恩抱怨自己變成以前的喬治。相較之下，傑里的生活沒什麼太大的改變。克萊默給傑里起了個「正負相抵」的綽號，因為傑里遇到的每件壞事都會被好事抵銷。當傑里失去一場獨角戲演出機會時，立刻在同個周末獲得同樣報酬的工作。打撲克牌的時候，他的輸贏局數相互抵銷、不賠不賺。當他被女友拋棄時，傑里很鎮定，因為他相信新女友很快就會出現。

傑里不是唯一感覺事情會正負相抵的人。許多人相信，每當硬幣正面朝上時。背面朝上的可能性就會增長，因為長期來看，正面和背面出現的可能性一定是相等的。同樣的道理，棒球經理會用替補打者換下連續四次安打的選手，因為這名選手已經到了該出局的時候。

這種觀點的變化形，即認為世界上好事和壞事的供應量是固定的。我曾經看到一名選手在賽季初期的大學美式足球比賽中葬送了三個分球和一個加分球。電視評論員說，教練應當對這些失誤感到高興，因為接下來的幾個星期會有幾場艱難的比賽。評論員說，每位選手在賽季裡都會失誤，在年初將失誤「用掉」是令人欣喜的。

一位讀者寫信給專欄作家瑪莉蓮・沃斯・莎凡（Marilyn vos Savant），說他參加了許多工作面試，但是沒有收到任何錄用通知。他希望錄用的可能性能夠隨著拒絕次數的增加而增加。另一位讀者向瑪莉蓮寫道：

> 我參加了一場消防安全講座上，主講人說：「我知道你們中的一些人會說，你們在家裡生活了二十五年，從未經歷任何火災。對此，我想說的是，你們過去比較幸運。不過，這意味著你們和下一場火災的距離不是越來越遠，而是越來越近。」

西維吉尼亞州最高法院首席法官曾經開車前往南達科他州參加一場司法會議。他解釋道：「在我的一生中，我坐了許多次飛機。我已經用掉了我的統計英里數。只要還有其他可行的替代方案，我是不會坐飛機的。」

這種常見的推理過程基於錯誤的平均定律。一些人認為，如果拋一千次硬幣，一定會有五百個正面和五百個背面因此，如果前十次、前五十次或者前一百次出現的正面多

1 編註：美國廣受歡迎的情境喜劇，背景設定在紐約曼哈頓，主要人物有：傑里、喬治、傑里的前女友伊萊恩、傑里的鄰居克萊默。

於背面，為了平衡結果，接下來出現的背面一定多於正面。這是一種普遍存在的觀點，但它是錯誤的。硬幣無法控制自己的落地方式。如果硬幣是完好的，並且得到公平拋擲，那麼不管上一次或者之前九九九次拋擲的結果如何，正面和背面接下來出現的可能性都是相等的。

不過，許多賭徒仍然相信錯誤的平均定律，因為他們急於在混亂的隨機結果中找到一種盈利模式。當輪盤連續多次轉出黑色數字時，總會有人急切地在紅色上下注，認為平均定律將會發揮作用。其他人則匆忙地在黑色上下注，試圖趕上這一波黑色運勢。莊家愉快地接受雙方的賭注，他們知道，未來的旋轉並不取決於過去的結果。

最具戲劇性的輪盤賭，發生在一九一三年八月十八日的蒙地卡羅。當時，一張賭桌上反覆出現黑色結果。當黑色連續出現十次時，賭桌圍滿了投注紅色的人，他們相信平均定律將會為他們帶來回報。不過，黑色仍然不斷地出現。在連續出現十五次黑色以後，人們近乎瘋狂地擠到賭桌前，以便將更多賭注壓到紅色上。接下來出現的仍然是黑色。當黑色第二十次出現時，絕望的賭徒將他們剩下的所有籌碼壓在紅色上，希望挽回一部分損失。當這輪離奇的輪盤賭結束時，黑色連續出現了二十六次，賭場收獲了數百萬法郎。

一定會有失敗者認為這場賭局受到了操縱，也許事實的確如此。不過，在蒙地卡羅和其他地區的公平賭局中，基於平均定律的投注策略是無效的。實際上，少數博弈體系會反其道而行——設備的物理缺陷會導致一些數字出現的頻率高於其他數字。十九世紀末，英國工程師威廉・賈格斯（William Jaggers）雇用了六名助手，用一個月的時間記錄了蒙地卡羅輪盤賭的獲勝數字。他不是根據事物的平均定律避開這些數位，而是投注在這些數字上，因為他覺得輪盤的不完美將使這些數字的出現頻繁繼續高於其他數字。他賺了將近十二・五萬美元——相當於今天的六百多萬美元。後來，賭場發現了問題，開始在夜間調整輪盤，賈格爾斯的幸運之旅這才結束。

人類與硬幣和輪盤不同，他們擁有記憶，而且關心勝負問題。不過，棒球選手的安打機率，並不會因為上一次的失誤而得到提升。連續四次出局也許僅僅是因為運氣不好，導致直球直接砸進了外野手的手套。這種糟糕的運氣並不能確保下次擊球出現好運。如果不是運氣的原因，那麼選手的糟糕表現可能來自身體問題。不管是哪一種情況，連續四次出局的棒球選手不一定在下次擊出安打，連續四次安打的選手也不一定在下次出局。如果說我們能夠得到什麼結論的話，連續四次安打的打者很可能比連續四次出局的打者更加優秀。

類似地，三分球失誤不一定會得到成功的補償。糟糕的表現可能僅僅意味著美式足球選手不是很優秀。面試被拒並不會提高錄用的可能性，相反，這只能更加證明這個人不合格或者在面試中表現糟糕。沒有發生火災並不會提高發生火災的可能性，它可能僅僅說明房主比較謹慎，不會把紙張和布料放在火爐附近，不會把金屬放進微波爐，不會在離家時開著火爐，不會在吸菸時睡著。每一次安全的飛機旅行並不會提高下次飛機墜毀的可能性。

壞運不會提高好運的可能性，反之亦然。每一次失敗不會提高成功的可能性，反之亦然。它可能僅僅是隨機性的一種表現而已。

如何識破一本正經的胡說八道

當我們經歷糟糕的運氣時，我們希望自己能夠轉運。我們的壞運不可能永遠持續，但發生在我們身上的壞事並不會自動提高發生好事的可能性。要想改變運氣，我們通常需要改變自己的行為。例如，如果我們在找工作時不斷遭到拒絕，我們應當考慮如何表現更好，或者考慮申請不同的工作。

正負相抵只是一個笑話，不是值得信賴的規律。

Lesson 11

德州神槍手

奇西克（Chiswick）是位於西倫敦一個美麗富饒的郊區，境內的泰晤士河是著名賽艇比賽的賽道。牛津和劍橋之間頗具傳奇色彩的年度賽艇比賽，便將重點設在奇西克橋附近。奇西克這個地方還出了小說家 E・M・福斯特（E. M. Forster）、繪畫世家畢沙羅家族（Pissarro）、搖滾樂手皮特・湯森（Pete Townshend）、演員海倫・米蘭（Helen Mirren），以及倫敦最大、最古老的啤酒廠——富樂啤酒廠（Fuller's Brewery）。

第二次世界大戰期間，這個寧靜的田園小鎮遭到多枚德國炸彈襲擊，包括一九四四年九月八日星期五晚上七點之前毫無預兆的一枚炸彈。斯泰夫利路學校（Staveley Road School）六十四歲的管理員羅伯特・斯塔布斯（Robert Stubbs）當時正好穿越學校的運動場，結果被震飛到六公尺以外的草地上。當他站起來時，發現身邊到處都是殘骸碎石，路旁許多樹木斷裂，甚至炸成碎片。泰利夫利路上的房屋牆壁厚二十二公分，但仍有十一棟房屋全毀，二十七棟房屋遭到嚴重破壞，無法居住。一名士兵死在拜訪女友的路上。一個三歲的孩子死在嬰兒床上，因為爆炸吸走了她的肺部空氣。一名婦女因房屋倒塌遇難。還有十七個人重傷受困在坍塌房屋中。要不是許多人在那個夏天擔心受襲而撤離奇西克，傷亡人數還會進一步增長。

一位目擊者表示，當時的聲音聽上去就像煤氣總管爆炸一樣。一位政府官員也表示，完全有可能是煤氣總管爆炸。這種說法成了官方的解釋。奇怪的是，奇西克爆炸發生十五秒以後，倫敦另一個地區發生了另一起「煤氣總管爆炸」。市民產生了懷疑，並嘲諷爆炸為「飛行的煤氣管道」（flying gas pipes）。他們的懷疑有道理。英國政府最終承認，奇西克遭到了從被德國占領的荷蘭發射的V-2火箭的襲擊。

V-2火箭重八千磅，飛行速度為每秒九百公尺，對地面的衝擊相當於五十輛以每秒九十六公里的速度前進、重達一百噸的火車頭。落地以後，火箭的彈頭爆炸，在斯泰夫利路形成了一個九公尺寬、三公尺深的彈坑。衝擊波為四百公尺範圍內的一切事物帶來了沉重的打擊。

在二戰最後階段，德國軍隊向倫敦發射了數千枚V-1和V-2火箭。V-1火箭是七・五公尺長的無人飛機，用內部陀螺儀控制飛行路徑。這些飛機以每小時四百八十公里的速度前進，同時發出嘎嘎聲。從德國占領的法國發射場地到倫敦，它們需要飛行大約三十分鐘。飛機搭載了一個小型風車裝置。當飛機向倫敦飛行時，這個裝置可以根據風車的轉動次數估計V-1火箭前進的距離。經過預先設置的轉動次數以後，V-1火箭將會朝著地面大角度俯衝下去。

V-2火箭是最早的遠端戰鬥火箭和最早抵達外太空的火箭。這種火箭以每小時超過四千八百公里的速度飛行，幾分鐘就能抵達倫敦。由於V-2火箭的飛行速度是音速的四倍，而且飛行高度超過八十公里，因此它們幾乎無法用戰鬥機或高射炮攔截。每枚火箭攜帶一噸彈頭，能夠毀掉四百公尺範圍內的一切事物。

從一九四四年六月到一九四五年三月，倫敦遭到了二千四百一十九枚V-1和五百一十七枚V-2火箭的襲擊。V-1火箭在倫敦上空飛行時會發出「嘟嘟嘟」的單調聲音，可以提醒人們炸彈來了。而且，最初的V-1火箭有著設計缺陷，向地面俯衝時會關掉發動機。倫敦人知道，當「嘟嘟嘟」的聲音停止時，他們就要尋找藏身之處了。同V-1火箭相比，V-2火箭更加可怕，因為它的飛行速度高於音速，而且不會在襲擊之前發出提醒。更加怪異的是，在火箭襲擊地面以後，人們才會聽到火箭俯衝時發出的呼嘯之聲。呼嘯聲結束後，人們還會聽到上層大氣的音爆，彷彿時光逆轉。先是巨大的爆炸聲，然後是來自天空、震耳欲聾的呼嘯聲，然後是呼嘯聲起始地傳來的音爆。

在星期日做禮拜的時候，一枚V-1火箭擊中了威靈頓兵營的衛兵教堂（Guards Chapel）。這個教堂是一座雄偉的建築，擁有加固的屋頂。不過，炸彈仍然炸飛了屋頂，將巨大的建築劈成兩半，導致一百一十九人喪生，一百四十一人受傷。還有一枚V-2火箭擊中了倫敦一家零售商店。整個建築被徹底摧毀，變成了商店地下室裡的一堆碎石。一百六十八名購物者喪生，其中一些人死於爆炸的衝擊波，一些人死於建築的倒塌。當炸彈降落在居民區時，整個街區都可能被摧毀。

所有襲擊導致數萬人死傷，數百萬住宅、辦公室、工廠被毀。平民精神狀態受到的影響也許更加嚴重。不管是去教堂，還是去購物，或是待在家裡看電視，哪裡都是不安全的。超過一百萬人離開倫敦。

雖然V-1和V-2火箭造成了巨大的破壞，但它們的準確率非常有限。例如，V-1火箭的風車系統很容易被風干擾，因為風會使風車加速或者減速。德國人將V-1火箭對準倫敦塔橋，但是只要V-1火箭降落在倫敦範圍內，他們就滿意了。實際上，數百枚飛彈落在了田野和海洋裡，沒有造成任何破壞。

不過，許多倫敦人相信，德國人對準了某些街區。一些區域似乎存在炸彈群集現象，另一些區域則很少被炸彈襲擊。這意味著德國人瞄準了一些街區，避開了另一些街區。在尋找這些資料群集現象的原因時，一些人提出，德國間諜可能生活在德國人沒有轟炸的區域。他們輕率地認為，如果存在某種模式，那麼它一定擁有某種原因。實際上，這是不一定的。

即使是亂數據，也會出現群集現象。我將一枚二十五美分硬幣拋了十次，下面是我得到的結果：

背面　正面　正面　背面　背面　正面　正面　正面　正面　正面

在這個小實驗的後半段，五個正面聚集在了一起。發生了什麼事情？我是否改變了我所面對的方向，或者坐在了另一把椅子上？不。沒有發生任何特別或不同尋常的事情。當我們看到資料群集時，我們自然而然地認為發生了某種特別的事情——這些正面（或背面）成串出現是有原因的。實際上，這是沒有原因的。即使是完全隨機的拋硬幣實驗，也會出現資料群集。如果你不相信，你可以拋十次硬幣，即使每次拋擲是完全隨機的，你也有四十七%的機率得到至少四個連續正面或連續背面。

隨機投擲的炸彈落點也是同樣的道理。一些區域會出現炸彈的聚集，另一些區域不會出現炸彈，這是無法避免的事情。英國統計學家R．D．克拉克（R.D. Clarke）分析南倫敦一個區域的資料，這個區域受到了五百三十七枚炸彈的襲擊。他將這個區域分成五百七十六個一平方公里的正方形，然後統計落在每個正方形裡的炸彈數量。接著，他將炸彈分布與五百三十七枚炸彈隨機降落在南倫敦時的分布期望進行了比較。表11-1顯示了他的發現。

如果炸彈是隨機降落的，預計將會有二百二十七個正方形不會受到炸彈襲擊。實際上，二百二十九個正方形躲過了攻擊。類似地，我們預計二百零十一個正方形得到一枚炸彈。實際上，二百二十一個正方形擁有一枚炸彈。總體而言，觀測到的分布與隨機轟炸的預期結果非常類似。在隨機轟炸的情況下，實際差異和觀測到的差異一樣大、甚至更大的可能性是九十

正方形裡的炸彈數量	正方形的預期數量	正方形的實際數量
0	227	229
1	211	211
2	98	93
3	31	35
4	7	7
5 及以上	2	1
總計	576	576

表 11-1　隨機降落的炸彈

五％。這些觀測到的炸彈群集絕對沒有任何意義。它們與炸彈隨機降落時的預期相符。

即使是完全隨機的資料也會出現資料群集現象，因此我們沒有必要根據這種現象尋找異想天開的解釋。遺憾的是，人們很難抗拒「每一種模式一定有原因」這一想法。

癌症群集恐慌

一九七〇年代，失業的流行病學家南希．威海莫（Nancy Wertheimer）開車在丹佛市穿行，尋找十九歲前死於癌症者的所在家庭。她在尋找這些家庭的某種共同點——儘管她並不知道這種共同點是什麼。

她發現，許多癌症受害者的家庭靠近大型高壓電線。她的伴侶、物理學家艾德．李柏（Ed Leeper）帶著她開車在丹佛市穿行，測量每個家庭與不同類型的電線和變壓器之間的距離，並對電磁場的強度做出假設，以估計電磁場的輻射量。他們同樣估計了沒有兒童癌症受害者的丹佛家庭樣本。他們承認自己並不了解高壓電線可能導致癌症的原因，但仍然總結，生活在大型高壓電線附近的孩子，其罹癌的風險將提高一到兩倍。

他們發表的報告以及一些可怕的故事引發了全國性恐慌。一個自殺的人曾經生活在高壓電線附近。一些不再下蛋的母雞生活在高壓電線附近。一個名叫保羅．布羅德（Paul Brodeur）的新聞工作者在《紐約客》（*The New Yorker*）上撰寫了三篇文章，指出康乃狄克州吉爾福德市（Guilford）一個發電廠附近的居民之中出現了異常眾多的癌症病例，加州弗雷斯諾市（Fresno）高壓電線附近一所小學的員工也出現了十五個癌症病例。布羅德微調過文章，集結收錄在一本書中，書名是《高壓電線大揭祕：公用事業公司和政府如何試圖隱瞞電磁場帶來的癌症風險》（*The Great Power-Line Cover-Up: How the Utilities and Government Are Trying to Hide the Cancer Hazard Posed by Electromagnetic Fields*）。他提出了不祥的警告：「由於暴露在高壓電線磁場之中，數千名毫不知情的兒童和成人將受到癌症的襲擊，其中許多人將毫無必要地死去。」

隨之而來的全民瘋狂為顧問、研究員、律師和小型設備製造商帶來了利潤豐厚的業務，包括製造家用高斯計（電磁場讀數較高的房間將被僅僅用於存儲物資）。和前面一樣，問題在於即使是亂數據，也可能存在群集現象。即使癌症在人群中的分布是隨機的，癌症受害者也存在地理群集的可能性。為了說明這一點，我設計了一座虛擬城市，城市裡的一萬名居民生活在間隔平均分配的住宅裡，每個人有一％的患癌可能性。（我忽略了人們生活在家庭裡以及癌症與年齡有關的事實。）我通過電腦類比拋硬幣的方式，決定癌症受害者在這座虛擬城市裡的分布。圖11－1顯示了我所得到的癌症地圖。白色區域沒有癌症受害者。

地圖下方顯然存在一個癌症群集區。如果這是真實的城市，那麼當我們開車在這些人居住的街區行駛時，我們一定能夠找到某種特別的東西。也許，城市的少年棒球聯合會球場坐落在附近。現在，如果我們比較這些球場附近的居民罹癌率與遠離球場的居民罹癌率，你覺得會有什麼結果？球場附近將擁有更高的罹癌率，這說明生活在少年棒球聯合會球場附近會導致癌症。拆掉這些球場！

圖11－1還顯示了一個防癌堡壘，即無人患癌的一個城市區域。如果我們行駛在這個沒有癌症的街區，一定會找到某種不同尋常的事物。也許，城市的水塔坐落在附近。現在，如果我們比較水塔附近的居民罹癌率與遠離水塔的居民罹癌率，水塔附近居民的罹癌率當然會更低一些。這就是我們一開始在這片街區進行尋找的原因——這裡沒有人罹患癌症。

我們對少年棒球聯合會球場附近和水塔附近的推理存在同樣的問題。如果我們根據資料編造理論（少年棒球聯合會球場導致癌症，水塔預防癌症），那麼這些資料當然會支持這種理論！它怎麼會不支持呢？我們會編造出一種與資料不符的理論嗎？當然不會。根據建立理論時使用的數據，檢驗這種理論的做法是不公平的。我們需要新資料。在新資料面前，這種理論也應當成立。

有時，資料群集的確非常重要。一九七六年夏天，在由一群退伍軍人組成

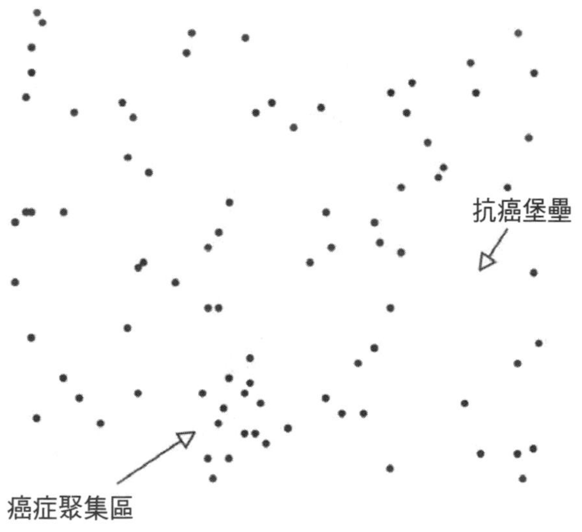

圖 11-1　癌症地圖

的賓州軍團的年度會議上，一種神祕肺病襲擊了一百八十二人，並導致二十九人死亡。經過大量調查工作，科學家發現了導致肺炎（現在叫做軍團病）的細菌，是由空氣傳播。另外還發現了新抗生素，比最初傳染病爆發時用的抗生素更加有效。

對於軍團病，人們根據資料群集得到一種理論，並用新資料對其進行檢驗。如果沒有理論和新資料，我們所擁有的僅僅是資料群集而已。威海莫和里柏發現的癌症受害者群集是「德州神槍手」謬誤的一種形式。在最初的版本中，一個沒有射擊技能的人用一把槍向穀倉的一面牆射出大量子彈，然後在彈孔最多的位置畫上靶心。即使癌症的地理分布是完全隨機的，也會出現巧合性的群集——就像一百次隨機射擊的彈孔會出現隨機群集一樣。

要想進行有效的統計檢驗，研究人員應當首先畫出靶子，然後發射子彈——首先論證高壓電線可能導致癌症的原因，然後比較有高壓電線和沒有高壓電線的街區的發生癌症頻率。

韋特海默和李柏這項研究的另一個問題是，他們對電磁場輻射量的估計可能會受到他們對研究結果預期的影響。有偏頗的估計很容易將非常小的風險率提高一兩倍。要想進行科學的研究，應當讓中立的觀測者在不知道哪些住宅有癌症受害者、哪些住宅沒有癌症受害者的情況下，估計電磁場的輻射量。

在威海莫和李柏的報告發表以後，流行病學家瑪麗亞·費克廷（Maria Feychting）和安德斯·阿爾鮑姆（Anders Ahlbom）開展了一項更加嚴格的高壓電線電磁場研究，他們找出了生活在高壓電線三百公尺範圍內的瑞典家庭。他們不是估測電磁場輻射量，而是使用詳細的瑞典公用設施紀錄，計算這些人二十五年來每年接受的電磁場輻射。經過對資料的細緻分析，費克廷和阿爾鮑姆的結論是，接受輻射量最大的孩子患上兒童白血病的可能性，是沒有受到輻射孩子的四倍。

費克廷和阿爾鮑姆的研究體現了另一種形式的德州神槍手謬誤。冒牌神槍手不是先射擊，再在最密集的區域畫上靶心，而是向許多目標射出許多子彈。然後，他找到自己所擊中的一個目標，用油灰蓋住其他彈孔後刷掉一切痕跡，只留下他所擊中的目標。

費克廷和阿爾鮑姆的研究考慮了多種癌症、多個年齡群體、多種電磁場衡量標準以及畫分「無輻射」、「輕度輻射」、「中度輻射」和「重度輻射」的多個閾值，從而創造出了數百個目標。他們計算了將近八百種風險機率，然後選擇了兒童白血病。如果高壓電線完全是良性的，一些風險機率不過就是運氣不佳，才高於其他風險機率。其他一些風險機率將遠低於平均水準。費克廷和阿爾鮑姆自然會選擇報告最高的風險率，不去提及其他風險率。他們掩蓋了沒有命中的目標。

這種神槍手謬誤也叫「費曼陷阱」（Feynman Trap），是以諾貝爾獎得主理查・費曼（Richard Feynman）的名字命名的。我們將在十三章再次提到他。費曼請加州理工學院的學生計算他走出教室時在停車場裡看到的第一輛車，其擁有某個特定牌照（比如8NSR261）的機率。加州理工學院的學生非常聰明，他們假設牌照中的每個數位和字母是相互獨立的，然後迅速計算出了「8NSR261」的機率。他們的答案是一・七六億分之一。當他們得到答案時，費曼說，正確的機率是一，因為他剛才在路上看到了這個牌照。如果某件可能性極低的事情已經發生，那麼它就不再是小機率事件了。

不過，研究人員一直在做同樣的事情。在考察資料之後，預測資料的形式是很容易的，也是沒有意義的。在我們的高壓電線例子中，在觀測兒童白血病以後，又預測兒童白血病的做法是沒有說服力的。當人們根據資料發明某種理論時，如果這種理論沒有合理的基礎，沒有得到新資料的檢驗，這種證據是無法令人信服的。神槍手應當僅僅畫出一個目標，而且應當畫在開槍之前，而不是開槍之後。

高壓電線理論是否有任何依據？科學家對電磁場非常了解，但是沒有任何合理的理論能夠證明高壓電線電磁場會致癌。這種電磁場的能量遠遠低於月光的能量，其磁場能量比地磁場還要弱。

此外，費克廷和阿爾鮑姆在病人癌症得到診斷的那一年，聲稱發現了癌症與兒童電磁場輻射量之間的相關性，但他們沒有發現診斷一年前、五年前或者十年前癌症與兒童電磁場輻射量之間的相關性，儘管癌症症狀的出現通常需要幾年時間。最後，如果高壓電線電磁場與癌症之間存在聯繫，那麼受到更高劑量輻射的人應當擁有更高的風險率，這與事實不符。他們自己的資料與他們的理論相矛盾。

這項瑞典研究得到新資料的證實了嗎？沒有。例如，包含英格蘭、蘇格蘭和威爾斯兒童的《英國兒童癌症研究》（*UK Childhood Cancer Study*）發現，接觸電磁場輻射量較多的兒童，其患上白血病或其他癌症的可能性要小一些，儘管這種差異的觀測值不具有統計說服力。此外，在這項瑞典研究公開後，人們用齧齒類動物做實驗，發現比高壓電線生成的電磁場大得多的電磁場，對死亡率、癌症發病率、免疫系統、繁殖力和出生異常沒有影響。

在權衡理論觀點和實證證據之後，美國國家科學院認為高壓電線不是一種公共健康威脅，沒有必要資助進一步的研究，更不要說拆除輸電線了。美國的一份頂級醫學期刊同意這種觀點，認為我們應當停止將研究資源浪費在這個問題上。就連瑞典那項研究的一位共同作者也做出了讓步，認為沒有必要進行進一步的研究，除非某種理論能夠解釋電磁場導致癌症的原因。

一九九九年，《紐約客》發表了一篇題為〈癌症群集的迷思〉的文章，含蓄批評保羅・布羅之前撰寫的文章。

如何識破一本正經的胡說八道

資料群集現象無處不在，甚至存在於雜亂數據之中。想要尋找某種解釋的人一定會找到一種解釋。不過，某種理論與資料群集現象相符並非具有說服力的證據。人們發現的解釋需要言之有理，而且需要得到新資料的檢驗。

類似地，向足夠多的目標發射足夠多的子彈的人，一定會擊中某個目標。檢驗數百種理論的人，一定會發現支持至少一種理論的證據。這種證據不具有說服力，除非理論是合理的，而且能夠得到新資料的證實。

如果你聽到某些資料支持某種理論，那麼在你相信之前，請回答兩個問題。首先，這種理論是否合理？如果不合理，不要輕易相信胡言亂語，才是合乎情理的。其次，房子裡是否存在一位德州神槍手？宣傳這種理論的人在提出理論之前，是否檢查了資料？他是否在選定想宣傳的理論之前，檢驗過數百種理論？如果你看到了冒煙的槍口，不要急於做出判斷，應當等待這種理論接受其他資料的檢驗。

Lesson 12

終極拖延

一九七〇年代早期，美國統計協會贊助了一系列論文研究，以展示統計工具的廣泛應用。加州大學聖地牙哥分校（University of California, San Diego）社會學教授戴維・P・菲利普（David P. Phillips）撰寫的一篇論文，首先提出這個具挑戰性的問題：

> 在電影和某些類型的浪漫主義文學作品中，我們有時會看到臨終場景，垂死之人努力不咽下最後一口氣，只為看到某件特別的事情。例如，一位母親可能會延緩死亡時間，直到分別已久的兒子從戰場歸來。這些小說中的壯舉能否發生在現實生活中呢？

這顯然是一個有趣的問題。我們許多人會把今天能做的事情拖到明天。不過，死亡也能像減肥和整理房間一樣被拖延嗎？哪些證據可以用於判斷死亡是否被推遲？沒有人蒐集孩子拜訪臨終父母的數據，即使有人蒐集，我們也無法知道即將到來的訪問對父母的死亡時間是否有任何影響。

菲利普是個聰明人，以優異成績獲得哈佛大學學士學位與普林斯頓大學博士學位。他想到了一個巧妙的方法：調查名人能否將死亡推遲到生日慶祝活動之後。對於老人來說，生日並不總是快樂的，因為它不斷提醒人們時間的流逝。不過，菲力普認為，名人的生日可以得到大家的慶賀，因此是值得他們活著看上一眼的。關於名人死在生日或其他紀念日的逸事有很多。也許，他們為了紀念這些日子，進而推遲了死亡時間？

十七世紀的英國醫生、科學家和作家湯瑪斯・布朗爵士（Sir Thomas Browne）死於十月十九日，那是他的生日。他似乎預言了這件事：「第一天應當成為最後一天，蛇尾應當剛好在這個時候回到牠的嘴裡，他們應當在出生日終結，這的確是一種驚人的巧合。」此外，布朗的朋友和仰慕者凱內爾姆・迪格比爵士（Sir Kenelm Digby）死於六月十一日，那是他的生日，也是他在土耳其伊斯肯德倫（Scanderoon）戰勝荷蘭和威尼斯海軍的日子。因此，理查・法勒（Richard Farrar）寫下了墓誌銘：

> 在六月十一日，他出生和死去並在伊斯肯德倫進行了勇敢的戰鬥。生日、忌日和勝利日竟是同一天，真是一件少有的事情！

這兩個死在出生日的人是個案嗎？這種事情經常發生、比一般巧合更加頻繁嗎？加州大學爾灣分校（University of California, Irvine）教授吉伯特・蓋斯（Gilbert Geis）從《美國名人錄》（*Who Was Who*）中隨機選擇了二千二百五十個人，發現只有三個人死在生日那天，這比正常的隨機情況還要少。蓋斯挖苦地總結道：「也許，致力於科學的湯瑪斯・布朗爵士希望提供一些資料，用以支持他的理論。」

蓋斯的資料沒有證明人們能夠把死亡推遲到生日之後。不過，有些名人死在其他值得注意的日子上。美國第二任和第三任總統約翰・亞當斯（John Adams）和湯瑪斯・傑佛遜（Thomas Jefferson）都是在一八二六年七月四日去世的，這一天是《獨立宣言》

（The Declaration of Independence）簽署五十周年。五年後，第五任總統詹姆斯・門羅（James Monroe）同樣逝世於七月四日，他們是否將死亡時間推遲到了七月四日呢？這僅僅是巧合嗎？

這很可能僅僅是一種巧合。美國第一任總統喬治・華盛頓（George Washington）死於十二月十四日。沒有人記得這一天，因為它沒有值得紀念的地方。它不是獨立日、聖誕節、元旦、華盛頓的生日、他妻子的生日、他的結婚紀念日、任何戰鬥的周年紀念或者任何特別的日子。我們天生喜歡尋找模式，因此我們發現三位總統死在七月四日是一件值得注意的事情，但是我們忘記了沒有死在七月四日的所有總統、將軍以及其他美國領導人。死在六月二十八日的第四任總統詹姆斯・麥迪森（James Madison）呢？如果其他三位總統能夠死在獨立日，為什麼麥迪森不能呢？他難道不能憑藉強烈的愛國心，推遲死亡六天並死在七月四日嗎？

美國有幾千位名人，但一年只有三百六十五天——這意味著許多人將會死在特別的日子上，或者與其他人死在同一天。我們記住了「特別」的死亡日期，沒有注意到其他死亡日期。某人恰好死在值得注意的日子上，這一事實是不值得我們注意的。它是無法避免的。

巧合的人物和日期只能證明我們花了許多時間尋找巧合，無法證明其他任何事情。要想進行有效的統計檢驗，我們需要事先表明，我們將查看一組明確的人物和一組明確的日期，看看死在這些特別日期的人數是否多得出乎意料。要想檢驗菲力普的推遲理論，我們可以考察一群名人，看一看死在生日這天（或者生日過後不久）的人數是否多於死在生日前夕的人數。

死亡凹陷和尖峰

菲力普在某種程度上做到了這一點。他考察了《四百位美國名人》（*Four Hundred Notable Americans*）中具有已知死亡日期的逝者——這本書是《美國歷史百科全書》（*Encyclopedia of American History*）的一部分，後者是一本巨著，集結了美國最重要的史實。菲力普的結論是，著名人物常常能夠推遲死亡時間，因為出生月前幾個月的死亡人數少於預期（死亡凹陷），而出生月和之後幾個月的死亡人數則要多於預期（死亡尖峰）。這份關於名人生日和忌日的著名研究得到了許多統計學教材的引用，包括我自己的統計學教材。

在這項研究結束之後，菲力普和許多人合作發表了其他獲廣泛宣傳的研究報告，這些報告支持了他的理論：猶太人將死亡時間推遲到贖罪日之後；猶太人將死亡時間推遲到逾越節之後；中國老年婦女將死亡時間推遲到中秋節之後。也許，終極拖延的觀點的確有些道理。

隨後，人們產生了懷疑。在我的統計課程中，三名學生試圖在學期論文中用不同資料集合複製菲力普的生日／忌日結論。沒有人發現具有統計顯著性的死亡凹陷和尖峰。

圖12－1顯示了他們的聯合資料。橫軸上是死亡月減出生月的值，死在出生月之前的人是負值，死在出生月的人是零，死在出生月之後的人是正值。

死在出生月前一個月的人數稍稍小於預期，死在出生月之前第二個月和第三個月的人數則要遠遠多於預期，而且出生月和出生月之後並沒有死亡尖峰。亂數據可以在半數情形中表現出差異，至少和圖12－1中每個月實際死亡人數和預期人數之間的差異一樣大。

證實菲力普理論的三次獨立嘗試均告失敗，這使人感到非常困惑，因此我和另一名學生希瑟．羅耶（目前已經當上了教

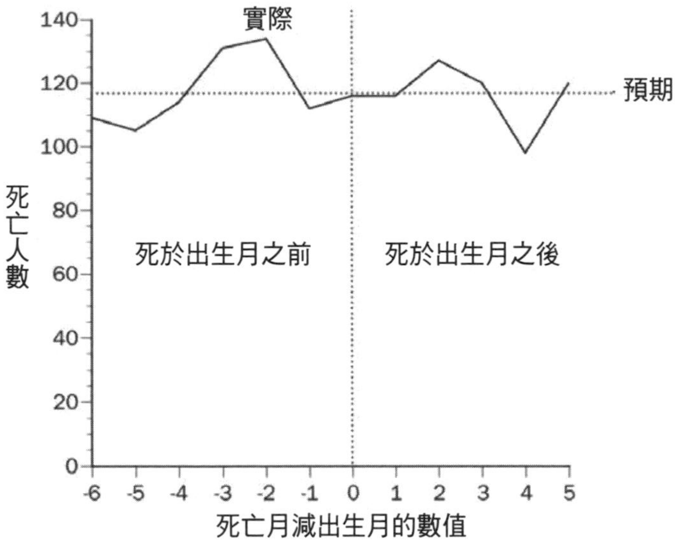

圖 12-1　比較死亡月與出生月的三項研究

授）重新檢查了菲力普所依據的生日／忌日資料。考慮到他對戲劇性臨終場景的描述，他的分析中有一個令人不解的地方，那就是菲力普將出生月的所有死亡算在了一起，沒有區分發生在生日之前和之後的死亡。而且，菲力普將出生月的所有死亡算在晚於生日之後的死亡。如果你生於十一月二十二日，死於十一月十一日，你的情況就算是成功的推遲。對於這種古怪的統計，唯一合理的解釋是，這種做法可以使菲力普獲得他想要的結果。

我和希瑟發現，在死於出生月的二十六位名人中，十三人死在生日之前，一個人死在生日當天，十二人死在生日之後！死亡日期與生日接近的二十六個人，完全沒有成功推遲死亡。我們還將死亡時間分成了生日前三十天，生日後三十天……依此類推。我們並沒有發現人們能夠推遲死亡的證據。

進一步研究

這些發現使我對菲力普的其他研究產生了疑問。這些研究證明，人們能夠將死亡推遲到贖罪日、逾越節和中秋節之後。這些研究也存在問題嗎？

事實的確如此。我和另一名學生彼得．李（Peter Lee，現在是博士）考察了猶太人的資料。在贖罪日研究中，菲力普沒有比較贖罪日之前和之後的死亡率。相反，他比較贖罪日位於九月二十八日和十月三日之間的十年中（一九二二、一九二五、一九三〇、

一九三三、一九四一、一九四九、一九五二、一九六〇、一九六三和一九六八）九月死亡率與相鄰兩年的平均九月死亡率。這是考察贖罪日之前死亡凹陷的一種極笨方法，而且完全忽略了節日之後的預期死亡尖峰。別忘了，這種理論認為，死亡推遲形成了之前的死亡凹陷和之後的死亡尖峰。要想支持這種理論，我們既要看到凹陷，也要看到尖峰。更加自然的做法是比較每年贖罪日之前和之後的死亡人數。不過，菲力普並沒有提及這種明顯的比較。更加奇怪的是，他的逾越節研究的確比較了逾越節前一周的死亡人數和逾越節後一周的死亡人數。

生日、贖罪日和逾越節的研究使用了不同的方法：相鄰月（並非以正式節日為中心）、不同年份正式節日之前的一個月以及相鄰星期（以正式節日為中心）。這顯然是一種可疑的做法。為什麼一個人要在每項研究中使用不同的計算方法呢？答案似乎只有一個，那就是只有這樣才能得到他所希望的結果。另一件可疑的事情，是贖罪日研究和逾越節研究使用了兩組不同的資料。如果不是為了得到理想的結果，為什麼不把這兩組資料同時用在兩個節日上呢？

問題還不止於此。令人震驚的是，研究中的死者不一定是猶太人！贖罪日研究中的資料包括一九二一到一九六九年紐約市的所有居民（這段時間猶太人口的比例為二十八%）以及一八七五到一九一五年布達佩斯的所有居民（這段時間猶太人口的比例為二十二%）。逾越節研究中的資料包括藉姓氏判斷「很可能是猶太人」的加州死者。

根據生活在紐約或布達佩斯來判斷一個人的猶太人身份是一種極為勉強的做法。擁有看上去屬於猶太人的名字，不但是一種勉強的判斷標準，而且非常容易操縱。研究人員將名為艾榭爾（Asher）和布羅迪（Brody）的人包含進來，但卻排除了名為艾許（Ash）和巴赫（Bach）的人。這是因為前者明顯比後者更像猶太人，還是因為他們的死亡時間支持研究人員的理論？（突襲測驗：格林〔Green〕是猶太人還是非猶太人的名字？）

彼得・李在一個猶太紀念教堂蒐集了超過五千名死者的資料，這些人不僅是百分之百的猶太人，而且具有強烈的信仰，因為他們的悼念儀式被安排在了猶太人停屍房裡。我和彼得將他們的死亡日期與四個重要的猶太節日（光明節、逾越節、猶太新年、贖罪日）進行了比較。

總體而言，這些紀念日之前的死亡人數多於之後的死亡人數，儘管每個節日的結果都搆不上統計顯著性的閾值。對於每個節日來說，在隨機情況下觀測到的差異，其出現的次數預計超過總次數的一半。

午夜的月餅

接著，我開始研究菲力普的中秋節資料。農曆八月十五的中秋節是中國最重要的節日之一。這一天，一家人通常團聚在一起，慶祝節日。節日餐包括午夜時分在戶外享用的傳統月餅。

菲力普和另一位共同作者分析了加州死亡率，認為一些華裔美國老年婦女能夠將死亡時間推遲到中秋節慶祝活動之後。最有力的證據是，他們觀察到了七十五歲以上的中國婦女在中秋節之前一個星期的死亡凹陷，以及之後一個星期的死亡增長。

這些資料的一個奇怪之處是，中秋節當天恰好擁有較多的死亡人數。這些死亡應當算作發生在節日之前還是之後呢？菲力普將它們算作節日之後；這樣一來，它們就成了死亡推遲的證據。不過，主要的節日儀式發生在午夜。如果一個人能夠將死亡推遲到節日之後，她難道不能將死亡推遲到主要的儀式活動之後嗎？在逾越節前後的猶太人死亡研究中，菲力普將傳統逾越節晚餐那天午夜之後的死亡算作成功的推遲。將發生在中秋節當天的死亡算作節日之後，唯一明顯理由就是這樣可以支持死亡推遲理論。

類似地，菲力普解釋說，他之所以關注七十五歲的婦女，是因為老年婦女負責準備豐盛的晚餐。不過，在逾越節研究中，菲力普使用了六十五歲這一年齡作為分別猶太老年男性的閾值。也許，中秋節研究使用七十五歲、逾越節研究使用六十五歲的原因，是只有這樣做才能支持他的理論。

如果我們不是手動將樣本限制在「七十五歲以上的婦女」這一範圍內，不是莫名其妙地視節日當天的死亡為午夜儀式之後的死亡，那麼中秋節研究的結論可能不會具有統計顯著性。這一結果完全不足為奇。

這些不合情理的現象，要求我們使用未經必要篡改的新資料，進行一項獨立檢驗。我們用新的華裔美國人、韓裔美國人和越南裔美國人死亡資料對中秋節的死亡推遲進行了重新檢驗。不管如何記錄節日當天的死亡，華裔老年婦女節日前一周的死亡人數都要多於節日後一周的死亡人數。越南裔老年婦女也是如此。韓裔老年婦女節日前的死亡人數要麼多於節日之後，要麼與節日之後持平。上述差異均不具有統計顯著性。

這個例子真正的教訓是什麼？不是人們能夠推遲死亡，而是如果你的目標是發表論文，而且你對資料的直接分析不起作用，那麼你可以嘗試不太直接的分析方法。做一個德州神槍手！遲早會有某種方法能夠起到作用。進行大量檢驗，然後僅僅提及與你的理論相符的結果。

漫長的告別

在我進行這項「偵探」工作後不久，俄亥俄州立大學（Ohio State University）綜合癌症中心統計學家和研究科學家多恩．楊（Donn Young）將他剛剛發表在《美國醫學協會期刊》上的研究報告影本寄給了我。他寫道：

> 照顧臨終癌症患者的醫護工作者，通常能夠回憶起那些緊緊把握生命、排除萬難活過重要節日或重要活動並在隨後死去的人。通過「希望」自己活過某個節日，這些患者能夠與家人共同經歷這種重要活動，並且看起來也免除家人和朋友將歡樂的節日和悲劇性事件聯繫在一起的不便。

為了弄清這些逸事是某種系統性現象的反映，還是對感人事件的選擇性回憶，楊和一名同事考察了俄亥俄州超過三十萬癌症患者的死亡時間。他們關注癌症患者的原因有三點。首先，同心臟病等疾病導致的突然死亡相比，死亡推遲與慢性病患者的關係似乎更加密切。其次，癌症患者很少與生命維持設備相連接，而使用此設備的患者死亡時間可以由家庭成員決定。第三，同其他許多疾病不同，癌症患者的死亡不具有季節模式，比如在冬季月份上升、在夏季下降。

他們比較了耶誕節、感恩節和患者生日之前以及之後幾個星期的死亡人數。在所有三種儀式性活動中，活動之前的死亡人數稍稍多於活動之後的死亡人數，而且三種活動的差異均不具有統計顯著性。他們的數據也無法說明，癌症患者能夠將死亡推遲到重要活動之後。

多恩·楊將這些民間傳說歸結為美好的願望和選擇性記憶（我們記住了值得紀念的巧合，忘記了其他情況）。這種傳說的一個不幸後果是，當病人死在節日之前時，家人可能會感到內疚或羞愧：約翰對我們愛的不夠深，因為他不願意和我們共同慶祝節日。楊給出了完全不同的建議。如果你所愛的人得了絕症，而且某個重要活動即將到來，不要碰運氣，現在就進行慶祝。

去年夏天，我的父親在八十八歲生日的一個星期之後死於慢性腎衰竭，我們提前慶祝了他的生日，因為我們並不知道他能否堅持到這一天。幸運的是，他做到了，因此我們再次慶祝了他的生日。我覺得沒有人會認為慶祝兩次不是好主意。

如何識破一本正經的胡說八道

看上去天馬行空的理論，你應當抱持極謹慎的懷疑態度。留意不自然的資料分組。留意研究人員似乎僅僅提到部分經篩選的統計檢驗。

Lesson 13

黑色星期一

一九八七年十月十二日星期一，是華爾街緊張的一週之始，儘管這個星期最初可以說得上平靜踏實，而且也沒什麼使人緊張的理由。不久，市場開始震盪，道瓊指數週三下跌四%，週四下跌一%，週五又下跌五%。紐約股票交易所創下了三・三九億股的交易紀錄，輸家與贏家的比例達到十七比一。不過，人們很難弄清股價下跌的原因。

《華爾街日報》週一的專欄「與市場同步」（Abreast of the Market）指出，週五的大跌可能是拋售潮，許多分析師相信前景樂觀，這是牛市（bull market）開始的信號。一位分析師表示：「拋售壓力的高峰已經過去了。」另一位則說：「即使我們還沒到底，但很可能就要跌到底了。」

如果股票市場的預測如此簡單，這些專家就能靠股票致富，而非靠預測謀生。這篇文章的刊登日期就是著名的「黑色星期一」，市場在這天出現可怕的動盪。當股市開盤時，賣空訂單數量眾多，道瓊指數三十支股票中有八支在紐約股票交易所的交易中斷了一個小時。這一天的交易量達到驚人的六・〇四億股，道瓊指數下跌了五〇八點（二十三%）。輸家與贏家的比例達到四十比一，所有股票的市值減少大約五千億美元。

第二天是「恐怖星期二」，股票市場接近全面崩潰。道瓊指數開盤時上漲了二百點，但在中午之前回到了週一收盤以下。當天，許多著名股票的交易出現了臨時的中止，比如ＩＢＭ中止了二個小時，知名藥廠默克中止了四個小時。一些大型金融機構據說即將破產，一些銀行中止了對證券公司的借貸，證券公司要求之前借錢的交易人賣掉股票，償還貸款。一些最大的證券公司敦促紐交所徹底關門，只為阻止螺旋式下跌。

美國聯準會當天宣布削減利率，承諾提供人們急需的資金，要求銀行積極放貸，最終這些措施挽救了當天的股市。在投資銀行的強烈鼓勵下，一些大公司宣布了回購股票的計畫，整個系統勉強脫離了解體的危險。一位市場參與者說：「星期二是我們五十年來經歷過最危險的一天。我想，再晚一個小時，股票市場就要崩潰了。」道瓊指數週二收盤時上漲了六%，股票交易量為六・〇八億，第二天又上漲十%——宣告短期危機的結束。

當少數資料與其他資料存在較大差異時，這些資料被稱為「異常值」（outlier）。例如，道瓊工業平均指數每天的變動很少超過四%。

一九八七年十月十九日下跌的二十三%，就是一個異常值。有時，異常值僅僅是筆誤（比如弄錯小數點的位置），而且可以校正。有時，異常值反映了特殊的情況，比如某一天發生自然災害。如果我們不關心這種異常事件，我們可以丟棄異常值。在其他情況下，異常值也許值得研究。我們可能非常希望看到股票市場對於自然災害、總統遇刺或戰爭結束的反應。

一九八七年十月十九日黑色星期一的股市暴跌，便是一個值得研究的現象。其中的一個結論，是美國聯準會願意而且能夠用任何手段阻止股票市場暴跌。此外，總統特別工作小組「布蘭迪委員會」（The Brady Commission）得到了結論，所謂的「投資組合保險」（這個名稱極具誤導性，指的是在價格上升以後購買股票，並在價格下跌以後銷售股票的投資策略）是導致十月十九日暴跌和十月二十日恐慌延續的元凶。布蘭迪委員會還認為，股票、期權和期貨市場在恐慌期間失去了聯繫管道，幾乎進入了自由下落的狀態。為避免此類事件再次發生，委員會建議由一個管理機構（比如美國聯準會）監管這些市場，制定一致的借貸規則，並在危機期間同時中止所有三個市場，以便為買家和賣家的媒合提供時間。這個異常值是一個痛苦而昂貴的教訓——但它至少是一個教訓。

在其他情形中，我們可以丟棄異常值，因為它可能具有誤導性。例如，一份國內雜誌曾經報導，一群科羅拉多州教師沒能通過歷史考試，其平均分數只有六十七分。實際上，只有四位教師參加了這項測試，其中一個人得了二十分。其他三個人的平均分數是八十三分。一個非常低的分數將平均分數拉低到了六十七分，誤導雜誌將平均分數解釋成標準分數。在這裡，異常值不具有代表性，而且會產生誤導作用。

另一方面，丟棄異常值有時也會造成誤導。一個戲劇性的例子發生在一九八〇年代，當時科學家發現，分析南極上空衛星臭氧讀數的軟體自動忽略了大量非常低的讀數，因為同一九七〇年代得到的讀數相比，這些資料屬於異常值。電腦程式認為這些與七〇年代正常值差異甚大的讀數一定是錯誤的。

當科學家重新分析這些資料（包括之前忽略的異常值）時，他們發現一個臭氧層破洞已經破了好幾年，一九八五年的南極臭氧比一九七九年減少了四〇%。美國國家海洋和大氣管理局高層大氣實驗室的蘇珊・索羅門（Susan Solomon）說：「臭氧的這種變化程度絕對是前所未有的。我們從未見過南極目前正在經歷的事情。」異常值有時是筆誤、測量誤差或意外，如果無法得到校正或忽略，它們會扭曲資料。在其他時候，異常值是最重要的觀測值，比如臭氧讀數。

排除異常值有時會誤導，不排除異常資料則幾乎一定會產生誤導。

火箭科學

在太空梭「挑戰者」號（Space Shuttle Challenger）一九八六年發射日期的前一天晚上，工程師們討論過要推遲發射。在將近十年時間裡，工程師們一直在擔心橡膠密封圈，這種密封圈用於接頭密封，以承受燃燒推進劑產生的高壓氣體。美國太空總署一九七八年的一份備忘錄警告，「為了防止熱空氣洩漏，導致災難性失效，必須改變設計。」

一些密封圈曾在先前飛行中失效，工程師擔心這是因為密封圈在低溫下會失去彈性。這一次，起飛時的溫度預計將低於冰點，因此一些工程師反對發射。

圖13-1顯示密封圈失效的七次飛行中，發生密封圈失效的次數。他們並沒有低於華氏五十三度（F°）[1]的資料。不過，在他們擁有的資料中，根據圖13-1，溫度與密封圈失效次數之間沒有明顯的關係（除非我們能在理論上解釋為何高溫和低溫會導致更多次失效）。溫度與密封圈性能之間缺乏明確關係的事實，與人們不想打亂發射計畫的強烈願望，壓倒了一些工程師的擔憂。

1 譯註：攝氏（℃）=〔華氏（℉）-32〕÷1.8

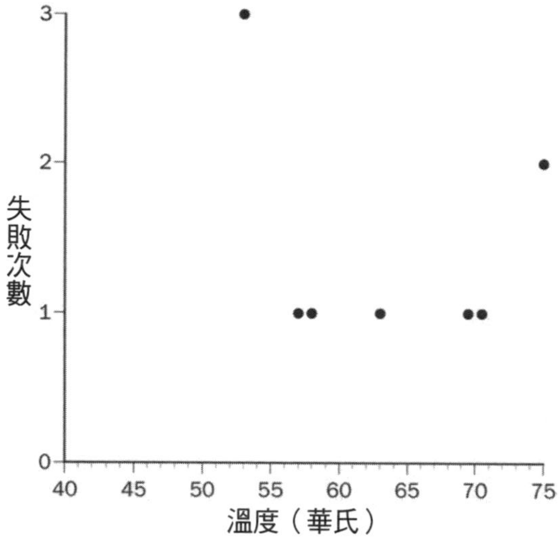

圖 13-1　七次飛行，找不出關聯

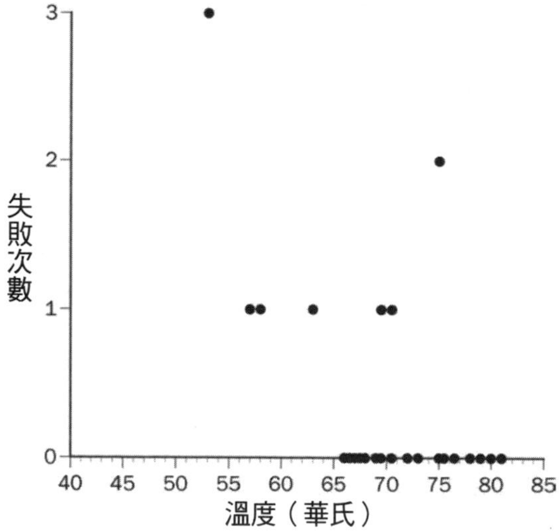

圖 13-2　另一張圖，包括所有二十四次飛行

圖13－1的失敗之處，在於它排除了沒有發生密封圈失效的十七次飛行。包含這些飛行的圖13－2顯示了完全不同的圖像。在溫度高於華氏六十五度的二十次飛行中，只有三次飛行密封圈失效。在溫度低於華氏六十五度的四次飛行中，每次都失效了。更加不妙的是，之前失效次數最多的飛行，溫度最低（華氏五十三度），而此次飛行的溫度預計將低於冰點。

不幸的是，工程師的擔心是有道理的。發射當天，一個密封圈出了問題。七十三秒鐘後，「挑戰者」號解體，七名機組成員全部遇難。調查此次災難的總統委員會中包括理查・費曼，這位才華橫溢的加州理工學院教授，他喜歡在露天酒吧裡準備講座大綱。當他在洛斯阿拉莫斯的曼哈頓計畫中開發原子彈時，他曾打開上鎖的櫥櫃，並且通過籬笆上的洞偷偷溜出大院，以證明這個戒備森嚴的場所是不安全的。他的一本自傳叫《別鬧了，費曼先生》（*Surely You're Joking Mr. Feynman: Adventures of a Curious Character*）。

此時，費曼非常嚴肅。在全國電視轉播的聽證會上，這位曾經獲得諾貝爾獎的理論物理學家將密封圈浸泡在一杯冰水中，簡單證明密封圈在低溫下會失去彈性。奇怪的是，火箭科學家們並沒有想到這一點。這有點像英國哲學家法蘭西斯・培根（Francis Bacon）在十七世紀講過的一個寓言：

我主一四三二年，一群教友就馬齒數量展開了激烈的辯論。憤怒的爭吵整整持續了十三天。人們翻出了所有古代書籍和編年史，並且表現出了這個地區之前從未見過的廣博學識。到了第十四天，一名舉止優雅的年輕修士請他博學的前輩允許他說上一句話。他早已對雙方的智慧感到惱火和憤怒。隨後，令人吃驚的是，他懇求他們以一種前所未聞的低俗方式取得和解：朝馬兒張開的嘴裡瞧上一眼，找到這個問題的答案。

在「挑戰者」號的例子中，忽略重要資料是一個無心而致命的錯誤。在其他情形中，人們故意忽略一些數據，因為這些資料不支持他們事先形成的觀念。為了相信某件事情是正確的，他們丟棄了與這種信念相衝突的數據。

巴斯克維爾的獵犬

在日語、中文和廣東話中，「四」和「死」的發音非常相似。許多日本人和中國人認為四是不吉利的數字，這並不令人吃驚。真正令人吃驚的，是有人認為這種強烈的厭惡感，使得日裔美國人和華裔美國人很容易在每個月第四天心臟病發作。這種說法顯然很荒謬。不過，一項得出這種愚蠢觀點的研究報告，卻發表在一份世界頂級醫學期刊上。

這份報告題為《巴斯克維爾獵犬效應》（The Hound of the Baskervilles Effect）。在

亞瑟・柯南・道爾爵士（Sir Arther Conan Doyle）的故事中，查爾斯・巴斯克維爾（Charles Baskerville）受到了一隻惡犬的追逐，並且死於心臟病：

那隻狗受到主人的激勵，躍過邊門，朝不幸的男爵追去，男爵則尖叫著沿著紫杉小徑奔跑。在那條陰暗的通道上，那只牙齒和眼睛閃著火焰的巨大黑色生物跳躍著朝牠的獵物追去，這幅景象一定非常可怕。由於心臟病和恐懼，男爵在小路盡頭倒了下來，沒了氣息。

我們每天都會看到「四」這個數字——在鐘錶、位址、電話號碼、頁碼、價格、汽車里程表裡。亞裔美國人真的如此迷信，如此懼怕每個月都會出現的第四天，感覺這一天就像在黑暗小路上追趕自己的惡犬嗎？

這項巴斯克維爾研究（它的縮寫ＢＳ[2]是不是很合適？）考察了死於冠狀動脈心臟病的日裔和華裔美國人的資料。一種自然的檢驗方法是比較每個月第三天、第四天和第五天的冠狀動脈心臟病死亡人數。在他們的資料中，在這三天的冠狀動脈心臟病死亡病例中，三十三・九％的死亡事件發生在每個月第四天，這與三十三・三％的期望相比，當中並不存在巨大差異或統計上的差異。如果三號、四號和五號發生冠狀動脈心臟

2 譯註：ＢＳ，原文為bullshit，意為胡說。

病的可能性相等，那麼就這種程度的差異而言，預計發生機率要過半。

那麼，巴斯克維爾研究是如何得到相反結論的呢？作者並沒有提到三十三・九％這個數字。相反，他們提到了某些心臟病類型的死亡人數，同時並沒有提到其他心臟病類型的死亡人數。在《國際疾病分類》（*International Classification of Diseases*）中，冠狀動脈心臟病被分成了許多類別。在一些類別中，四號的死亡人數超過三分之一。在其他類別中，四號的死亡人數不足三分之一。巴斯克維爾研究僅僅提到了前一種情況的結果，他們丟棄了不支持這種理論的資料。

巴斯克維爾研究的首席作者與其他人共同進行了另外三項研究，其中兩項研究使用了所有的心臟病類型，另一項研究使用了完全不同的心臟病類型。在不同研究中使用不同資料類型的唯一理由，是只有這樣才能造出支持結論的數據。

當我們懷疑某個研究人員在查看數據後有所取捨時，我們可以嘗試用新數據複製研究結果，以檢驗這種懷疑。巴斯克維爾研究使用了一九八九到一九九八年的數據。在使用一九六九到一九八八年以及一九九九到二〇〇一年的數據，重新檢驗巴斯克維爾研究中提到的心臟病類別時，得到的結果既不顯著，也不具有統計顯著性。在一九六九到一九八八年的數據中，五號的死亡人數多於四號。在一九九九到二〇〇一年的數據中，三號的死亡人數多於四號。另一個奇怪的現象是，作者可以使用一九六九到一九八八年的數據（他們在其他研究中使用了這些數據），但他們沒有在巴斯克維爾研究中使用這些數據。我們可以猜到其中的原因。

支持這種貶低性理論的唯一證據，就是它忽略不支持這種理論的疾病和年份。如果沒有這種有利的刪減，就不會有「每月四日對亞裔美國人具有致命影響」的證據。這項研究真正證明的事情，任何理論都有證據支持，不管一種理論多麼愚蠢，只要丟棄不支持這種愚蠢理論的資料就行了。

五行噩運

中國農曆的每一年與五行之一（金木水火土）相聯繫。傳統中醫認為，五行中的每一種元素與一種存儲能量的臟器以及一種製造能量、移除廢物的腑器有關（表13－1）。

巴斯克維爾研究的首席作者與其他人共同進行了另一項具有爭議性的研究。這一次，他們認為，中國人的出生年份可能會給他們帶來「噩運」，即他們可能患上與這些年份相關的器官疾病。例如，一九三七年是火年，火對應的臟器是心，因此一九

元素	臟器（陰）	腑器（陽）
火	心	小腸
土	脾	胃
金	肺	大腸
水	腎	膀胱
木	肝	膽囊

表 13-1　五行與人類器官

三七年出生的中國人，可能更容易死於心臟病。

也許，感覺自己終將死於心臟病的人，不會努力預防發病。或者，這些人的長期焦慮導致了他們所預想的結果。或者，二者之間也許沒有任何關係。

作者報告說，華裔美國人的死亡資料支持他們的理論。不過，他們只提到了與表13-1中的十種器官相關的一小部分疾病。例如，他們提到了腎炎和另一種腎病的結果，但是沒有提到其他腎病的結果。他們提到了支氣管炎、肺氣腫和哮喘的結果，但是沒有提到其他呼吸系統疾病的結果。不支持這種理論的資料，他們都丟棄了。

作者將心臟病分成了不同尋常的子集，然後再次丟棄了礙事的資料。他們提出了一個理論，出生在火年的中國人更容易患上心臟病，不是出生在火年的中國人更容易患上某些類型的心臟病，不太容易患上其他類型的心臟病。更加可疑的是第一作者沒有使用巴斯克維爾研究中的子集。

他們顯然考察過資料，並在每項研究中選擇了不同的子集，這種做法使統計檢驗變得毫無意義。

假設我宣布，我能在拋硬幣時連續拋出正面，因為在我小時候，其他孩子都在玩籃球和棒球的時候，我一直在練習拋硬幣。（實際上，有一位離奇的魔術師兼數學家，名叫佩爾西・戴康尼斯〔Persi Diaconis〕，他能連續拋出正面。我沒有這項技術。）不過，我可以製造證據證明我的拋硬幣技能。假設我剛剛拋了二十次硬幣，得到了九次正面和十一次背面。這沒有任何奇特之處。不過，如果我能想出一種微弱的藉口，丟棄十個背面，那麼，瞧，我在十次拋硬幣實驗中拋出了九個正面。這是令人信服的證據嗎？當然不是。

當人們發表真正的實證研究（不是我的拋硬幣實驗）時，我們通常不知道他們是否丟棄了某些數據。一位研究人員可能會說，「我們使用了這些年份、這些人和這些疾病的資料。」看上去，這些類別像是提前選出來的。研究人員不會說，「在考察資料之後，我們丟棄了這些年份、這些人和這些疾病的資料，因為它們不支持我們的結論。」研究人員為什麼要這樣做呢？首先，他們希望得到能夠發表的結果，而且覺得要想成功發表，他們需要得到統計顯著性。其次，他們真誠地相信自己的理論是正確的，因此認為忽略相反的證據是沒有關係的。

在噩運研究中，每一年對應於五行（金木水火土）之一。要想檢驗疾病與出生年份相關的理論，最自然的方法是考察死於某種疾病的中國人，看他們出生在噩運年份的比例是否超過五分之一。例如，既然火對應的臟器是心，那麼死於心臟病的中國人出生在火年的比例是否超過五分之一？

既然作者沒有提到這種檢驗，那就讓我來介紹一下吧。在他們提到的十五種疾病中，二〇．八％的人出生在噩運年份。疾病與出生年份之間不存在有關的明顯證據，也不是具有統計顯著性的證據。對於表13-1中各式各樣的疾病類別，十九％的人出生在噩運年份。這幾乎具有了統計顯著性，但跟研究結果截然相反。

另一種合理的檢驗是考察在死於特定疾病的中國人，出生在噩運年份的群體壽命，是否低於出生在其他年份的群體。在研究提到的十五種疾病中，只有兩種疾病具有統計顯著性。若對照各式各樣的疾病類別，統計顯著性消失了。例如，作者指出，出生在噩運年份並且死於支氣管炎、肺氣腫和哮喘的人壽命相對較短。不過，如果我們考察所有呼吸系統疾病，我們就會發現，出生在噩運年份的人擁有相對較長的壽命。

在沒有被資料採集所污染的獨立數據中，我們能夠發現什麼呢？

一九六〇到一九六八年以及一九九一到二〇〇二年的資料，無法複製作者搜刮一九六九到一九九〇年的資料以後得到的結果。他們聲稱受到出生年份影響的疾病，其中幾乎有二〇%的死者出生在噩運年份，而且出生在噩運年份和其他年份的亞裔美國人，不具有顯著或具有統計顯著性的平均死亡年齡差異。

和巴斯克維爾研究一樣，出生年份噩運研究真正能夠證明的結論是，對於任何理論，只要考察大量資料，並且丟棄不支持這種理論的資料，那麼你一定能夠蒐集到支持這種理論的證據。

花押決定論

「我們的喜悅之杯正在滿溢！我們有了一個女兒，她有著仁慈的大自然所能給予人類的最為勻稱的比例和最為可愛的儀態，她的名字叫做伊瑪（Ima）！」人們之所以為這個天使般的嬰兒選擇這個名字，是因為她的叔叔寫了一首宏大的南北戰爭敘事詩，詩裡的女主角叫做伊瑪。這份出生聲明是由伊瑪熱情的父親「大個子吉姆」詹姆斯・史蒂芬・霍格（James Stephen"Big Jim"Hogg）起草的。我們並不知道這位父親是否意識到他的女兒獲得了一個不幸的名字：伊瑪・霍格[3]。

伊瑪後來說，「我的祖父史廷森住在距離米尼奧拉二十四公里的地方，當時消息傳播得很慢。當他聽說孫女的名字時，他用最快的速度跑到鎮上抗議，但是已經晚了。洗禮已經結束了，我只能使用伊瑪這個名字。」

大個子吉姆後來意識到了女兒名字的幽默之處。德州長期流傳著這樣一個故事：大個子吉姆將這種幽默用在了政治上，他再次競選州長時，在演講中對人群說，他有兩個女兒，分別是伊瑪和烏拉（Ura）[4]。《坎薩斯城星報》（*Kansas City Star*）為這個故事添加了更多細節，說他還有第三個女兒，名叫胡莎（Hoosa）[5]。實際上，伊瑪沒有姐妹，只有三個名字普通的兄弟：麥克、湯瑪斯和威廉。

雖然擁有滑稽的名字，但伊瑪・霍格活得很好。大個子吉姆買下了德州西哥倫比亞附近的土地，他在遺囑中說，這片土地在他去世十五年以後才能賣給別人。在吉姆去世十二年以後，這片土地發現了石油，伊瑪和她的兄弟從普通富裕變成了極度富裕。伊瑪熱愛德州，並且開展了大量的慈善活動，因此獲得了「德州第一小姐」的稱號。

3 譯註：名字可念成「我是豬」（I'm a hog.）。
4 譯註：名字可念成「你是豬」（You're a hog.）。
5 譯註：名字可念成「誰是豬？」（Who is a hog?）。

除了嬰兒的名字，家長是否還應該考慮他們的首字母縮寫呢？我的首字母縮寫是GNS（Gary Nance Smith）。我弟弟的首字母縮寫是RAS（Robert Alan Smith）。如果我的父母將我命名為Gary Alan Smith呢？GAS這個首字母縮寫帶來的羞愧感，會毀掉我的人生嗎？我要用某種方式戰勝這種恥辱嗎？

加州大學聖地牙哥分校心理學和社會學系的一群研究人員，就認為三個字母的姓名縮寫是非常重要的，因為同擁有負面姓名縮寫（比如PIG或DIE）的人相比，擁有正面姓名縮寫（比如ACE或VIP）的人壽命比較長。這種壽命受首字母縮寫影響的觀點被稱為「花押決定論」（monogrammic determinism）。奇怪的是，加州大學聖地牙哥分校的研究人員還發現，負面的姓名縮寫比正面的姓名縮寫更加常見，而且比過去更加普遍。難道家長具有虐待傾向，而且這種傾向變得越來越嚴重嗎？

如果負面的首字母縮寫對健康具有如此巨大的危害，那麼它似乎不太可能流行。慈祥的父母當然不會選擇縮短孩子預期壽命的名字。這項研究一定存在某些問題。

加州大學聖地牙哥分校的研究人員使用了十二種正面的首字母縮寫（ACE，GOD，HUG，JOY，LIF，LIV，LOV，LUV，VIP，WEL，WIN和WOW）以及十九種負面的首字母縮寫（APE，ASS，BAD，BUG，BUM，DED，DID，DTH，DUD，HOG，ILL，MAD，PIG，RAT，ROT，SAD，SIC，SIK和UGH）。他們請大學生將這些首字母縮寫以及九種中性縮寫標記為正面、負面和中性縮寫。

我們不知道研究人員看到資料時是否已經選擇了這些首字母縮寫。雖然學生能夠分辨縮寫的好壞，但這並不能告訴我們這份清單是如何制定的。要想複製這項研究，我們可以從包含一百個正面或負面首字母縮寫的獨立清單入手，其中包括聖地牙哥分校研究人員使用的三十一個縮寫。然後，我們可以將這份清單提供給一組學生和教員，請他們選出最好和最壞的縮寫。

表13-2顯示了最好的十二個正面縮寫和最不好的十九個負面縮寫。在聖地牙哥分校研究人員的十二個正

正面	負面	
ACE	**ASS**	GAS
ICE	KKK	FAT
JOY	FAG	**BAD**
VIP	**DIE**	POX
CEO	GAY	HOR
WOW	ZIT	**BUM**
GEM	FUK	SIN
FLY	**PIG**	
FOX	DUM	
HIP	**RAT**	
WIT	SOB	
WIN	TIT	

表 13-2　排在最前面的正面和負面縮寫，按順序排列

面縮寫中，只有五個出現在前十二個最好的縮寫中（用粗體顯示）；在研究人員的十九個負面縮寫中，只有六個出現在前十九個最不好的縮寫中。我們很難解釋其中的一些遺漏，尤其是負面的縮寫。也許，這些縮寫是在他們查看資料之後選擇的？

為什麼他們不為積極和消極縮寫選擇相同的數量，而是選擇了十二個正面縮寫和十九個負面縮寫？為什麼他們使用了BUG而不是FAG、DUD而不是DUM、HOG而不是FAT？他們顯然丟棄了不支持這種理論的首字母縮寫。

聖地牙哥分校研究人員使用了一九六九到一九九五年的死亡資料，根據死亡時間將死者分成了不同小組，並將擁有正面或負面首字母縮寫的群體平均死亡年齡，與擁有中性首字母縮寫（這些縮寫可能也是在查看資料之後選擇的）並且死在同一年的群體進行了比較。他們報告說，平均而言，擁有正面首字母縮寫的男性多活了四・五年，擁有負面首字母縮寫的男性少活了二・八年，擁有正面首字母縮寫的女性多活了三・四年，擁有負面首字母縮寫的女性沒有區別。四・五年的預期壽命差異，超過了美國和委內瑞拉之間的預期壽命差異，幾乎相當於美國和阿爾及利亞之間的預期壽命差異。美國同委內瑞拉和阿爾及利亞之間的差異存在合理的解釋。首字母縮寫對預期壽命具有如此巨大的潛在影響，則沒有同樣科學的解釋。

根據死亡年份對人們進行分組的做法，當中存在一個問題，那就是不同時期各種首字母縮寫的普遍程度是不同的。例如，假設擁有正面和負面首字母縮寫的人具有相同的死亡率，但是現在的負面首字母縮寫比過去更加普遍（這是事實）。在這種情況下，最近具有負面首字母縮寫的死者，就會比具有其他首字母縮寫的死者更加年輕。

舉一個極端的例子。假設首字母縮寫ACE在五十年前不再被人使用，首字母縮寫GAS則在同一時間開始被人使用。這顯然是不現實的，但它是對「負面首字母縮寫正在變得更加普遍」這一現象做出的解釋。在我們這個模式化例子中，所有首字母縮寫為ACE並且死於去年的人在去世時至少有五十歲，所有首字母縮寫為GAS並且死於去年的人在去世時不到五十歲。這種差異與首字母縮寫對預期壽命的影響沒有任何關係，它僅僅與不同首字母縮寫普遍程度的變化有關。

如何規避這個問題呢？我們可以按照人們的出生年份對他們進行分組。六十年前出生的、首字母縮寫為ACE的人應當與六十年前出生的、首字母縮寫為GAS的人進行比較。四十年前出生的、首字母縮寫為GAS的人應當與四十年前出生的、具有其他首字母縮寫的人進行比較。這樣一來，我們所觀測到的任何死亡年齡差異將來自預期壽命差異，而不是不同首字母縮寫流行程度的變化。

實際上，當我們比較同一年出生的人時，首字母縮寫與死亡率之間沒有任何關係。平均而言，同具有正面首字母縮寫的男性和女性相比，具有負面首字母縮寫的群體的壽命要稍微長一些（這與聖地牙哥分校研究人員得到的結果相反），但是這些差異很小，不具有統計顯著性。我還試圖用時間範圍更長的資料（一九〇五到二〇〇三年）複製對聖地牙哥分校的研究，但這些資料同樣無法支持他們的結果。不管使用這些研究人員的首字母縮寫清單，還是通過調查得到的縮寫清單，平均而言，具有負面首字母縮寫的男性壽命要稍微長一些，女性的結果則恰好相反，但是這些差異的觀測值既不明顯，也不具有統計顯著性。

如何識破一本正經的胡說八道

在研究中遺漏資料的做法是一個巨大的危險信號。包含或者排除數據的決定有時有天壤之別。這種決定應當基於數據的相關性和品質，而不是數據是否支持或影響研究人員期望或理想的結論。

校正得到錯誤紀錄的資料是可行的。有時，忽略異常值也是可行的。不過，對於研究人員來說最好的原則，是有疑問時不要排除數據。對於讀者來說最好的規則，是警惕有丟棄數據的研究。問問你自己，被忽略的資料是否存在非常明顯的錯誤。如果不存在，說明研究可能有問題。一些資料之所以被丟棄，可能僅僅是因為它們與理想的結果相矛盾。

Lesson 14

魔球

對統計學家來說，美國職業棒球大聯盟（MLB）極具吸引力，因為它擁有超過一百年的詳細數據。更美妙的是，一個名叫西恩・拉曼（Sean Lahman）的棒球迷蒐集了美國職棒史上所有選手和隊伍的大量統計數據，並允許所有人下載。讓我們開始搜刮數據吧！

許多統計學家（包括具有傳奇色彩的比爾・詹姆斯〔Bill James〕）提出了「賽伯計量學」（sabermetrics，也就是基於數據，針對選手和球隊表現的客觀測量），徹底改變我們對棒球的理解。賽伯計量學家提出和支持的許多統計量，如今人們已司空見慣。

例如，傳統上是用安打率衡量一名選手的擊球技能，即安打數量除以擊球次數，不包括保送、觸身球以及犧牲長打。賽伯計量學家認為安打率無法有效衡量打擊者助隊得分的作用，後者才是真正重要的事情。安打率沒有考慮自由上壘和觸身球的情況，而且沒有區分一壘、二壘、三壘和全壘打。

賽伯計量學家提出的另一種統計方法，只標示「上壘加長打率」（On-base Plus Slugging, OPS），其中上壘平均分包括安打、保送和觸身球，長打平均分則是對壘打數的統計（一壘為一分，二壘為二分，三壘為三分，全壘打為四分）。上壘加長打率不是一種完美的指標，但它很容易理解，而且相對於傳統安打率是一種巨大的進步。目前，這種指標經常出現在新聞報導和棒球卡片中，甚至被用在少年棒球聯合會的選手身上。

財經作家麥克・路易士（Michael Lewis）的暢銷書《魔球》（*Moneyball*）宣傳和

肯定了賽伯計量學，這本書描述了奧克蘭運動家隊用賽伯計量學發現遭低估的（即便宜的）選手，以便與薪金總額高得多的球隊競爭的故事。如果另一支球隊認為安打率遠高於胡安的鮑伯更加優秀，而奧克蘭隊認為上壘加長打率更高的胡安比鮑伯更加優秀，奧克蘭隊就會嘗試用鮑伯交換胡安。具有諷刺意義的是，目前，許多美職棒球隊都在使用賽伯計量學，因此奧克蘭隊的優勢大為削弱甚至逆轉了。

對學術界人士來說，棒球統計資料的寶庫為他們提供了一個完全不同的機遇——他們有機會在資料中發現具有統計顯著性、因而可以寫進論文的模式，尤其是當他們微調資料時更是如此。在這些被人發現的模式中，許多模式幾乎沒有任何意義，但它們還是發表了，而這僅僅是因為它們具有統計顯著性。

棒球迷信

用一根圓圓的木棒擊打一個以每小時一百四十四公里的速度飛行、可能具有左旋、右旋、上旋或下旋的圓形棒球，也許是一切運動項目中最為困難的挑戰。如果球被擊中，它可能直接飛向外野手，造成出局，或者安全落地，形成安打。平均而言，棒球選手每四次擊球只能擊出一次安打。

如果你能將這個比例提高到三分之一，你就能進入名人堂。從投手的角度看，微小的差異足以區分所有明星投手、熟練投手和失敗者。

也許，這就是棒球選手的迷信如此出名的原因，他們總是在尋找有可能使機會天平倒向自己一邊的某種事物——不管這種事物多麼可笑。奇怪的是，研究人員常常會做同樣的事情，尋找看上去具有某種模式的事物——不管這種事物多麼可笑。

三壘手韋德・柏格斯（Wade Boggs）在職業生涯中的表現非常出色，他主要在波士頓紅襪隊打球。他的職業生涯安打率為〇・三二八（三分之一）。他曾經連續十二次參加全明星賽，並在二〇〇五年入選棒球名人堂。如果這個世界上有一個迷信名人堂，那麼他一定也會入選。柏格斯每天在完全相同的時間起床，並在下午兩點吃雞肉。他以十四天為一個週期，交替十三種食譜（包括兩次檸檬雞）。當他晚上需要到芬威公園參加比賽時，這位雞肉男會在三點半準時進入更衣室，穿上隊服，並在四點去球員席熱身。他會進行精確的熱身程式，包括接一百五十個滾地球。在防守熱身結束時，他會站上三壘、二壘、一壘以及壘線（當他入場比賽時，他會跳過壘線），用兩步走到教練席，用四步走到球員席。賽季結束時，柏格斯的步伐在草地上留下了永久性的腳印。柏格斯總是在五點十七分進行擊球練習，並在七點十七分進行衝刺練習（一位反對他的經理曾經讓體育場時鐘從七點十六分直接跳到七點十八分，以便矯正他的行為）。

比賽期間，當柏格斯走上三壘時，他會用左腳清理面前的泥土，拍三下手套，正一正帽子。每當他擊球時，他都會在擊球區畫上意為「生命」的希伯來語單詞。（他不是猶太人。）

雖然柏格斯非常迷信，但同特克・溫德爾（Turk Wendell）相比，他幾乎是正常人。從一九九三年到二〇〇四年，溫德爾在美國職棒聯盟做了十一年投手。他身穿九十九號隊服，因為這是電影《大聯盟》（*Major League*）中查理・辛（Charlie Sheen）扮演投手裡基・沃恩（暱稱野獸，Wild Thing）時的球衣號碼。當溫德爾二〇〇〇年與紐約大都會隊簽約時，他所要求的合同金額為 9,999,999.99 美元。他戴著一條項鍊，那是用他獵到的野生動物牙齒製作的。在走上投手丘之前，溫德爾會把四顆黑色甘草糖放進嘴裡，以便在投球時咀嚼。他不是踩過壘線（一些選手會這樣做）或者跨過壘線（另一些選手會這樣做），而是跳過壘線。當他站上投手丘時，他會朝中外野手揮手並等待對方向他揮手。當他需要新的棒球時，他會要求裁判員把球滾過來，因為他不想接球。如果裁判員把球扔給他，溫德爾要麼讓球打在他的胸前，要麼將球放走。每局比賽結束後，他會在球員席刷牙，這種不同尋常的舉動甚至印在棒球新人卡上。

棒球迷信也適用於球隊，其中最著名的是「貝比魯斯魔咒」（Curse of the Bambino）。波士頓紅襪隊（The Boston Red Sox）一九一八年贏得了第五次世界職業棒球大賽冠軍，成為當時最成功的棒球隊。在一九二〇年賽季開始之前，紅襪隊老闆將球隊最佳球員貝比・魯斯（Bambino）賣給了當時還沒有得過世界職棒冠軍的紐約洋基隊，得到了十二・五萬美元現金和三十萬美元貸款，用於資助老闆女友擔任主角的百老匯音樂劇。

在洋基隊的第一個賽季，魯斯擊出了五十九個全壘打，超過了其他任何球隊的全隊全壘打數量。此後，洋基隊獲得的世界職業棒球大賽冠軍數量超過了其他任何球隊，紅襪隊則一年比一年令人失望，遲遲無法獲得冠軍。他們四次進入世界大賽，均鎩羽而歸——而且總是以戲劇性的方式輸掉第七場跟決勝場。最後，在二〇〇四年，經過八十六年的失望，紅襪隊終於贏得了世界大賽冠軍。

芝加哥小熊隊（The Chicago Cubs）還沒有打破他們的詛咒。芝加哥小熊隊在一九〇七年和一九〇八年贏得了世界職業棒球大賽冠軍，此後再也沒有奪冠，形成了長達一百多年的冠軍荒。據傳說，這個詛咒與一隻山羊有關。這隻山羊從一輛卡車上掉下來，走進了芝加哥一個酒吧。為了吸引顧客，酒吧主人比利．塞亞尼斯（Billy Sianis）收留了這只山羊，留了一副山羊鬍子，開始自稱比利．山羊，並將酒吧的名字改成了比利山羊酒吧。

在一九四五年世界職業棒球大賽，小熊隊對底特律老虎隊的第四場比賽中，比利買了兩張包廂票。當時，小熊隊以總比分二比一領先。比利帶著山羊來到了球場，他披著一條毯子，上面寫著「我們得到了底特律的山羊」。

小熊隊老闆菲爾．里格利（Phil Wrigley）對員工說：「那隻山羊很臭。」於是，塞亞尼斯被要求帶著山羊離開球場。塞亞尼斯在走的時候喊道：「小熊隊再也贏不了了！」小熊隊輸掉了第四場比賽以及接下來的兩場比賽，從而輸掉了世界職業大賽。塞亞尼斯給里格利發了一封簡短的電報：「現在誰臭？」

為了扭轉這個詛咒，小熊隊球迷將活山羊和死山羊帶進里格利球場，並將山羊捐獻給發展中國家的人民。不過，這些方法並沒有產生任何效果。[1]棒球迷信通常具有娛樂性質，不會帶來任何危害。不過，韋恩州立大學（Wayne State University）兩位多產的研究人員歐尼斯特·艾貝爾（Ernest Abel）和麥克·克魯格（Michael Kruger）指出，一些迷信可能是致命的。

如果你給我一個D，我就會死（die）

一些研究發現，人們（包括當事人在內）認為教名不受歡迎的人，比不上教名受歡迎的人。如果健康與自尊有關，那麼教名不受歡迎的人，可能預期壽命更低。不過，一項詳細研究發現，名字的受歡迎程度，與預期壽命之間沒有關係。

認為預期壽命可能受名字第一個字母影響的想法更加沒有道理。一項針對工商管理碩士學生的小型研究發現，教名或姓氏以C或D開頭的學生往往有較低的學分積（GPA，以科目之學分數乘該科目成績）。不過，在滿分為四分的評分體系中，以C或D開頭的學生的平均分只比其他學生低〇·〇二。我們並不知道這個結果背後是否隱藏著大量沒有被提及的檢驗。

不過，在這項脆弱結論的啟發下，艾貝爾和克魯格發現，在職業棒球大聯盟中，同

1 譯註：小熊隊在二〇一六年打破了這個詛咒。

教名首字母為E到Z的選手相比，教名始於字母D的選手平均少活一‧七年。原因何在？「眾所周知，職業運動員非常迷信。」這的確是事實，但是這種刻板印象，指的是選手的迷信行為，比如每場比賽穿同一雙（沒有洗過的）襪子，或者在入場時觸摸一壘。穿著沒有洗過的襪子和對名字的第一個字母感到不安，兩者是不一樣的。真的有人相信一個人會因為名叫唐納（Donald）而不是羅納德（Ronald）而早死嗎？

關注字母D的做法並沒有令人信服的理由。艾貝爾和克魯格認為「D不屬於ABC，而且幾乎等同於失敗。」幾乎失敗至少不像真正的失敗（failure）那樣糟糕，而後者通常是用F表示的。而且，字母表中有二十三個字母不屬於ABC，其中可能有許多字母看上去不太理想。

百事可樂做過一項盲測，他們在標有M的杯子裡裝入百事可樂，在標有Q的杯子裡裝入可口可樂，然後讓人們品嘗。超過一半的人更喜歡百事可樂。隨後，可口可樂也進行了一項試驗，在標有M和標有Q的杯子裡裝入可口可樂，然後讓人們品嘗。他們發現，大多數人更喜歡M杯裡的可口可樂。因此，他們的廣告標題是：「可口可樂戰勝可口可樂的日子」。顯然，Q是一個缺乏吸引力的字母。

在二十六個字母中，我們總能找到一些統計模式，尤其是當我們編排數據，並分析其中的一些子集時。隨後（在發現事實以後），我們總能想到這些巧合關係的某種解釋。如果F的結果不好，這是因為F代表失敗。如果X的結果不好，這是因為X是一個不經常出現的字母。如果Z的結果不好，這是因為Z是字母表中的最後一個字母。要想進行有效的統計檢驗，應當在檢驗之前，而不是之後確定這些「壞」字母。

學分積研究使用了A、B、C、D和E到Z五個類別，並且考慮了每個人的教名和姓氏首字母，排除了教名跟姓氏首字母相互衝突的人。比如大衛・瓊斯（David Jones）和瓊斯・大衛（Jones David）被分到D組，艾倫・大衛（Allen David）和大衛・艾倫（David Allen）則排除在外。只有教名和姓氏的首字母都是E到Z的人才會被分到E到Z組，比如伊桑・弗萊明（Ethan Fleming）。

艾貝爾和克魯格認為工商管理碩士的研究，是他們開展這項研究的契機，但他們在自己的研究中只考慮了教名的結果。艾倫・大衛被分到A組，大衛・艾倫被分到D組，詹姆斯・大衛（James David）被分到E到Z組。而且，艾貝爾和克魯格的結果只涉及一八七五年到一九三〇年出生的人。他們沒有提供限定在字母D、教名以及選此一時間段的原因，除了……這種限定可以得出他們想要的結果。

這些假設並不是隨意選擇的。艾貝爾和克魯格得出的「名字始於字母D的棒球選手壽命較短」的結論取決於下列人為限制：使用教名而不是教名和姓氏，只考慮一八七五年到一九三〇年出生的選手。否則，名字始於字母D的美國職棒選手，其平均死亡年齡差異並不具統計顯著性。

糟糕的出生月份

迪士尼一九五八年拍攝的一部奧斯卡獎紀錄片，展示了數千隻旅鼠成群結隊來到懸崖邊跳海自盡的場景。解說員莊重地評論道：「每只小小的齧齒動物被一種迫切的力量攫住，被一種缺乏理性的歇斯底里驅使，步調一致地向前進，走向一種奇怪的宿命。」這種戲劇性的場景，使「旅鼠式的行為」成了美國語言的一部分，用於描述相互模仿、不關心後果的人。

旅鼠是齧齒類動物。對於迪士尼這個將老鼠作為核心元素的公司來說，這部紀錄片竟然完全是編造的，這真是巨大的諷刺。旅鼠喜歡獨處，不喜歡與水接觸，而且可以在迫不得已的時候游泳。那麼，迪士尼是如何拍攝旅鼠自殺之旅的呢？他們將幾十隻旅鼠放在被雪覆蓋的轉盤上，從不同角度拍攝牠們在轉盤上奔跑並被拋向空中的場面。經過剪接，影片製造了數千隻失去理性的旅鼠爭相赴死的效果。這種人為編排的場景竟然被稱為紀錄片！虛擬世界比現實更加奇怪。

旅鼠不會自殺，更不會大規模自殺。所有生物都有生存的本能。不過，人類的確會自殺。怎樣的絕望環境會戰勝他們生存下去的本能呢？

自殺的人顯然認為他們的生命極其壓抑而且毫無希望，因此做出了停止生存這個不可逆轉的決定。自殺往往好發於春天和初夏——這也許是因為當天氣轉暖、百花盛開、愛情綻放之時，一些人被自己的抑鬱和其他人的幸福之間的反差所擊潰。這是合乎情理的。不過，艾貝爾和克魯格（認為名字以D開頭的人會早死的那兩個研究人員）提出了一個荒謬的觀點：自殺傾向取決於一個人的出生月份——而不是他們選擇死亡的月份。如果這是真的，它將是一個不同尋常的發現。可惜，它是假的。這項研究的資料和統計檢驗都是錯誤的。

艾貝爾和克魯格考察了職業棒球大聯盟自殺球員的出生月份。表14－1中的「觀測值」一列顯示了他們的資料。七月出現了明顯的下探，八月出現了明顯的尖峰，隨後的九月出現了下降。因此，艾貝爾和克魯格認為，出生在八月的人自殺傾向較強。

一些出生月份將不可避免地比其他月份擁有更多的自殺人數。在譴責八月份之前，我們需要考慮研究人員觀測到的這種模式是否合理，是否具有統計說服力。第一個問題沒有可靠的證據，說不出出生在八月的人為何比出生在七月或九月的人自殺傾向更高。

要想進行統計分析，我們可以根據每月的出生人數，比較每月觀測到的自殺人數與期望值進行比較。例如，如果所有選手中的十％的人出生在一月，那麼我們預計十％的自殺者出生在一月。

艾貝爾和克魯格採取了完全不同並且完全錯誤的做法。他們用每個出生月觀測到的自殺人數，除以出生在這個月的選手總人數，然後乘以一千，並且四捨五入到最近的整數，得到所謂的「調整值」。這種令人困惑的計算結果（表14－1「調整值」一列）將自殺總人數提高了六十六％，從七十六人提高到了一百二十六人。接著，他們用一百二十六除以十二，得到了每個月的期望值十・五。完成這些操作以後，他們指出，出生月份與自殺之間存在具有統計顯著性的關係。

且慢！我們不能編造出六十六％的自殺人數。要想得到更多資料，唯一有效的方法就是蒐集更多資料，比如納入其他職業運動員。另一個問題是，他們的資料是錯誤的！在他們撰寫這篇論文時，擁有已知出生月份的自殺選

	觀測值	調整值	期望值
1月	6	9	10.5
2月	7	13	10.5
3月	5	8	10.5
4月	5	10	10.5
5月	5	9	10.5
6月	6	11	10.5
7月	2	3	10.5
8月	19	29	10.5
9月	5	8	10.5
10月	7	11	10.5
11月	3	5	10.5
12月	6	10	10.5
總計	76	126	126

表 14-1　棒球選手各個出生月份的自殺人數

手為八十六人——不是他們所說的七十六人。而且，有五個自殺者出生在七月（比艾貝爾和克魯格的數據多三個），有十六個自殺者出生在八月（比他們的資料少三個）。他們將三個出生在七月的人統計成了出生在八月的人。

在校正這些錯誤以後，每月自殺人數差異的觀測值，不具有統計顯著性。事實上，根據預期，我們可以在超過一半的情形中得到類似觀測值的出生月份差異。

和以前一樣，最後的結論是，在自殺出生月中，七月下探、八月激增、九月下跌的說法，都沒有任何理論基礎。錯誤記錄資料，就連統計程式也是錯誤的。當正確資料得到正確分析時，出生月份與自殺之間沒有任何關係。

名人堂的死亡之吻

在另一篇論文中，艾貝爾和克魯格認為，「棒球名譽可能會帶來沉重的代價」，因為入選名人堂的職業棒球大聯盟球員，其平均死亡年齡比其他球員低五歲。這種令人吃驚的論斷與「積極的自尊可以增進身體健康」這一普遍觀念相矛盾。實際上，艾貝爾和克魯格曾經提出，教名首字母為D的棒球選手由於缺乏自尊，壽命較短。如果像首字母為D這樣微不足道的事情，都能導致死亡時間提前，那麼像成為行業佼佼者這樣實實在在的事情，當然應該延長預期壽命。

他們的研究一定有問題。事實的確如此。

艾貝爾和克魯格的資料來自拉曼的資料庫。對於入選名人堂時仍然健在的每個人，艾貝爾和克魯格找出了入選當日健在、與入選名人堂選手出生在同一年的球員。他們記錄了每個選手的死亡年份，如果資料中沒有列出死亡年份，他們認為選手目前仍然健在。接著，對於樣本中仍然健在的一些成員，他們使用了某種專門設計的統計程式。到目前為止，情況還算不錯。

問題是，對許多人來說，拉曼的資料之所以沒有列出死亡年份，不是因為選手仍然健在，而是因為死亡年份未知。每個入選名人堂的選手要麼健在，要麼擁有已知的死亡日期。相比之下，許多不出名的選手並沒有明確的死亡日期，尤其是棒球運動早期的選手。艾貝爾和克魯格將死亡日期未知的過世選手視作健在的處理方法，人為提高了手上沒有入選名人堂的選手壽命。

例如，一九三七年入選名人堂的賽・楊（Cy Young）生於一八六七年，死於一九五五年，終年八十八歲。為了進行比較，艾貝爾和克魯格使用了出生於一八六七年並在一九三七年賽・楊入選名人堂時顯然還健在的二十二名選手。在二十二名選手中，十九人的死亡日期已知，他們的平均死亡年齡是八十三歲，比賽・楊小五歲。三名選手沒有死亡日期，因此艾貝爾和克魯格認為這三名選手在他們進行這項研究的二〇〇五年仍然健在——儘管這樣一來他們的年齡就高達一百三十八歲！如果這三名選手死於二〇〇五年，那麼二十二名選手的平均死亡年齡將提高到九十歲。由於作者假定這三名選手在二〇〇五年依然健在，因此他們將獲得更長的壽命。

所以，已知死亡日期的選手，平均比賽．楊早死五年，但如果錯誤加上沒有已知死亡時間、被認為在一百三十八歲時仍然非常硬朗的五名選手，那麼賽．楊的同齡人似乎具有比他多二年的平均壽命。

艾貝爾和克魯格犯下的另一個錯誤是，他們不是計算每位選手的死亡年齡，而是計算他們在入選名人堂以後活了多少年。這是有問題的，最明顯的原因在於預期壽命取決於一個人的年齡。艾貝爾和克魯格的程序沒有區分八十七歲入選名人堂的埃爾默．弗利克（Elmer Flick）和四十七歲入選名人堂的小卡爾．瑞普肯（Cal Ripken Jr.）。艾貝爾和克魯格計算的選手入選名人堂以後在世的平均時間是一個沒有用的統計量。相比之下，死亡年齡是一個更好的數字。

人們使用已知死亡日期選手的死亡年齡，重新進行了分析。截至二〇一〇年，棒球名人堂有二百九十二人，其中一百六十四人在入選名人堂時仍然健在。在這一百六十四個名人堂成員中，六十二人在二〇一〇年仍然健在，十二人已經故去。對於每個去世的名人堂成員，人們找到了出生在同一年、並在這個成員入選名人堂時仍然健在的所有死亡選手。

同艾貝爾和克魯格得到的結論相反，入選名人堂的選手，比同齡人平均多活大約一年。不過，這種差異還過不了統計顯著性的門檻。入選名人堂的選手與同齡人的預期壽命差異不具有統計說服力。

如何識破一本正經的胡說八道

在熱切尋找可發表理論的過程中（不管這種理論多麼不合理），人們很容易微調數據，以便更能支持理論。而且，如果統計檢驗給出人們所期待的答案，那麼人們自然不願意仔細檢查。如果研究人員在資料中搜尋某種模式，然後竄改或刪減不符合這種模式的數據，以便得到具有統計顯著性的結果，那麼你應當對這種研究保持警惕。如果統計結論看上去是不可信的，就應該檢驗資料。即使是專業人員也會犯錯誤。

Lesson 15

特異功能真的存在嗎？

一九七二年六月，五個人闖進了華盛頓特區水門酒店的民主黨全國委員會總部，他們顯然是想竊取民主黨競選計畫的副本，並在電話機和辦公室其他地方安裝竊聽設備。水門酒電的一名保安注意到，一些門栓被黏上了膠帶，以防止房門上鎖。他叫了警察，抓到了五名竊賊。所有人相信，除了共和黨人，沒有人會闖進民主黨委員會總部。如果你不是共和黨人，那麼那裡的東西基本沒什麼價值。此次竊盜行為是誰授權的？這件事最高到共和黨系統的哪個層級？尼克森總統知道這件事嗎？

尼克森的新聞祕書輕蔑地將此次事件稱為「三流竊盜未遂」。尼克森向全國人民表示：「我可以斷言……白宮和這屆政府目前雇用的所有人員都沒有參與這個極為古怪的事件。」尼克森由於骯髒而有些古怪的競選策略而被稱為「狡猾的迪克」（Tricky Dick），許多人懷疑這件事情又是尼克森搞的鬼。

美國人往往會原諒那些承認錯誤的政客和名人，同時懲罰那些說謊的人。事實證明，有一名竊賊是共和黨的保鑣，尼克森競選總統連任的幾萬美元捐款，就存放在竊賊的銀行帳戶裡。水門竊盜案演變成醜聞，越來越多證據證明白宮參與了這項計畫。更糟糕的是，尼克森也與這件事情有關，他欺騙了全國人民。

美國參議院特別委員會召開全國直播的水門聽證會，時間一天天過去，罪證越來越多。最具戲劇性的事情完全出乎了人們的意料。尼克森曾在總統辦公室、內閣會議室以及他的私人辦公室裡安裝麥克風，用以祕密記錄人們的談話內容。這些紀錄徹底揭示尼克森是否參與最初計畫，以及隨後掩飾竊盜案。最高法院強迫尼克森移交這些磁帶，雖然其中有十八分鐘三十秒的內容被可疑地消除，但還是有足夠多的證據，證明尼克森曾干涉聯邦調查局的調查，以及支付竊賊封口費。

眾議院司法委員會投票建議以阻礙司法、濫用權力和藐視國會的名義彈劾總統。尼克森失去了所屬政黨的支持，他的出局顯然不可避免。所有人都認識到了這一點，除了一個之前默默無聞的國會議員，這位議員看不到自己不想看到的事情。

來自印第安那州的代表厄爾．蘭德格爾貝（Earl Landgrebe）的名聲，在很大程度上來自他在整個水門聽證會過程中對理查．尼克森總統的堅定支持。他曾告訴記者：「不要用事實迷惑我。我不聽。」他還說過：「我將支持我的總統，即使我和他將被帶出這座大樓射殺。」第二天，尼克森辭職，蘭德格爾貝成了《紐約時報》雜誌一九七四年「十大愚蠢國會議員」之一。

蘭德格爾貝當然不是唯一具有封閉心態的政客，封閉心態也不是政客的專利。據說，即使是本應具有冷靜頭腦的科學家，也像藝術家一樣深愛著自己的模型。我們都有自己的理論，為什麼股市下跌，為什麼一家公司取得成功，為什麼某人得到提拔。而且，我們都想強調與我們的理論相符的資料，忽略與之相矛盾的資料，或者將那些與我們的理論相衝突的資料，錯誤解讀成與之相符的資料。不過，當那些本應具有客觀態度的科學家，像其他普通人一樣無法看到局外人所能看到的事情時，人們的失望和幻滅感更加強烈。

超感知覺

超感知覺是在不使用視覺、聽覺、味覺、嗅覺和觸覺這五種物理感官的情況下獲取資訊的能力。超感知覺包括心靈感應（閱讀另一個人的思想）和千里眼（識別看不見的物體）。這些通靈能力通常是即時的，但也可能涉及預先感知——獲得還沒有發生的某件事情的資訊。

我們可以使用心靈感應者在魔術表演中使用的把戲來展示這些通靈能力：

心靈感應：志願者從一副洗好的紙牌中選擇一張牌，看清這張牌，然後將其放回原處。心靈感應者說，他能閱讀志願者的思想。然後，他指出志願者選擇的那張牌，證明這一點。

千里眼：觀眾席成員寫下與自己有關的便條（也許是死去的親人的名字），然後將其放進帽子裡。心靈感應者說，他能看到眼睛看不到的東西。接著，他把紙條一個一個從帽子裡取出來，緊緊攥在手中，然後識別出紙條上的內容。

預先感知：心靈感應者說，他能預測出志願者在四種花色中選擇哪一種花色。在志願者選擇一種花色（用眼睛看正面朝上的牌，或者將背面朝上的牌翻過來）以後，心靈感應者打開之前封好的、放在明處的信封，拿出裡面的紙條，上面所寫的花色與志願者的選擇相符。

這些都是魔術師所使用的標準戲法。魔術師並沒有特殊能力，但是卻能提供令人信服的娛樂表演。

這些通靈能力真的存在嗎？或者，它們只是巧妙的戲法？除了魔術師，沒有人能夠以百分之百的準確度證明這些能力。不過，一些嚴肅的研究人員相信，普通人能夠一致地做出超越隨機猜測的表現。

最著名的超感知覺研究員是J．B．萊因（J. B. Rhine）。萊因本來是芝加哥大學植物學博士研究生，在聽了亞瑟．柯南．道爾爵士發表的一場唯靈論演講以後，他突然改變了自己的事業方向。道爾的名聲來自他筆下角色夏洛克．福爾摩斯的故事，福爾摩斯是小說中的偵探，以其對犯罪現場的細緻研究和非凡的邏輯推理能力著稱。

道爾與他所創造的福爾摩斯這一角色完全相反。他癡迷於超自然現象（根據定義，這種現象沒有合理的解釋），而且信念極為強烈，這使他對可能威脅自身信仰的所有證據視而不見。

英國柯廷利鎮（Cottingley）的兩個小女孩，一九一七年到一九二〇年拍攝了五張仙女照片。圖15－1顯示了其中的第一張照片。這也許是最令人尷尬的一個例子。

這些仙女看上去是二維的，她們的亮度很奇怪，她們的翅膀是靜止的，整張照片看上去缺乏可信度。不過，道爾仍然對仙女照片的真實性深信不疑，他還為此寫了一本書，叫做《仙女的到來》（*The Coming of the Fairies*）。多年以後，在道爾去世很久以後，其中一個女孩承認了顯而易見的事實。仙女的形象是從雜誌上剪下來並用帽針固定在她們身邊的。

道爾還堅定地相信，活

圖 15-1　仙女是真實的（聖誕老人也是）

人可以和死人交流。現代招魂術始於福克斯三姐妹（Fox sisters），她們是生活在紐約農村的青少年。在降靈會中，她們在黑暗屋子裡和單純的客戶坐在一張桌子周圍，死者會用叩擊聲與活人交流。當其中一個姐妹最終承認這是圈套時（神祕的叩擊聲是她在活動腳趾關節），道爾拒絕相信她：「她的任何說詞，都不會改變我的觀點。」

魔術師哈利．胡迪尼（Harry Houdini）試圖使道爾意識到他受騙子利用，但道爾並不相信他。當胡迪尼向道爾展示冒牌巫師所慣用的把戲時，道爾認為胡迪尼在掩飾自己的超能力，甚至認為胡迪尼在著名的逃脫魔術中失去了身體形態。我們每個人都會抗拒威脅自身信仰的證據，但道爾的天真和自我欺騙達到了令人震驚的程度。

我們可能認為道爾對仙女照片的盲目相信，和他不相信福克斯姐妹的招認，在在都會毀掉他的名聲，尤其是他在科學家中間的名聲。事實並非如此。在聽到道爾關於唯靈論的芝加哥演講以後，J．B．萊因非常興奮，他後來回憶道：「『與死者交流』的可能性，是我多年來有過最愉快的想法。」

在獲得植物學博士學位後不久，萊因進了哈佛大學，跟隨威廉．麥克杜格教授（William McDougall）學習心理學。麥克杜格剛剛成為支持通靈現象研究的兩家機構主席，在波士頓期間，萊因和他的妻子參加了靈媒米娜．克蘭登舉辦的一場降靈會。米娜當時非常有名，但是現在已經聲名狼藉。萊因一家人產生了懷疑，（為什麼降靈會總是在黑暗中進行呢？）並在事後發表了一篇詳細的揭露文章，解釋了他們為什麼認為「整個事件是一場低劣而無恥的騙局」。

道爾被激怒了，他給《波士頓先驅報》寫了一封信，譴責萊因一家人「巨大的無禮」，並且花錢在波士頓報紙上刊登廣告，上面只寫著「J．B．萊因是個十足的蠢貨」。在其他時候，道爾完全不願意考慮危及自身信仰的可能證據。此次事件的另一個有趣之處，是它顯示了萊因在職業生涯早期對通靈現象持有的開放心態，他真誠地希望調查這些現象的真實性。不過，他的判斷很快受到了「相信的願望」的蒙蔽。

在哈佛待了一年以後，萊因在一九二七年跟隨麥克杜格來到了杜克大學。麥克杜格擔任心理學系主任，並且支持萊因成立通靈學實驗室，對超感知覺進行了幾十年的研究。

他最著名的實驗涉及我們在第二章提到的齊納紙牌。一副齊納紙牌包含二十五張牌，分為五種圖案：圓圈、十字、波浪線、方塊和星星，每種圖案有五張牌。在典型的實驗中，一個人（發送者）洗牌，然後依次將二十五張牌翻過來，盯著每張牌看一會兒，然後記錄這張牌的符號。另一個人（接收者）努力識別每張牌。有時，接收者在測試過程中，會被告知每次猜測是否正確。其他時候，發送者直到整副牌都猜完後才會揭曉正確答案。不管是哪一種方式，答案都會得到記錄，測試結束後還會有統計分析。

萊因一九三四年的《超感官知覺》（*Extra-Sensory Perception*）一書描述了他在杜克大學的實驗中得到了很有希望的結果。《紐約時報》科學編輯誇張地讚美道：「他工作的價值是毫無疑問的……由於他的原創性、他那嚴謹的客觀性以及他對科學方法的嚴格態度，他為自己贏得了名聲。」全國各地的報紙和雜誌湧現出了許多關於超感知覺的文章。萊因出名了。市民紛紛購買十美分一副的齊納紙牌，然後在家中進行超感知覺實驗。超感知覺的熱潮很快蔓延開來。

歐文・朗繆爾（Irving Langmuir）是一位傑出的化學家和物理學家，他在一九三二年獲得了諾貝爾化學獎。朗繆爾非常尊重科學，對沒有經過嚴格檢驗的、令人難以置信的說法，都抱持著很深的懷疑態度。在萊因的《超感官知覺》一書出版的時候，朗繆爾拜訪了萊因的杜克實驗室，他想親自看一看到底發生了什麼。幾年以後，一九五三年，朗繆爾發表了一篇題為「病態科學」的演講。「病態科學」一詞是他發明的，用於描述「名不副實的科學」。在演講中，朗繆爾回憶了他訪問萊因實驗室的情景。朗繆爾吃驚地發現，萊因正在丟棄一部分數據，將幾萬個裝有齊納紙牌的信封放進檔案櫃裡，因為他感覺一些參與者故意給出了錯誤的答案！如果你對某件事的信念達到了一定程度，你總能找到藉口。

中立的研究人員應當分析所有資料，包括正確的預測和錯誤的預測，包括正面結果和負面結果。例如，如果接收者在使用二十五張齊納紙牌的測試中，只能隨機猜測，我們認為接收者平均可以做出五次正確猜測。（實際情況稍微複雜一些，因為接收者知道一副紙牌只有五張圓圈、五張十字……不過，五次正確猜測的預期基本是正確的。）

假設一個人做出七次正確預測，另一個人做出三次正確預測。公正的觀測者會說，他沒有看到不同尋常的現象，因為兩個人的平均結果是五次正確預測。不過，尋找超感知覺證據的人可能會說，第一個人做出了超過五次的正確預測，因此證明了超感知覺。

第二個人通過做出不正確的預測，成功羞辱了萊因，因此他也證明了超感知覺。

這就是萊因的觀點。他強烈相信超感知覺，因此他覺得分開正面和負面結果，並將每一種結果看作超感知覺證據的做法，都是完全合理的。正面結果說明人們擁有超感知覺。負面結果說明人們擁有超感知覺，而且他們正在利用自己的超感知覺羞辱他。

朗繆爾走了，他相信萊因是自我欺騙的「真誠受害者」[1]。萊因的實驗沒有證明超感知覺。相反，它證明了一些出於好心的研究人員無法意識到他們所製造的惡作劇。

朗繆爾還說，當他告訴萊因，他認為萊因的超感知覺研究是病態科學時，萊因回答道：「我希望你發表這種觀點。我很願意讓你發表這種觀點。那將激發許多人的興趣……我將擁有更多研究生。我們應當擁有更多研究生。這件事情非常重要，因此我們應當讓更多的人意識到它的重要性。這個系應當成為學校裡的一個大系。」萊因無意中暗示了自己的身份。他不再是試圖確定超感知覺真實性的公正研究人員，而是追求名譽和資金的派系擁護者。

超感知覺實驗還是選擇性報告的一個經典案例。即使超感知覺不存在，平均每二十個受試者之中也會有一個人做出足夠多次的正確猜測，得到具有統計顯著性的結果。在數千人的反覆測試中，總會出現一些令人難以置信的結果——只有這些值得注意的結果會得到報告。如果我們知道一共進行了一千次測試，那麼其中一次測試，得到具有千分之一可能性的結果，也就不足為奇了。

在一九五三年的演講中，朗繆爾提到一個案例，涉及他的侄子大衛・朗繆爾

（David Langmuir）：

大衛和一群年輕人想要檢驗萊因的工作，因此他們找了一些紙牌，花了許多個夜晚共同猜測紙牌的圖案，他們的猜中次數遠遠高於五。他們感到非常激動，不斷進行實驗，而且準備向萊因寫信報告這件事。不過，他們稍微拖延了一段時間。他們的猜中次數開始一點一點地持續下降。經過許多天以後，他們的總體平均結果下降到了五次，因此沒有給萊因寫信。如果萊因收到了這條資訊，也就是這群很有信譽的人在許多次實驗中得到了八、九或十的總體結果，那麼他一定會把這件事寫進他的書裡。有多少對此感興趣的人會為你回饋這樣的資訊呢？你如何衡量書中發表的這類資訊呢？

這種選擇性報告也叫「出版效應」（publication effect），因為具有統計顯著性的結果會被寫進期刊和圖書，而不顯著的結果則不會得到版面。

對抗資料採集和選擇性報告的第一種良方是「常識」。許多人相信超感知覺，但是其他人並不相信。也許，最安全的說法是，如果超感知覺的確存在，那麼它似乎並沒有太大的現實意義。例如，沒有證據表明人們能夠利用超感知覺，進而使拉斯維加斯、大

1 編註：作者可能改自「真誠的騙子」（honest liar）這一說法，想表達萊因不是真心想騙人，也是這種信念的受害者。

西洋城或者蒙特卡洛的賭場破產。

第二種良方是「新數據」。得到較高分數的受試者應當重新測試。萊因報告說，當他重新測試得到高分的人時，他們的分數幾乎一定會下降。由於這種現象經常發生，因此萊因給它起了一個名字，叫做「下降效應」（decline effect）。他的解釋是：「他們顯然疲憊和厭倦。」另一種解釋是，最初的高分僅僅是對幸運猜測的選擇性報告而已。

龐大的測試人數，並不是評估實驗結果的統計顯著性時會遇到的唯一困難。萊因還考察了受試者在一項測試中表現出色的一個片段，這也是一種資料採集。五%受試者做出的優異表現，以及一個人在一項測試結果的五%中表現優異，並不使人感到吃驚。

萊因還考察了「前向位移」和「後向位移」，也就是一個人的選擇與當前的紙牌不匹配，但是與後一張紙牌、前一張紙牌、後面第二張紙牌或者前面第二張紙牌匹配。這種多重潛在匹配提高了找到巧合模式的可能性。萊因還認為一個人在一項測試的某些部分得到高分、在另一些部分得到低分（反向超感知覺）的現象是不同尋常的。萊因解釋說，一位受試者可能在測試開始時位於平均值一側，並在測試結束時偏向平均值另一側同樣遠的距離。或者，他可能在測試中間處於較低水準，在兩邊處於較高水準。兩種偏差趨勢可能會相互抵銷，使整個測試的平均水準接近「機率」。

他對一次測試結果的描述是：

當其中一位發送者看牌時，前向位移和後向位移同時存在，當另一個人充當發送者時，只存在前向位移。目標的位移移動一張還是兩張紙牌，取決於測試的速度。

即使猜測是隨機的，面對如此眾多的受試者和如此眾多的可能性，你也很容易找到模式。

萊因的研究給我們帶來的最主要的教訓是，我們應當對基於搜刮數據的研究保持警惕。通過各個角度研究資料的人一定會發現某種現象。這種現象只能證明他們通過各個角度對資料進行了研究。

萊因的超感知覺研究令人興奮，但他無可厚非的熱情卻使資料採集和選擇性報告的問題變得非常嚴重，這毀掉了研究的可信性。如果他能多做一些正確的統計檢驗，少一些濫用，超感知覺研究就會變得更具說服力，或者不會產生那麼大的爭議。一九九六年，自稱是懷疑主義者的魔術師詹姆斯・蘭迪（James Randi）懸賞一百萬美元，只要能夠「在適當觀測條件下證明任何超常、超自然或神祕的能力或事件的證據」，任何人都可以獲得這筆獎金。目前，這筆獎金仍然無人認領。

胡迪尼的挑戰

在職業生涯早期，哈利・胡迪尼偽裝成靈媒，自稱能夠傳達來自靈界的消息。有的時候，胡迪尼讓人把他綁在「幽靈小屋」中的一把椅子上，他的腳邊放著鈴鐺和鈴鼓。在他裝作入定以後，一張簾子會垂下來。接著，他的器具會發出巨大的聲響，然後從觀眾的頭頂飛過。當簾子打開時，人們發現胡迪尼仍然牢牢綁在椅子上。這當中的把戲是在於使用合適的捆綁方式，你很容易把雙手從繩套裡滑出來或者滑進去，這樣你就可以搖動鈴鐺和鈴鼓，並把它們扔到小屋外面。（我之所以知道這一點，是因為一個靈媒曾經把我從觀眾席叫上臺，讓我和她待在一個幽靈小屋裡。當我們進入小屋的時候，她讓我配合她的行動。我配合了。）這個把戲的簡單程度和大膽程度令人感到好笑。不過，如果合適呈現在願意相信靈魂的觀眾面前，這個把戲是非常令人震撼的。

有的時候，胡迪尼會進入入定狀態，然後轉達死者的消息。這當中的把戲是，胡迪尼事先和當地居民談話，閱讀以前的新聞，在當地的墓地抄寫姓名和日期，以便整理出這些消息。據說，在一場極為真實的表演中，當胡迪尼拼出某個被割喉的死者名字時，人們嚇得四散奔逃。

後來，胡迪尼心愛的母親去世了，他拼命想要和她取得聯繫，所以找了許多巫師，但每次都很失望，因為他輕而易舉地戳穿了這些巫師用來騙人的伎倆。而且，沒有一個巫師能夠猜出他的母親去世之前說出的最後一個詞語——「原諒」。他開始迷上了揭發靈媒的工作，指出他們是「捕食喪親之人的禿鷲」。胡迪尼會喬裝打扮後，帶著一位記者兼員警參加降靈會。當他弄清對方的把戲時，就會去掉偽裝，大聲宣布：「我是胡迪尼，你是騙子！」

他還將招魂術用到了舞臺表演之中，以揭發最著名的靈媒的伎倆。他懸賞一萬美元，請人們演示無法被他複製的超自然現象。沒有人認領這筆獎金。

作為最後的挑戰，胡迪尼和妻子貝絲（Bess）約定了一個祕密消息，兩個人之中最先去世的人需要發送這個消息。消息的第一部分是「羅莎貝爾」，這是他妻子的暱稱，而且刻在她的結婚戒指內側。消息的第二部分是基於他們共同表演時使用的密碼，這種密碼用十個詞語表示數字：

1. 祈禱
2. 回答
3. 說
4. 現在
5. 告訴
6. 請
7. 講
8. 快
9. 看
10. 快點（也可以表示0）

例如，貝絲可能會走進觀眾席，從一個志願者手中接過一枚硬幣，然後問哈利：「請告訴我日期的最後兩位數字。」聽到「請」和「告訴」兩個詞語，哈利知道正確答案是6和5。在其他特技表演中，每個數位對應一個字母；例如，「回答」表示字母表中的第二個字母（B），「現在」表示第四個字母（D）。對於字母表後面的字母，他們可以將詞語組合在一起，並用停頓表示字母的結束。因此，一個包含「回答」（2）和「祈禱」（1）的短語表示字母表中的第二十一個字母U。

哈利（或者貝絲）嘗試在死後發送的加密消息是「回答」（B）、「告訴」（E）、「祈禱回答」（L）、「看」（I）、「告訴」（E）、「回答回答」（V）、「告訴」（E），解碼後的完整消息是「羅莎貝爾，請相信（believe）」。

在胡迪尼一九二六年去世以後，貝絲懸賞一萬美元，以獎勵能夠接收胡迪尼發來的十個詞語（「羅莎貝爾」加上九個密碼詞語）的人。她舉行了數百場降靈會，包括一年一度的萬聖節降靈會，但是都沒有取得成功。

一九二九年，貝絲宣布，一位名叫亞瑟·福特（Authur Ford）的巫師破解了胡迪尼的密碼。不過，兩個人後來承認，這是他們捏造的謊言。貝絲說，這是精心製造的騙局（也許是因為她和福特的戀情，或者因為她希望宣傳）。福特說，在他的欺騙下，貝絲洩漏了這個祕密。不管真相如何，福特並沒有獲得獎金。

一九三六年，另一場失敗的萬聖節降靈會在好萊塢具有傳奇色彩的紐約人酒店頂樓舉行，並且向全球做無線電廣播。隨後，貝絲吹滅了一直在胡迪尼照片旁邊燃燒的蠟燭。她後來表示，「對於任何人來說，十年的等待已經夠長了」。

一個家庭對超自然現象的著迷

一八七二年，法蘭西斯・高爾頓爵士（Sir Francis Galton）報告說：「一位著名的權威人物最近發布了一項挑戰，請人們用真實的實驗來檢驗祈禱的效力。」為了回應這項挑戰，高爾頓提出他可以比較骨折和截肢住院的兩個群體恢復情況：「一組包含明顯非常虔誠、能夠受到其他人好心幫助的個體，另一組包含明顯很冷淡、被人忽略的個體。」

高爾頓並沒有開展這項研究，但他報告了著名英國教士和英國王室的壽命，這些人每個星期日都會接收到來自全英格蘭各個教堂的公眾祈禱：「祝願他／她健康長壽。」經過計算，高爾頓發現，教士的預期壽命（六十六・四年）略低於律師（六十六・五年）和醫生（六十七年）。王室成員是英國接受祈禱最多的人，他們的預期壽命只有六十四年，明顯低於其他貴族（六十七・三年）。如果祈禱能夠產生影響的話，那麼它似乎弊大於利。高爾頓總結道：「在文明世界，大量誠實的信念已經讓步於確鑿事實的無情要求；在我看來，從我所考慮的意義上說，對於祈禱效力的所有信念顯然也必須做出讓步。」如果翻譯成正常的英語，這句話的意思是，祈禱不會延長壽命。

不過，高爾頓的比較並不是真正具有科學性的比較。他提議觀測能夠得到他人祈禱和被人忽略的住院病人，但是這兩個群體之間可能存在系統性差異。也許，「很冷淡、被人忽略的人」往往更加貧窮，年紀更大，或者不太注意衛生。而且，高爾頓提出的比較並不是雙盲的（即患者和醫生都不知道誰在接受祈禱）。如果醫生知道誰在接受祈禱，這可能會影響他們對病人恢復情況的客觀評估。

高爾頓對教士和英國王室與律師、醫生和貴族的比較有一個問題，那就是人們並不是隨機分配到這些群體之中的。他們進入這些群體的原因包括血統和選擇。也許，王室基因存在某種（好的或壞的）獨特之處。也許，選擇成為律師或醫生的人與教士之間存在系統性差異（也許他們更加積極或富有）。也許，醫生更加關心自己的健康，更加了解合適的治療方法。高爾頓提出的研究和他所進行的研究都存在嚴重缺陷。

如何識破一本正經的胡説八道

不同尋常的説法需要不同尋常的證據。篤信者則不需要這麼高的要求。

如果亞瑟．柯南．道爾能夠拒絕相信騙子承認自己假裝與死者交流的説法，那麼任何人都有可能這樣做。如果J．B．萊因能夠將志願者沒能正確猜出卡片的現象，視為志願者可以正確猜出卡片的證據，那麼任何人都有可能這樣做。對於犯錯的可能性持有包容的心態是一件很難做到的事情。不過，我們應該努力做到這一點。

Lesson 16

彩券是一種智商稅

數據僅僅是數據而已。即使我們看到清晰而明確的模式，要想相信這種模式不僅僅是巧合，我們仍需要一種合乎邏輯的理由。有時，我們很容易找到某種解釋，而且完全有理由相信這種模式將會持續下去。由於感恩節，幾十年來，美國的火雞消費量往往會在十一月激增，這種現在很可能還會持續多年。由於天氣寒冷，美國北方的建築工事在冬季會變少，這種現象很可能還會持續下去。

其他時候，我們所擁有的僅僅是沒有理由的數據——這是很危險的。有人曾監控東非盧安達（Rwanda）手機通話，發現人們在村莊外部活動變少的幾個星期後，往往會爆發霍亂。也許，當最初的症狀出現時，人們剛好待在家裡？誰知道呢？我們沒有合乎邏輯的解釋，但是誰在乎這一點呢？重要的是，這個項目無意中找到了一項預測霍亂爆發的意外方法。不是嗎？

不見得。實際上，人們之所以停止離開村莊，是因為突然爆發的洪水沖毀道路，洪水也提高霍亂的風險。即使不像「老大哥」那樣監督公民的一舉一動，盧安達政府也很容易觀測到驟發洪水，而且手機數據無法預測非由沖毀道路的洪水所致的霍亂爆發。

如果我們僅僅根據過去的趨勢推測未來，而不去考慮這種趨勢是否有意義，那麼我們的結論可能會與眾所周知的真相相去甚遠。如果我們仔細檢查股票價格和彩券中獎數字，尋找跑贏大盤和中彩券的荒謬辦法，我們幾乎一定會得到更加糟糕的結果。

缺乏理論的資料可能會引發股市投機泡沫，或者在沒有泡沫時創造出存在泡沫的幻象。如何分辨真實泡沫和虛假警報之間的區別呢？你知道答案的：我們需要一種理論，資料本身是不夠的。

目之所及

亞伯拉罕・林肯在第二篇國情咨文中計算了從一七九〇年到一八六〇年每個十年人口普查之間的美國人口成長率。平均的十年成長率是三十四・六％。林肯注意到，這七個十年的成長率與三十四・六％的偏差不超過二％，「這說明我們的增長法則極為固定，因而極為可靠。」根據每十年三十四・六％這一數字，林肯預計，七十年以後，即一九三〇年，美國人口將達到二億五千一百六十八萬零九百一十四人。注意，除了輕率的外推，他的預測還具有毫無理由的精確性。如果我們無法統計今天的準確人口，我們怎麼能預測七十年以後的準確人口呢？

實際上，美國一九三〇年的人口是一・二三億，不到林肯預測值的一半。一九三八年的一個總統委員會犯了相反的錯誤，認為未來人口永遠不會超過一・四億。僅僅十二年後，一九五〇年，美國人口已經達到了一・五二億。

如果我們對於某種歷史趨勢沒有合乎邏輯的解釋，但是仍然認為它會持續，這說明我們正在進行輕率的外推，這種外推完全有可能產生令人尷尬的錯誤。有時，輕率的外推僅僅是為了逗人一笑。一項研究考察了過去三百五十年的英國演講家，發現平均句子長度從十七世紀英國哲學家法蘭西斯・培根的每句七十二・二個詞彙，下降到了二十世紀溫斯頓・邱吉爾（Winston Churchill）的每句二十四・二個詞彙。按照這個速度，每句單詞數量將在一百年後達到零點，然後變成負值。

我們都將為IBM工作

一九二四年，計算列表公司拋棄了笨拙的名字，換上了一個更有進取心的名字——國際商業機器（International Business Machines, IBM）。此後，公司成了持續的一流績優股。到一九七八年，公司業績已經在超過五十年的時間裡實現了每年約十六%的增長（扣除通膨因素）。一些財務分析師根據過去的表現而不是未來的前景，認為購買IBM的股票永遠不會是錯誤的決定。當時有一種流行的說法：「沒有哪個採購經理因為購買IBM的電腦而被解雇，沒有哪個組合基金經理因為購買IBM的股票而被解雇。」

圖16－1顯示了一九七八年一份對於IBM未來十年每股收益的預測，它所依據的是過去十年的資料。一條平滑的曲線與這些資料符合，而且暗示IBM公司一九八八年的每股收益將達到十八・五美元，是一九七八年收益的三倍。根據這些外推，許多股票分析師建議購買IBM的股票，認為它的價格將在未來十年增長兩倍。

和所有歷史圖表一樣，圖16－1僅僅具有描述性質。在我們根據過去的趨勢做出充滿信心的預測之前，我們應當超越這些數字，思考過往趨勢的內在原因未來能否持續。

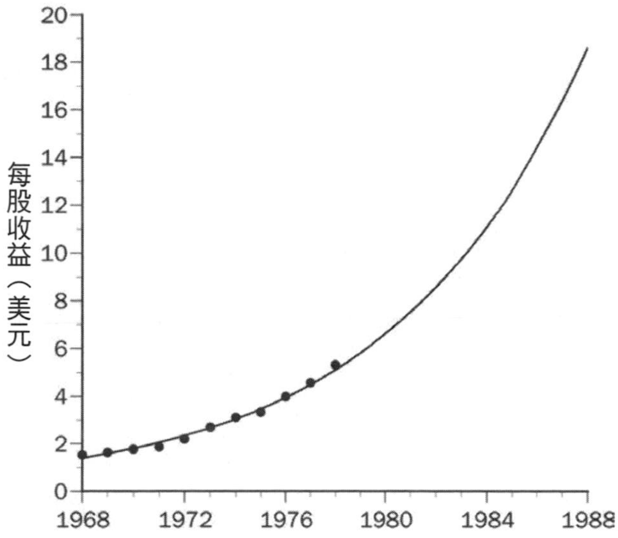

圖 16-1　毫無疑問的事情？

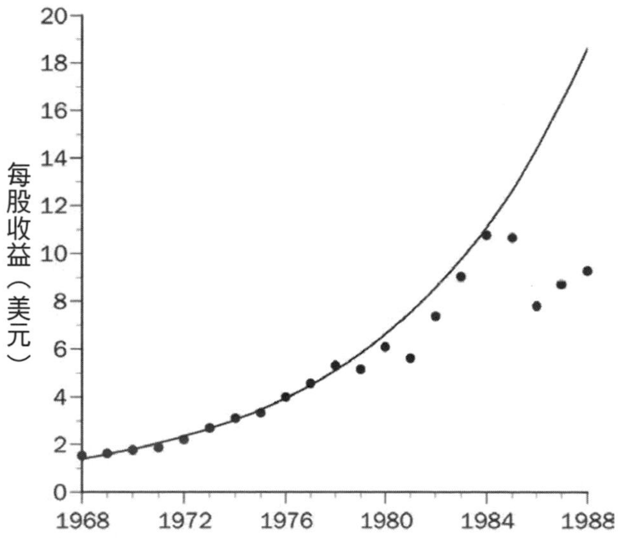

圖 16-2　哎喲！

如果分析師考慮到這一點，他們可能會意識到，一些令人信服的理由可以說明ＩＢＭ的高速增長無法永遠持續下去。ＩＢＭ最初很小，並且隨著電腦對整個經濟體的滲透而迅速增長。到一九七八年，ＩＢＭ已經成了一家很大的公司，持續增長的空間已經不多了。同小公司相比，大公司每年增長十六％的難度要大得多。

如果ＩＢＭ繼續以每年十六％的速度增長，整個美國的經濟繼續以三％的長期速度增長，到二〇〇三年，美國的一半產出將是ＩＢＭ的產品，到二〇〇八年，美國的全部產出將由ＩＢＭ提供！在這種異想天開的推理中，我們需要放棄某個條件——ＩＢＭ的成長率需要下降到三％，或者經濟成長率需要上升到十六％。整個經濟體維持十六％的增長速度是非常令人難以置信的，因為經濟增長受到勞動力和生產力的限制，而且我們很難看出這兩個因素的增長，能夠支撐起十六％的經濟成長率。

圖16-2說明，ＩＢＭ公司十六％的成長率並沒有持續。事實證明，對於一九六八到一九七八年收益趨勢的簡單外推，只是一種輕率的外推，是盲目的樂觀。ＩＢＭ公司一九八八年的每股收益不是十八．五美元，而是這個數字的一半。隨後的年份與之基本持平。ＩＢＭ不可能永遠以十六％的速度增長。那些在一九七〇年代購買ＩＢＭ的股票、相信ＩＢＭ引人注目的增長速度永遠不會停止的投資者，在失望中明白了一個道理：你很少能夠通過後視鏡看到未來。

股票是一種不錯的投資

製作於二〇〇八年十二月的圖16－3說明，股票是一種極好的投資。從二〇〇四年十月到二〇〇七年十月，股票價格增長了三十八%。而且，這種增長幅度平滑而穩定——根本不像關於股市波動的新聞故事講述得那樣可怕。

既然二〇〇八年的數據已經出來了，為什麼圖16－3終止於二〇〇七年十月呢？因為後面的資料（見圖16－4）講述了作者不想講述的故事——從二〇〇七年十月到二〇〇八年十二月，股票價格下跌了四十六%。圖16－4說明股票是一種糟糕的投資。

對於圖像起迄時間的仔細選擇，更加完整的圖像就能創造出不存在的趨勢幻象。哪些資料更加真實，是二〇〇四年十月到二〇〇七年十月的數據，還是二〇〇七年十月到二〇〇八年十二月的數據？兩個時間區間都很短暫，無法對變化無常的股票價格做出真實的總結。正如一位誠實的預測者所說：「股票價格將會上漲。股票價格將會下跌。也可以把這個順序顛倒過來。」

要想獲得均衡的觀點，需要長期視角。過去一百年，股票價格平均每年增長約四%。

會有人天真到根據短短幾年的資料，就對股票價格進行外推嗎？投資者一直在做這樣的事情，他們有時依據的時間區間更短。他們希望最近的反彈是大量幸福利潤的前

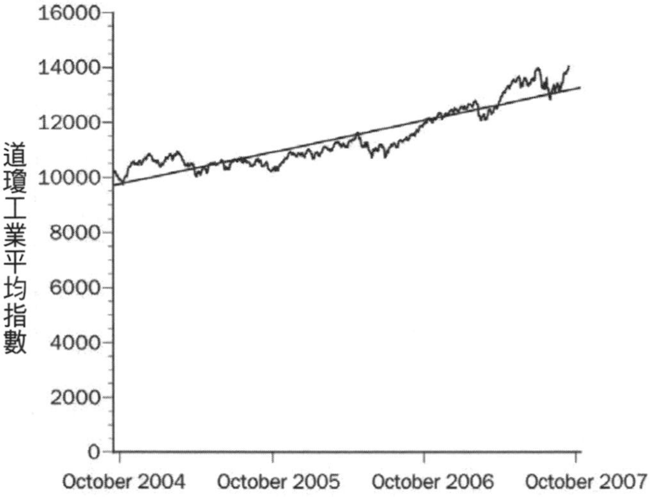

圖 16-3　股票是一種不錯的投資

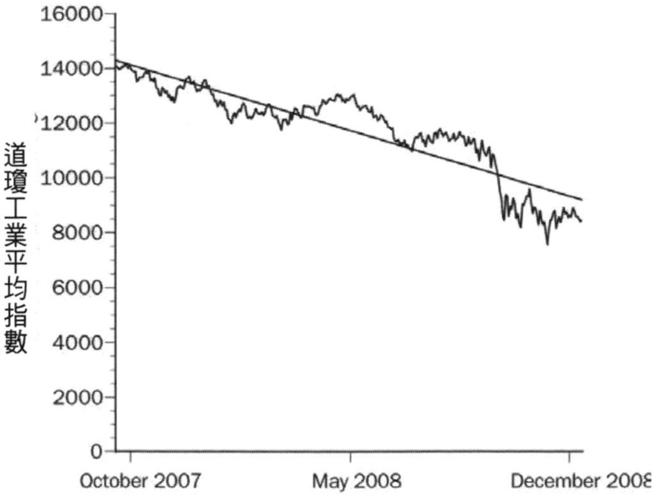

圖 16-4　股票是一種糟糕的投資

奏，或者擔心最近的回挫是崩潰的開始。二〇〇七年十月，我所認識的一位財務規畫師的許多客戶開始借錢，希望能在股市上獲得兩位數的回報。十五個月後，他們賣掉了一切，因為他們不想在股市上損失另一個五〇％。

每當有人出示具有奇特起迄時間點的資料時，我們都應當懷疑。如果二〇〇九年製作的圖表，使用了二〇〇四年十月到二〇〇七年一月的資料，我們應當產生疑問：為什麼他們不使用二〇〇四年十月之前或者二〇〇七年一月之後的資料？為什麼他們的資料起始於十月，終止於一月？如果起迄點看上去是仔細研究資料進行之後做出的特殊選擇，那麼這些選擇很可能是為了歪曲歷史紀錄。它們也許擁有合乎邏輯的完美解釋，但我們應該堅持要求聽到這種解釋。

跑贏大盤（或者說為什麼我喜愛包裝工隊〔Packers〕）

我們尋找模式和秩序的內在願望，與我們購買正確的股票或正確的彩券發財的如意算盤，算是結合得很好。問題是——持續存在的問題是——即使股市基本是隨機的，彩券完全是隨機的，我們也總是能夠在亂數中找到一些模式。只要我們尋找模式，我們就能找到它。

在一九八三年一月的超級盃星期日，《洛杉磯時報》（*Los Angeles Times*）的商業版和體育版都刊出「超級盃預測股市」的文章。他們認為，如果國家美式足球聯合會

（ＮＦＣ）或者目前位於美國美式足球聯合會（ＡＦＣ）中的前國家美式足球聯盟（ＮＦＬ）球隊贏得超級盃，股市將會上漲，反之，股市將會下跌。對股市來說，綠灣包裝工隊（Green Bay Packers）勝利是好消息，紐約噴氣機隊勝利則是壞消息。

在前十六場超級盃中，這種理論成功了十五次。《洛杉磯時報》引用了一位股票經紀人的話：「市場觀察員將盯住電視螢幕……你很難忽視一個準確率超過九十四％的標普指標。」華盛頓紅人隊（Washington Redskins）取得了勝利，股市上漲。第二年，「超級盃指標」再次上新聞，這一次的宣傳勢頭比以往更加強烈。截至一九九七年，這種超級盃理論在三十一次比賽中實現了驚人的二十八次成功。隨後，它在接下來的十四年裡失敗了八次。

股市與美式足球比賽的結果沒有任何關係。超級盃指標的準確率僅僅是一種可笑的巧合，因為股市經常上漲，而ＮＦＣ也經常取得超級盃的勝利。為了使這種相關性更加明顯，人們要了一個花招，將ＡＦＣ的匹茲堡鋼人隊（Pittsburgh Steelers）算作ＮＦＣ球隊。他們表面上的理由是，匹茲堡隊曾經是一支ＮＦＬ球隊。實際上，這是因為匹茲堡隊曾經多次在股市上漲時獲得超級盃冠軍。將匹茲堡隊算作ＮＦＣ球隊的做法是扭曲資料，其目的僅僅是為了支持這種荒謬的理論。

一九八九年，在「超級盃指標」這一成功案例的激勵下，《洛杉磯時報》撰稿人對資料歪曲得更嚴重，發現了一些類似的巧合，例如：當洛基或藍波的電影上映時，股市將會上漲。

同年，《紐約時報》改變了預測方向。除了用超級盃預測股市，為什麼不能用股市預測超級盃呢？為什麼不呢？這並不比最初的超級盃指標更加可笑。《紐約時報》報導說，如果道瓊工業平均指數從十一月末到超級盃比賽時增長，則城市名稱按字母順序排在第二的美式足球隊通常能夠贏得超級盃。（提示：為什麼將起始日期選在十一月末，而不是一月一日、比賽一個月前、比賽一年前或者其他任何合乎邏輯的日期？）

再後來，貝斯波克投資集團（Bespoke Investment Group）發現了《運動畫刊》泳裝指標：如果《運動畫刊》年度泳裝特刊上的封面模特兒是美國人，股市就會表現良好，如果模特兒是外國人，股市就不會表現得太好。

自從超級盃指標被人發現以來，它的表現很平凡——這並不奇怪，因為它僅僅是巧合而已。真正令人吃驚的是，一些人並沒有理解這個笑話。提出超級盃指標的人，想通過一種幽默的方式說明相關性並不意味著因果關係。他沒有想到的是，人們竟然接受了這種理論！

傻瓜四股

一九九六年，加德納兄弟寫了一本暢銷書，書名很有誘惑力，叫做《莫特利傻瓜投資指南：傻瓜帶你戰勝華爾街聰明人》（*The Motley Fool Investment Guide: How the Fools Beat Wall Street's Wise Men and How You Can Too*）。嘿，如果傻瓜可以跑贏大盤，那麼我們所有人都能做到這一點。

加德納兄弟將他們的建議稱為「傻瓜四股」（The Foolish Four Strategy）策略。他們說，從一九七三年到一九九三年，「傻瓜四股」策略的年均回報率是二十五%，而且這種策略「未來將為它的粉絲帶來二十五%的年回報率，就像過去那樣」。

下面是投資致富的祕方：

1. 在年初計算道瓊工業平均指數三十檔股票中每檔股票的股息率。例如，二〇一四年一月二日，可口可樂股票的每股價格為四十・六六美元，年度股息為每股一・二二美元。因此，可口可樂的股息率為 1.22/40.66 美元=0.0300，即三%。
2. 在三十檔道瓊指數股票中，確定股息率最高的十檔股票。
3. 在這十檔股票中，選擇每股價格最低的五檔股票。
4. 在這五檔股票中，畫掉價格最低的股票。
5. 向價格第二低的股票投入四〇%的財富。
6. 向其他三檔股票各投入二〇%的財富。

這可不是我杜撰的。

有人感到奇怪嗎？為什麼這種策略複雜到近乎令人困惑的程度？也許，這是一種資料採集？

步驟一和步驟二看上去是合理的。股息率較高的股票很有吸引力。「道瓊指數狗股」是一個歷史悠久的投資策略，傾向購買股息率最高的道瓊指數股票。這種合理的策略取得了一定的成功，它的基本思想是逆向投資者應逆勢而行，購買價格較低、股息率較高的冷門股票。超級投資者華倫・巴菲特（Warren Buffett）曾經說過一句令人難忘的話：「當其他人貪婪時，你應當感到恐懼，而當其他人感到恐懼時，你應當貪婪。」

不過，除了這種借來的思想內核，「傻瓜四股」完全是一種資料挖掘。步驟三沒有合乎邏輯的基礎，因為每檔股票的價格取決於公司公開發售的股票數量。如果公司將股票數量加倍，每股的價值將縮小一半。沒有任何理由能夠解釋為什麼股票發售數量較多（每股價格較低）的道瓊指數股票，會優於股票發售數量較少（每股價格較高）的道瓊指數股票。稍後，我們將在這一章看到，華倫・巴菲特的波克夏・海瑟威公司（不在道瓊指數之中）公開發售的股票數量非常少，因此價格達到了驚人的每股近二十萬美元。不過，它仍然是一項不錯的投資。

步驟四呢？在選擇價格最低的五檔股票（似乎低價是一個有利因素）以後，為什麼要畫掉價格最低的股票呢？這到底是為什麼呢？

步驟五和步驟六呢？為什麼價格第二低的股票投資金額是其他三檔股票的兩倍呢？我們都知道答案，因為它在歷史上是有效的，僅此而已。在加德納兄弟提出「傻瓜四股」策略後不久，兩位持有懷疑態度的金融教授，用比加德納兄弟資料更早的一九四九到一九七二年的資料，檢驗這種策略。結果證明，這種策略是無效的。兩位教授還用加德納兄弟那段時間的資料，重新檢驗「傻瓜四股」策略。這一次，他們做了一個巧妙的調整。他們沒有選擇一月第一個交易日的投資組合，而是在七月第一個交易日付諸實現。如果這種策略真的有價值，它不應該對起始月份具有敏感性。當然，兩位教授發現了這種敏感性。

一九九七年，就在提出「傻瓜四股」策略一年以後，加德納兄弟改正這個系統，將其更名為ＵＶ４。他們的解釋證實了他們的資料採集：「為什麼要調整？歷史證明，ＵＶ4的表現優於之前的『傻瓜四股』。」通過資料採集得到的策略，用在所選年份之外，並無法取得同樣優秀的表現，這一點也不令人吃驚。當「彩衣傻瓜」在二〇〇〇年停止推薦「傻瓜四股」和ＵＶ4時，加德納兄弟承認了這一點。

「傻瓜四股」策略和它的名字一樣愚蠢。

反向頭肩

超級盃指標是預測股票市場上漲或下跌的簡單規則。有一個行業專門測量投資者的情緒，以便預測股票價格，這個行業叫做技術分析。基本分析用利潤、利率以及其他經濟因素，衡量股票的價值。技術分析則認為經濟因素是眾所周知的事情，已經考慮在市場價格之中。觀察基本因素是沒有意義的，更加有用的做法是測量投資者的情緒，也就是凱因斯所說的「動物精神」。

技術分析的核心是確定股價模式，以便預測未來的價格。這些模式被貼上了標籤，如通道、支撐線、阻力線、雙頂、雙底、頭肩和杯柄，這使分析看上去更合理。不過，一項又一項的研究發現，雖然技術分析擁有這些吸引人的標籤，但它幾乎沒有任何價值——除了雇用技術分析師以及為股票經紀人帶來佣金之外。

一位經濟學家曾向一位技術分析師（讓我們叫他愛德吧）寄了一些股票價格圖表，包括圖16－5，並請愛德幫他確定，其中是否有適合投資的股票。經濟學家沒有指出公司的名稱，因為最純粹的技術分析師希望專注於價格模式，不想被自己對於一家公司所持有的資訊或感覺左右。一些技術分析師回避一切新聞，在沒有窗戶的房間裡工作，因為他們不想被消息的好壞或天氣的陰晴所影響。

分析師在圖16－5上畫了兩條平行線，看到了明顯的模式。大約從第三十天開始，這檔股票的交易進入了一條狹窄的傾斜上升通道。在第一百天，價格接近通道的下邊界，顯然即將開始飆升。

圖16－6也具有明顯的模式。這次的通道向下傾斜，股票顯然進入了死亡螺旋。只有傻瓜才會購買具有這種歷史價格的股票。

圖16－7的股票擁有一條支撐線（support level），這條線是在第二十四天形成的，隨後得到了兩次證實。每當價格下降到二十八美元時，它都會由此開始向上反彈。更重要的是，這張圖顯示了頭肩模式：價格先是從二十八美元的支撐線上升，然後回到二十八美元，然後出現了幅度更大的上升，然後回到二十八美元，然後緩和上升。技術分析

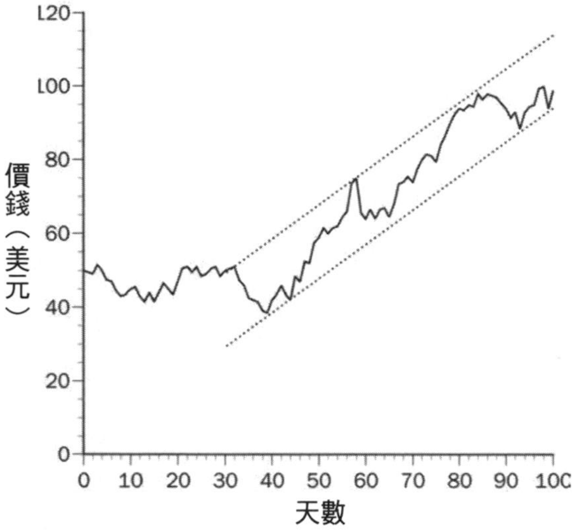

圖 16-5　上升通道

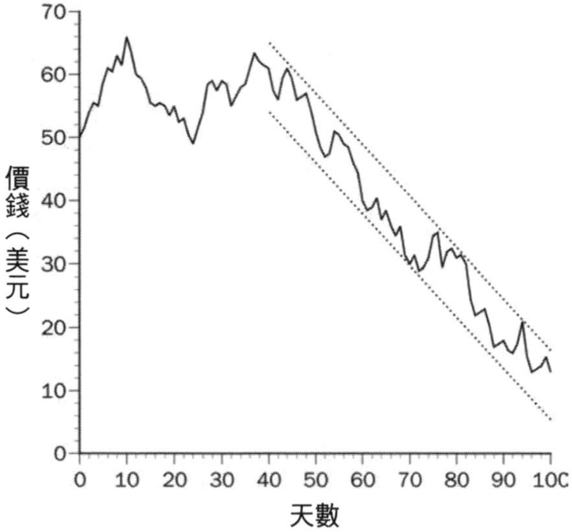

圖 16-6　死亡螺旋

師相信，經頭肩模式確立和證實的支撐線極為牢固。當價格在第九十九天擊穿二十八美元支撐線時，這顯然意味著出現了嚴重的問題。只有大量壞消息才能導致股價突破如此牢固的支撐線。一旦二十八美元的障礙被攻破，價格就只能向下走了。

圖16－8顯示了相反的模式。這張圖確立和證實了六十五美元的阻力線。每當價格接近六十五美元時，它就會反彈。這種情況出現得越多，價格超越六十五美元的心理阻礙就越大。更重要的是，在技術分析師看來，這張圖顯示了反向頭肩，因為第二次始於六十五美元的反彈，比第一次和第三次反彈要強烈得多。當價格在第九十八天超越阻力線、消除價格進一步上升的心理障礙時，這顯然是一個買入信號。

分析師看到這些模式時非常激動，因此忽略了一個奇怪的巧合：所有四張圖的價格起始點都是每股五十美元。這並不是巧合。

這些圖像並不是真實的股票。向愛德寄出這些圖像的惡作劇教授（我承認，那就是我）根據學生拋擲的硬幣編造了這些虛構的資料。在每張圖上，「價格」始於五十美元，每天的價格變化取決於二十五次拋硬幣的結果。如果硬幣正面朝上，價格將上升五十美分。如果硬幣背面朝上，價格將下降五十美分。例如，如果拋出十四個正面和十一個背面，當天的股價將上漲一．五美元。在生成幾十張圖以後，我把其中的十張圖寄給分析師，相信他能夠找到具有吸引力的模式。當然，他做到了。

當我把真相告訴他時，愛德非常失望，因為他分析的不是真實的股票，沒有機會買入和賣出。不過，他從這個惡作劇中得到的教訓與我的預想完全不同：愛德認為技術分

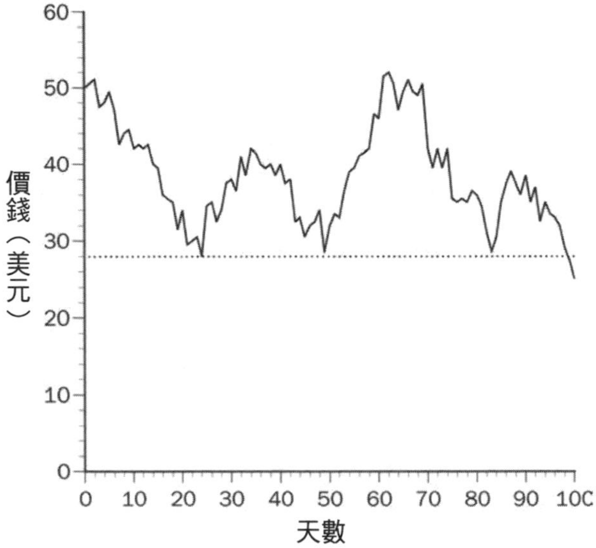

圖 16-7　擊穿頭肩支撐線

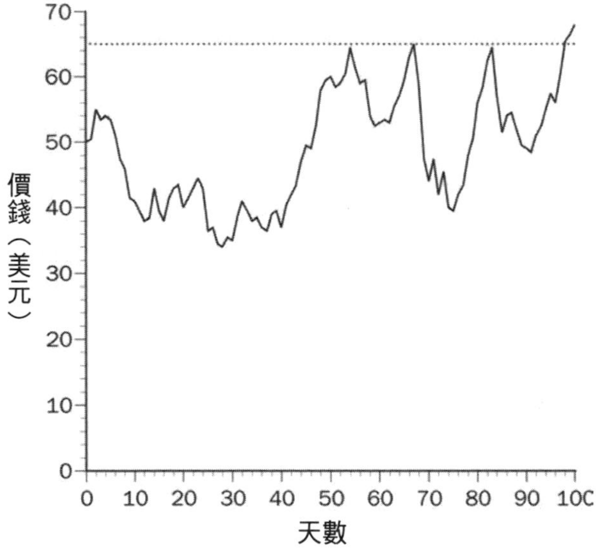

圖 16-8　突破阻力線

析可以用於預測拋硬幣的結果！

這個例子真正的教訓是，即使是專業投資者也很難理解「資料採集不可避免會使人發現完全出於巧合的統計模式」這個道理。缺乏理論的數據雖然誘人，但卻具有誤導性。

如何（不）中彩券

在紐約州樂透遊戲中，玩家從一到五十九這五十九個數字中選擇六個數字，如果它們與電視直播中選出的六個數字相同（不計順序），玩家就能贏得大獎。獲勝的可能性是四千五百萬分之一，但一張彩券只要五十美分。在二十五年時間裡，大獎的獎金相當於彩券總銷售額的三〇%，另外十五%的彩券收入被分配給小獎。在美國所有的六合彩遊戲中，紐約樂透的支出是最低的，獲獎機率也是最低的。例如，附近的康乃狄克州是四十四選六，新澤西州是四十九選六。不過，在美國六合彩遊戲中，紐約樂透是最受歡迎的遊戲。

各州的彩券實際上是一種智商稅，但樂透遊戲的流行，說明許多人渴望獲得徹底改變人生的機會——不管這種機會多麼渺茫。二〇一二年，在美國大部分地區發行的「百萬大博彩」提供了創紀錄的六．五六億美元頭獎，數千人排隊幾個小時或者開車一百六十公里，只為加入購票大軍，他們一共購買十五億美元的彩券。這場彩券熱潮的唯一陷阱是，獲得創紀錄頭獎的可能性極其微弱，只有一億七千六百萬分之一。

夢想與現實之間的巨大差距，為一些具有創業精神的人提供了騙人機會，他們聲稱這些方法可以提高中彩券的可能性。一家公司以一九・九五美元的價格銷售「百萬富翁生成器」，他們的廣告語是：「研究表明，大多數樂透中獎者並沒有使用特殊的策略來選擇數字。相反，他們隨機選號。」這個價值一九・九五美元的產品，只是一個由電池驅動的球體，裡面裝滿了帶有數位的小球，它可以「完全打亂小球的順序」，並且可以選出「一組完全隨機的數字」。我說過，彩券是一種智商稅，沒錯吧？

另一些人提出了一種完全不同的方法。他們聲稱，通過蒐集和分析中獎數字，我們可以像投注賽馬一樣投注彩券。你很難想像還有比它更加浪費時間的事情。也許，計算電話號碼的平均值更無聊？

蓋兒・霍華德（Gail Howard）的網站聲稱，她是「三十年來美國最可靠的彩券權威」。根據該網站的說法，她還上過數百次廣播和電視節目，包括《今日秀》（*The Today Show*）和《早安美國》（*Good Morning America*）。在一年多的時間裡，她的三十分鐘專題廣告片《彩券剋星》（Lottery Busters）每天都在有線電視播出。（奇怪的是，我認為這種吹噓是一種負面宣傳，而不是正面宣傳。這種觀點同樣適用於她的警告：「趁著爭議消息還在賣，你得抓緊時間。」）霍華德的許多書籍皆以下面的陳述作為開頭，這段陳述唯一值得注意的地方，就是它完全否定了書中講述的其他內容：「你不需要擔心州級彩券遊戲受到控制或操縱……中獎號碼是完全隨機選號。」霍華德並沒有因此而氣餒，她提供了一些建議，用於「大大提高你的中獎機會」。

下面是霍華德和其他專家提供的前六條祕訣：

1. 選擇熱門數字。紐約彩券網站顯示了過去幾年的中獎數字。將它們輸到試算表裡，找出最常出現的數字。
2. 不要忽視遲遲不出現的數字。最近沒有出現的數字很可能會突然出現。
3. 不要在連續數字上下注，比如11、12、13、14、15、16。連續數字幾乎沒有中過獎。
4. 不要用電腦快速選號。電腦知道什麼呢？
5. 男士贏得了三分之二的頭獎。如果你是女士，請讓你的丈夫、男友、兄弟或父親為你購買彩券。
6. 中獎者最常見的名字是瑪麗（Mary）和約瑟夫（Joseph），包括瑪麗亞（Maria）和喬（Joe）等變體。如果你擁有與此不同的名字，請讓你的朋友瑪麗或約瑟夫為你購買彩券。

下面是一個持有懷疑態度的人，對這些忠告的回應：

1. 每個數字被選中的可能性是相等的，除非遊戲受到操縱（沒有人正式做出這種論斷）。選擇中獎數位的設備既不會記得過去抽到的數字，也不會關心未來抽到的數字。

2. 這種說法不具有指導意義。你剛才讓我在熱門數字上下注，現在又讓我在冷門數字上下注。

3. 沒錯，連續數字不太可能中獎。同理，任何六個數字都不太可能中獎。六個數位的每一種組合具有同樣微弱的中獎機會。

4. 沒錯，電腦無法預測中獎數字。同理，你也無法預測中獎數字，這就是它被稱為「隨機」的原因。

5. 也許男士購買了三分之二的彩券。或者，也許女性中獎者讓她們的丈夫、男友、兄弟或父親替她們領獎。

6. 也許，僅僅是也許，彩民中最常見的名字是瑪麗和約瑟夫，包括瑪麗亞和喬等變體。

正如仔細研究便可以在拋硬幣和擲骰子的結果中發現毫無價值的模式，耐心觀察也可以在彩券數字中分辨出毫無價值的模式。對於彩券祕笈最有說服力的懷疑理由，即是如果有人有祕笈，他就會中獎致富，而不用兜售圖書和電池驅動型設備。

沒有證據表明蓋兒・霍華德中過彩券。實際上，霍華德是班・巴克斯頓（Ben Buxton）創造出來的，他以蓋兒・霍華德、美國占星術協會、魯迪哥哥（Brother

Rudy）、都德夫人（Madame Daudet）、羅斯柴爾德受託人（Rothschild Depository）和盧德水十字架（Lourdes Water Cross）等幾十個法人的名義經營著各種騙人的郵購生意，兜售彩券建議、占星預測術和好運片（類似幸運物）。

美國紐華克市檢察官請求聯邦地方法院禁止巴克斯頓「自稱能夠為天真的消費者帶來財富、好運和成功的虛假騙人的天宮圖、彩票祕笈、宗教物件和其他產品。繼續欺騙數十萬消費者」。美國郵政部門也加入行列，和檢察官共同爭取到了一條法院命令，永久終止巴克斯頓的各種生意，使郵政部門有權攔截寄給巴克斯頓的數萬張支票，並且要求巴克斯頓支付三十萬美元賠償金給之前的顧客。

不會破的泡泡

能夠讓我們與錢財告別的不僅僅是騙子。我們有時還會親自參與自我傷害的集體騙局之中。沒有網路的生活——無法用指尖點進電子郵件、亞馬遜和維基百科的日子——是難以想像的。在停電或度假時，離開網路的痛苦可能讓人難以忍受。手機進一步加重了我們的網路成癮。我們真的需要每週七天、每天二十四小時待在線上並隨時接聽手機嗎？我們必須立即回覆每一封電子郵件以及每一條資訊和推文嗎？我們真的需要知道我們所有朋友午餐吃的是什麼嗎？

早在一九九〇年代，當電腦和手機剛剛開始進入我們的生活時，網路的發展催生出了數百家網路公司，通常被稱為「.com」公司。一些網路公司的理念很好，發展成了強大而成功的公司。不過，許多公司並沒有做到這一點。很多時候，人們只想開一家名字裡帶有「.com」的公司，將其賣給別人，然後帶著大量鈔票離開。產生不錯的想法、創辦一家公司、使其成為成功的企業，並將其傳給子孫的經濟思想實在是太陳舊了。

一家網路公司證明自己的方式不是賺取利潤，而是花錢，最好是花別人的錢。（我沒有開玩笑！）一種理由是，公司應該迅速壯大，成為行業領頭羊。（有一種流行的說法，叫做「不壯大就會消失。」）這種觀點認為，當人們相信你的網站是購買某樣東西、銷售某樣東西或者學習某樣東西的地方時，你就實現壟斷，消除競爭，收獲利潤。

這不完全是一種愚蠢的想法。有時甚至是有效的。（想一想亞馬遜和 eBay）。問題是，就算壟斷某件事情是可能的，別忘了美國有數千家網路公司，但不可能出現數千個壟斷者。在試圖迅速壯大的數千家公司中，只有極少數公司能夠實現壟斷。

大多數網路公司沒有利潤。因此，心懷夢想的投資者為所謂的「新經濟」想出了新的衡量方法，以支持不斷上漲的股票價格。他們說，我們不應該沉迷於利潤這樣古老的事物。相反，我們應該考察一家公司的銷售額、支出和網站瀏覽數。作為回應，各家公司通過有創意的方式，向投資者提供他們想要的東西。投資者想要更高的銷售額？我把某樣東西賣給你們公司，你再把它賣給我。我們沒有賺到任何利潤，但我們的銷售額都在提升。投資者想要更多的支出？再去訂購一千把人體工學椅。投資者想要更高的網站瀏覽數？向訪問你們網站的人發放小禮品。購買超級盃廣告，宣傳你們的網站。記住，投資者想要的是網站瀏覽數，而不是利潤。二十四家網路公司在二〇〇〇年一月的超級盃比賽期間投放了廣告，每三十秒廣告的成本是二百二十萬美元，這還不包括製作廣告的費用。公司不需要利潤。它們需要的是流量。

從一九九五年到二〇〇〇年，股票價格增長了兩倍，年成長率為二十五%。網絡公司的股票漲幅更大。以科技股著稱的納斯達克指數在五年時間裡增長了四倍，年成長率為四〇%。如果一個人幸運地在一九九五年一月購買了一萬美元的美國線上股票，或者在一九九六年四月雅虎上市時購買了一萬美元雅虎股票，那麼到二〇〇〇年一月，他將擁有將近一百萬美元。股市投資者和網路公司創辦者都在變富，他們相信這個過程永遠也不會結束。當然，事情終有結束的那一天。

二〇〇〇年三月十一日，我參加了一場座談會，會議的議題是蓬勃發展的股票市場以及受到廣泛宣傳的「三十六K」預測：道瓊工業平均指數將增長兩倍多，從不到一萬二千點增長到三萬六千點。第一位發言者談論了摩爾定律（積體電路中的電晶體密度每兩年就會翻倍）。我聽得很認真，而且我必須承認，科學技術的發展速度令人吃驚。不過，發言者對於「股票價格過高、過低還是剛剛好」的問題隻字未提。

下一位發言者談論網路公司的專家們多麼聰明。當你購買網路公司的股票時，你把錢交給了非常聰明的人，他們很快就會找到某種非常賺錢的資金處理方式。我仍然聽得很認真。我必須承認，許多網路公司是由討人喜愛的聰明人創辦的。你猜怎麼著，我兒子和其他四個剛畢業的大學生創辦了一家公司，五個人在新罕布夏租了一幢帶有五間臥室的房子（稅率不高，但卻靠近「苛稅諸塞州」〔Taxachusetts〕），睡在樓上，每天通過樓梯前往辦公場所。他們在樓下做什麼工作呢？他們並沒有商業計畫。他們的關鍵字是「敏捷」。他們聰明、靈活、具有創造性。當一個賺錢的機會出現時，這五個小夥子就會迅速意識到這一點，並用十隻手抓住這個機會。我承認，他們是很棒的孩子，而且，這個世界上顯然還有幾百個很棒的孩子正在尋找網路盈利的途徑。不過，發言者對於「股票價格過高、過低還是剛剛好」的問題仍然隻字未提。

下一位發言者談論了美國負責貨幣政策的聯準會主席艾倫・格林斯潘（Alan Greenspan）多麼優秀。美國聯準會負責決定何時增加貨幣供應以刺激經濟，何時限制貨幣供應以減少通膨壓力。一位犬儒主義者（我）曾經寫道，每當美國聯準會覺得失業最符合我們的利益時，它就會提高利率，導致經濟衰退。擁有一位知道自己正在做什麼的聯準會主席是非常重要的。我聽得很認真。我必須承認，艾倫・格林斯潘是一位令人印象深刻的聯準會主席。不過，發言者對於「股票價格過高、過低還是剛剛好」的問題仍然隻字未提。

我是最後一名發言者，也是這場歡樂的聚會上唯一提出消極觀點的人。我從各種角度考察股票價格，認為「道瓊指數有可能在某個時候達到三萬六千點」的想法是靠不住的，而且當前的股票價格高得離譜。我的結語是，「這是一個泡沫，它很快就會發生嚴重的破裂」。

可怕的預言變成了現實。這場會議的日期是二〇〇〇年三月十一日星期六。納斯達克指數在接下來的星期一開始下跌，在三天時間裡從二〇〇〇年三月十日的峰值下跌了七十五%。美國線上下跌了八十五%，雅虎下跌了九十五%。最有趣的問題不是我的評論在時間上的巧合，而是為什麼我相信這是一個泡沫。

在網路公司的泡沫中，大多數人沒有使用令人信服的理論去衡量股票價格過高、過低還是剛剛好。相反，當他們看到股票價格上漲，他們編了理由，只為解釋正在發生的事情。他們談論摩爾定律、聰明的孩子以及艾倫·格林斯潘。這是缺乏理論的資料。

下面是言之有理的理論。可以將股票想像成每年提供紅利（比如二美元）的賺錢機器。這台優秀機器的經濟價值，即是你為了每年獲得二美元紅利而願意支付的價格。

投資者購買賺錢機器是為了每年獲得紅利。相比之下，投機者購買股票是為了賣給其他人，賺取利潤。對投機者而言，股票的價值是其他人願意支付的價格，他們要做的是猜測其他人明天願意為你今天買的東西付多少錢。這種猜謎遊戲就是所謂的「博傻理論」（Great Fool Theory）：以虛高的價格購買某樣東西，希望能夠以更高的價格將其賣給更傻的傻瓜。

在投機泡沫中，賺錢機器的價格遠遠超出了其經濟價值，因為人們購買這台機器不是為了每年的二美元，而是為了以更高的價格將機器賣給其他人。他們之所以認為未來的價格會上升，僅僅是因為過去的價格上升。（還用我說嗎？這仍然是缺乏理論的資料。）當投機者不再認為這台機器的價格會不斷上升時，泡沫就會破裂。他們開始銷售機器，價格開始不斷下跌，因為如果投機者認為他們無法以更高的價格賣出機器，他們就不會支付虛高的價格。當他們失去信心時，這場盛宴也就結束了。

如果股票的經濟價值是一百，市場價格是五百美元，這就是一個泡沫，因為股票價格遠遠超出了其經濟價值。你覺得某樣東西的價格永遠不可能如此偏離經濟價值？在十七世紀，荷蘭鬱金香球莖的售價是幾萬美元（以今天的美元計算）。最近，毫無價值的填充娃娃可以賣到幾百美元。

豆豆娃（Beanie Babies）是由泰・華納（Ty Warner）製造的填充動物玩具，帶有心形吊牌，裡面裝有塑膠小球（豆豆）。在一九九五年左右，就在網路公司泡沫開始膨脹的同一時間，豆豆娃開始被視為「收藏品」，因為買家認為他們可以將這些笨熊賣給無窮無盡的傻瓜，以便從不斷上漲的價格中獲利。一些陷入幻想中的個體開始囤積豆豆娃，認為它們可以提供退休金或者孩子的大學學費。

豆豆娃到底有多大的經濟價值呢？它無法提供紅利。它無法提供任何報酬！你甚至無法玩它。要想保持豆豆娃的收藏價值，你必須將它儲存在密封容器裡，放置在涼爽、陰暗、無煙環境中。不過，滿懷希望的人和貪婪的人，倒是願意為這種最初玩具店只賣幾美元的豆豆娃支付幾百美元。他們看到了豆豆娃的價格在過去大幅增長，認為未來也將如此。他們沒有理由相信這一點，但他們希望自己相信。這仍然是缺乏理論的資料。

一九九九年，紀念威爾斯王妃戴安娜（Diana）的王妃豆豆娃開始發售。到二〇〇〇年，這款豆豆娃已經賣到了五百美元。然後，泡沫破了。二〇〇八年，我在亞馬遜買了一個王妃小熊，其運費已經超過了小熊本身的價格。

南海泡沫

網路公司泡沫和豆豆娃泡沫並非新鮮事物。一七二〇年，英國政府為南海公司（South Sea Company）提供了西班牙美洲殖民地的獨家貿易權。公司的董事從未去過美洲，他們也沒有任何具體的貿易計畫，但在公司具有創造性的記帳方式刺激下，人們紛紛投資這個海外項目。南海公司的股價從一月二十八日的一百二十英鎊開始飆升，五月十九日達到了四百英鎊，六月四日達到了八百英鎊，六月二十二日達到了一千英鎊。一些人成了暴發戶，數千人希望擠進這個行列之中。據說，你可以在走進咖啡館時購買股票，離開時再賣掉，就能賺取利潤。人們看到了模式——以某個價格買入，以更高的價格賣出——但他們並沒有想過這種模式是否合理。

其他一些頭腦勝過良知的企業家開始以更加宏大的計畫發售股票，引來了大量不想落後的瘋狂投資者。幾乎任何計畫都會受到追捧，一家公司承諾製造永動機，另一家公司的成立目的是「開展一項具有巨大優勢的事業，但是沒有人知道這個事業是什麼」。（就像某些網路公司一樣！）這家神祕公司的股價被定為一百英鎊，並且承諾每年回報一百英鎊。公司的發起人在五個小時之內賣掉了所有股票，然後立即離開英國，再也沒有回來。還有一家公司的股票是為了「尼特溫德」（netvendor），即不銷售任何東西。當南海泡沫破裂時，財富和夢想一齊消失了。

和其他所有投機泡沫一樣，許多人相信博傻理論。一些人懷疑價格不合理，但是市場上的大多數人，相信價格還會繼續上升，至少能夠持續到他們將其賣給下一個排隊的傻瓜以後。一七二〇年春天，英格蘭物理學家艾薩克・牛頓爵士（Sir Isaac Newton）說：「我能計算天體的運動，但我無法計算人類的瘋狂」。他賣掉了南海股票，賺了七千英鎊。當年晚些時候，就在泡沫破裂之前，他再次購買了股票，並且損失了二萬英鎊。一位銀行家在南海股票第三次發售時投資五百英鎊，他解釋說：「當世界上的其他人陷入瘋狂時，我們必須以某種程度模仿他們。」英國議會成員詹姆斯・米爾納（James Milner）在南海泡沫中破產，他悲歎道：「我說，的確，我們一定很快就會遇到滅頂之災，但是……它比我預測的早來了兩個月。」

波克夏泡沫

一些投資者認為，他們可以查看某物的價格相對消費者物價指數（CPI）的增長速度，確定是否存在泡沫。根據這種沒有任何理論支持的資料，他們說如果資產價格上升得很快，就一定存在泡沫。事實未必如此。缺乏理論的數據總是不可靠的。

大多數優質股票每股的價格在二十美元到二百美元之間。二〇〇五年，富國銀行（Wells Fargo）的股價是三十美元左右，可口可樂是四十美元，嬌生（Johnson & Johnson）是六十美元。令人吃驚的是，波克夏・海瑟威（Berkshire Hathaway）的股價是九萬美元。眾所周知，波克夏是由傳奇投資者華倫．巴菲特經營，但是一股股票的價格怎麼能超過一輛保時捷呢？

圖16-9對一九九五年到二〇〇五年波克夏股價的增長百分率，與消費者物價指數的增長百分率，雙雙進行了比較。消費者物價指數增長了二十七%，波克夏則增長了令人震驚的二六九%。波克夏是一個即將破裂的泡沫嗎？

此後，波克夏的股價繼續增長，在二〇〇七年達到十四萬一千六百美元峰值，二〇〇九年和其他股票一同下跌，隨後向上竄升，二〇一三年達到了十七萬美元以上。根據圖16-10，二〇〇五年以後，波克夏與消費者物價指數之間的實際差距出現了增長。

一股股票的價值怎麼能超過一輛保時捷呢？股票價格的增速，怎麼能超過消費品價格（食品、服裝和住房的價格）呢？

公司是由股東所有的，因此股票的價值取決於公司的價值。進一步說，一張股票的價值取決於公司的整體價值以及股票的發售數量。如果一家公司的總體價值是一億美元，並且發售了一百萬股股票，那麼每股的價值是一百；如果公司發售了一億股股票，那麼每股的價值只有一美元。

許多公司通過股份分割保持股票的「可購買性」。假設 Things.com 的價值是一億美元，並且發售了一百萬股股票，那麼每股的價值是一百。經過多年盈利，公司的價值增長到了二億美元，每股的價值是二百美元。Things.com 可以進行二比一股份分割，使股票數量翻倍，達到兩百萬股，同時每股價值折半，變成一百。股份分割是一種沒有做

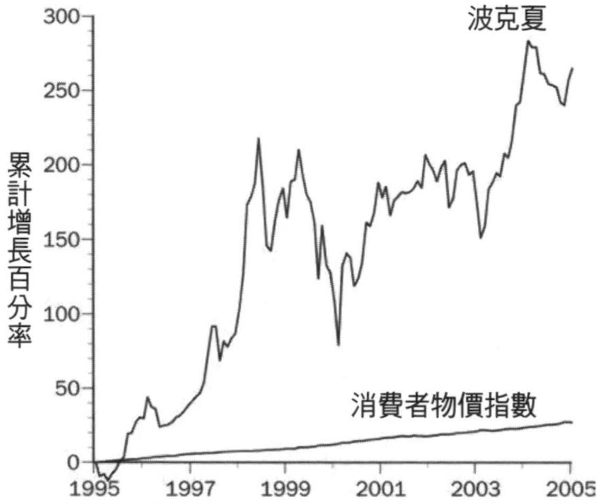

圖 16-9　消費品物價指數和波克夏・海瑟威股價的增長百分率

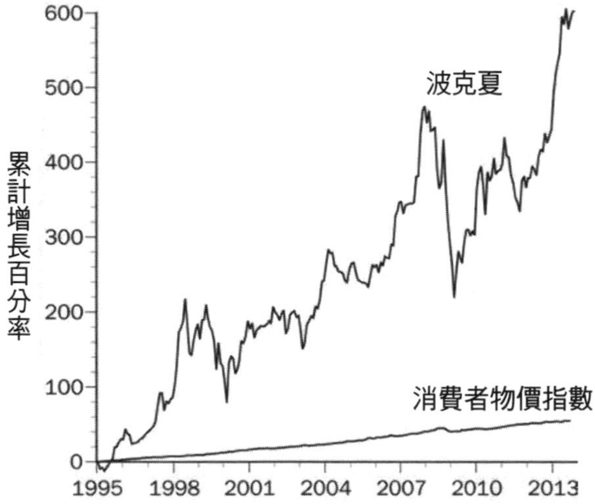

圖 16-10　消費者物價指數和波克夏・海瑟威在更大時間尺度上的增長百分率

出任何改變的舉動，每個股東的股票數量增長了一倍，但是每股的價值減少了一半。

波克夏的股票之所以如此昂貴，是因為它從不分割，同時波克夏在巴菲特的指導下，出現了巨大的升值。巴菲特總是認為股份分割沒有意義，他有一個著名的生日賀卡簽名：「祝你活到波克夏分割股份的那一天。」波克夏發售的股票不到兩百萬股。IBM擁有超過十億股股票，埃克森美孚（Exxon）擁有六十億股股票。這就是一股波克夏股票的價值超過一輛保時捷的原因。

關於第二個問題——股票價格的增速怎麼會超過消費品價格——答案也很簡單。一家公司的價值與一塊肥皂的價格存在根本區別——即使這是一家銷售肥皂的公司。公司的價值取決於利潤，而利潤不僅取決於肥皂的價格，也取決於肥皂的銷量。

波克夏．海瑟威擁有幾十家公司，包括班傑明．摩爾（Benjamin Moore）、北伯靈頓鐵路公司（Burlington Northern）、冰雪皇后（Dairy Queen）、水果牌（Fruit of the Loom）、蓋可（GEICO）以及時思糖果（See's Candy）。波克夏還持有其他公司的高比例股票，包括美國運通、可口可樂、卡夫食品（Kraft）、寶僑（P&G）、華盛頓郵報以及富國銀行。波克夏的價值投資帶來了大量收入，這些收入又被投入更多的公司之中。在將近五十年的時間裡，波克夏的總價值一直保持著每年超過二〇%的成長。

波克夏能夠擁有超過十萬美元的股價和超過消費者物價指數的成長，而且不構成泡沫，是因為這家不同尋常的公司擁有不同尋常的利潤。

真實股價

扣除通膨因素後的資料被稱為真實資料。如果我們的收入提高一〇%，消費品價格也提高一〇%，則我們的真實收入沒有變化，因為我們能夠買到的東西和之前相同。一九八七年，兩位商學院教授用標普五百股價指數和消費者物價指數（CPI）計算了一八五七年到一九八五年的真實股價。他們發現，一九八五年的真實股價高於一八五七年，股票價格的增長超過了消費品價格。

這不是什麼新奇的觀點。兩位教授希望找到某種原創內容，某種可以發表的內容。因此，他們比較實際股價與真實股價，如圖16-11所示，儘管這種做法看上去似乎沒有任何意義。

兩位教授將一八六四年的消費者物價指數置為一，因此這一年的真實股價與實際股價相等。一八六四年以後，實際股價跌到了真實股價之下。接著，兩條線在一九一八年重合。從一九一八年到一九四六年，實際價格與真實價格連動。接著，二者再次分開，這意味著股價應當下跌，以便使兩條曲線再次重合。第二次世界大戰以後股價的飆升顯然是一個無法持續的泡沫。

就像兩位教授希望的那樣，這種比較的原創性使它得到了發表機會。問題是，實際股價與真實股價的比較，屬於缺乏理論的資料，它沒有任何意義。在比較兩種事物之前，我們應當思考二者之間是否可能存在聯繫。實際股價與真實股價的比較有些類似於「波克夏的股票存在泡沫，因為其價格增速超過了消費者物價指數」這一錯誤觀點。不過，基於圖16-11的預測與上述觀點存在很大的差異，而且更加異想天開。實際股價與真實股價之間的差異，與股票價格沒有任何關係！

別忘了，真實股價是實際股價扣除通膨因素後的產物。二者在一八六四年相等，因為一八六四年的消費者物價指數被設成了一。一八六五年到一九一八年的真實股價高於實際股價，因為消費品的價格下降了。真實股價和實際股價在一九一八年和一九四六年之間相等，因為這段時間的消費品價格約與一八六四年相同。一九四六年以後，真實股價低於實際股價，因為消費品價格高於一八六四年的價格。這就是圖16-11顯示的全部內容。同一八六四年相比，消費品價格在一八六五年到一九一八年下降，在一九四六年以後上升。

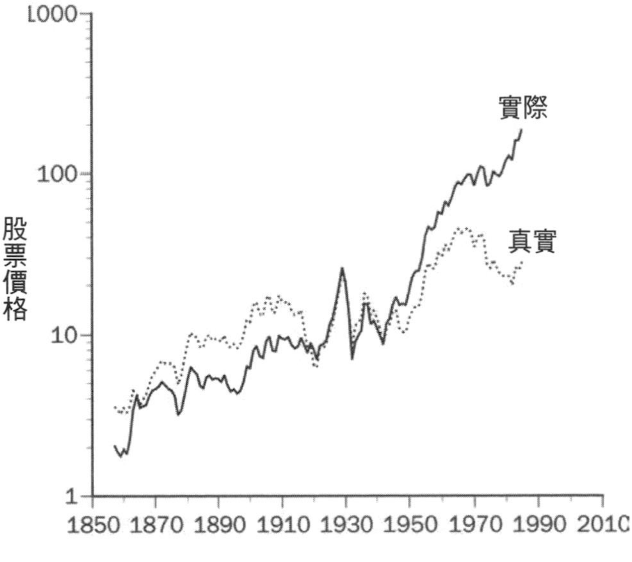

圖 16-11　另一個泡沫

「真實股價將與實際股價再次重合」的預測不是關於股市的預測。它是在預測消費者物價指數將回到一八六四年的水準。

圖16-12說明，這種隱性預測是完全錯誤的。股市經歷了令人欣喜的上漲和可怕的下跌，但實際股價和真實股價之間的差距仍然逐年擴大，因為消費品的價格每年都在提高。這種差距永遠不會消失，因為消費品的價格永遠不會再次回到一八六四年的水準。

這個例子的核心問題是，兩位教授在比較實際股價和扣除通膨因素後的股價時，並沒有考慮到這種比較的意義。這種比較只能告訴我們消費品的價格是否高於一八六四年的水準——而我們已經知道了這個問題的答案。

木匠們常說一句話：「兩次測量，一次切割。」關於資料，這句話應該改成「兩次思考，一次計算」。

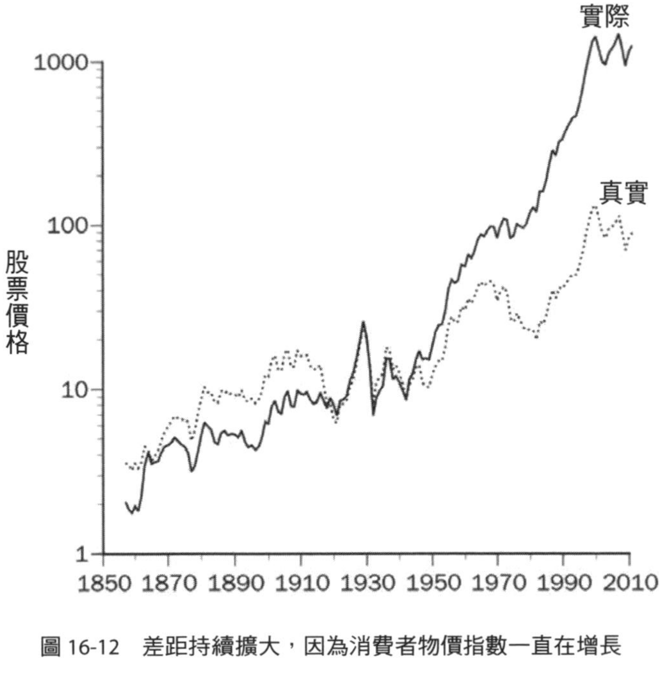

圖 16-12　差距持續擴大，因為消費者物價指數一直在增長

如何識破一本正經的胡說八道

缺乏理論的資料可能導致錯誤推斷。例如，將短短幾年的資料外推到未來，人們可以編造出許多令人欣慰或恐慌的預測。在欣慰或恐慌之前，應先考慮這種外推是否合理。僅僅觀察過去就想預測未來的做法，是否具有可信的理由？這是不是一種一廂情願的想法？或者根本沒有任何思想？

資料中的模式也是同樣的道理。別忘了，即使是隨機拋擲硬幣，也會產生奇特甚至令人震驚的模式，但它們是毫無意義的。當某人向你展示某種模式時，不管這個人的履歷多麼令人震撼，你都應該考慮這種模式僅僅出於巧合的可能性。問一問「為什麼」，而不是「什麼」。不管遇到怎樣的模式，你都應該思考：為什麼會出現這種模式？

如果兩種事物之間沒有合理的聯繫，那麼比較二者的統計性也是沒有說服力的。為什麼股票價格的增長應該與消費品價格同步？為什麼扣除通膨因素後的股價應該等於未經調整的股價？二者之間可能僅僅存在一種虛假的相關性。問問你自己，開展這項研究的人在計算之前，是否有在思考？他們在考察資料之前，是否擁有具體而清晰的理論？這種理論是否受到了未污染資料的檢驗？或者，資料是否受到了挖掘和搜刮？

Lesson 17

超級投資者

一九八〇年代，投資諮詢公司休姆聯合公司（Hume & Associates）推出《超級投資者文件》（*The Superinvestor Files*），一般投資者可利用文件中的複雜策略，獲取可觀的利潤。公司每月郵寄約五十頁的小冊子給訂戶，一本冊子售價二十五美元，外加二・五美元運費與處理費。

現在回想起來，有件事實顯而易見，如果這些策略真如公司宣傳那麼賺錢，這間公司就會利用這些策略去賺取更多利潤，而不是去銷售什麼小冊子。不過，貪心的投資者天真以為，自己可以用二十五美元外加二・五美元的運費與處理費，買到成為百萬富翁的祕訣。

其中一種「超級投資者」策略是基於黃金白銀比率（Gold-Silver Ratio，即一盎司黃金與一盎司白銀的價格比率。一九八五年，黃金平均價格是三百一十七・二六美元，白銀的平均價格是五・八八美元，所以金銀比為317.26/5.88=54。這代表一盎司黃金的價格等於五十四盎司白銀。

一九八六年，休姆公司寫道：

> 過去七八年，金銀比的波動很大，一九八〇年降至十九比一，一九八二年升至五十二比一，一九八五年升至五十五比一。不過，你也可以清楚看到。它總是——總是——回到三十四比一和三十八比一之間。

圖17－1表明，一九七〇年到一九八五年的金銀比，的確在三十四到三十八這個區間周圍波動。

「超級投資者」策略，建議投資者在金銀比高於四十五或低於二十五時投入資金，因為金銀比總會回到三十四到三十八之間。例如，當金銀比在一九八四年超過四十五時，金價比銀價高得多。精明的投資者應該賣出黃金（因為它的價格很高），買入白銀（因為它的價格很低）。

普通投資者沒有可以用於銷售的大量黃金，他們也不想在地下室囤積白銀，但他們可以買入和賣出期貨合約，賭未來黃金和白銀價格。賣出黃金期貨是在押寶黃金價格下跌，而買入白銀期貨是在押寶白銀價格上漲。同時賣出黃金期貨和買入白銀期貨是

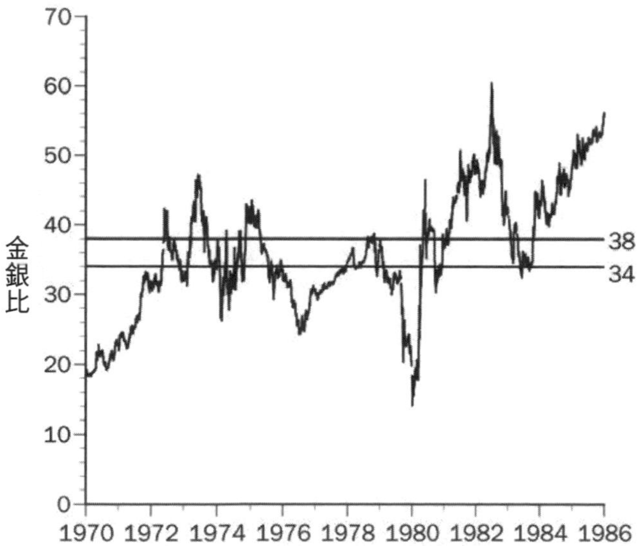

圖 17-1　金銀比，一九七〇到一九八五年

1 譯註：約三十一・一公克。

在押寶金銀比下跌。

一九八四年七月三日，金銀比為四十五・〇四，金價為三百六十九・七五美元，銀價為八・二一美元。假設你買入一份白銀期貨合約，賣出一份黃金期貨合約，期待金銀比回到三十四和三十八之間。

進一步說，假設你的預測是正確的。黃金漲到了三百八十美元（漲幅二・八%），白銀漲到了十美元（漲幅二十二%），導致金銀比降至三十八。一份黃金期貨合約對應於一百盎司黃金。一份白銀期貨合約對應於五千盎司白銀。所以，你的利潤是七千九百二十五美元，如下。

白銀收益	5000 ×（10.00 美元 -8.21 美元）=	8950 美元
黃金損失	100 ×（369.75 美元 -380.00 美元）=	-1025 美元
淨利潤		7925 美元

期貨市場實行每日結算制，當天虧損的投資者需要把資金轉移給獲益投資者。經紀人要求客戶每天開盤時，帳戶裡要有超出當天可能結算金額的資金（叫做保證金）。如果你沒有錢，經紀人就會對你的期貨合約進行平倉處理（轉讓契約）。

假設你的保證金是二千五百美元。在這種情況下，二千五百美元投資將獲得七千九百二十五美元利潤，投資回報率達到了令人垂涎的三〇七%。

沒錯，金銀比的緩和下降，為你帶來了三一七%的投資回報。這是因為你使用了巨大的槓桿。你投入了二千五百美元，但你的期貨合約價值約為四萬美元。槓桿不是無中生有的財富。槓桿是眾所周知的雙刃劍，既可以放大收益，也可以放大損失。事實上，一九八四年的金銀比並沒有迅速回落到三十八以下。相反，損失來得異常迅速。一九八四年七月六日，在開始這項交易三天以後，金價為三百六十六美元，銀價為七點六美元，金銀比高達四十八・一六。你的倉位損失了二千六百七十五美元，超出了你的全部初始投資。你要麼追加保證金，要麼平倉。這就是槓桿的威力。你可以在三天時間裡失去全部投資。

如果你投入更多保證金，希望金銀比回落，你的損失將會月復一月、年復一年地增長。圖17-2表明，金銀比此後持續增長，在一九八六年達到峰值七十五，然後在一九八七年回落到五十。接著，金銀比再次增長，一九九一年達到了一百。一九九八年，金銀比短暫降至四十五以下，隨後再次增長。直到二〇一一年，即建立金銀倉位三十七年以後，金銀比才會回到三十八以下。從一九七〇年到一九八五年，金銀比的平均值是三十六。從一九八六年到二〇一二年，金

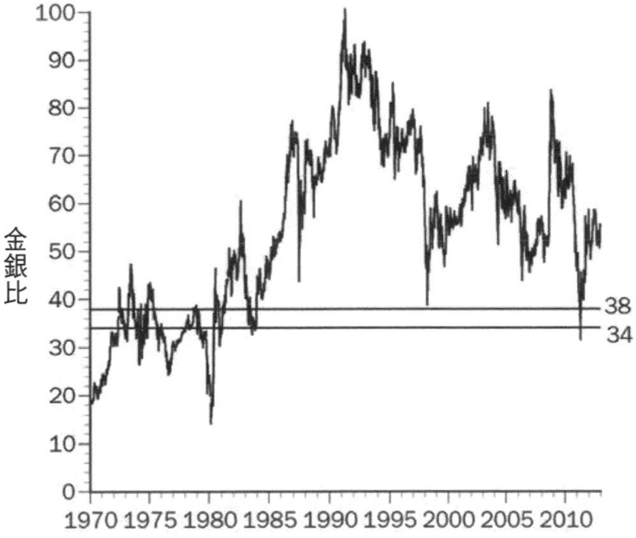

圖 17-2　金銀比，一九七〇到二〇一二年

銀比的平均值是六十六。

投資者很少能夠將倉位維持三十七年，在每次期貨合約更新時支付佣金，並在每個虧損日追加保證金。當金銀比一九八六年達到七十五時，你的二千五百美元投資損失了一萬七千美元。當金銀比一九九一達到一百時，你的損失是二萬二千五百美元。如果你最初投入更多資金（比如二萬五千美元）到這項災難性的交易中，你的損失就會變成原來的十倍。

寬客（Quants）

計量金融分析師（Quantitative financial analysts, Quants）用數學和資料來分析股票和其他投資品。他們不關心總裁人格或產品潛力的主觀評價。不要試圖和他們談論史蒂夫・賈伯斯（Steve Jobs）、華倫・巴菲特、智慧型手機或可口可樂。他們的口號是：「我只看數字！」

這種方法的先驅有美國經濟學家哈利・馬可維茲（Harry Markowitz）、羅伯特・默頓（Robert Merton）、費雪・布萊克（Fischer Black）、邁倫・休斯（Myron Scholes）等。馬可維茲、默頓和休斯憑藉自己的開創性理論獲得了諾貝爾獎（布萊克已經去世），但他們的模型被人誤用，這使許多投資者付出了巨大的代價。

一九五〇年代，馬可維茲提出了量化風險的「平均數－變異數分析」（meanvariance analysis）。機構投資者和財務顧問廣泛使用此方法。平均數－變異數分析的一個主要弱點是依賴歷史資料。投資者很容易假定過去相對安全的股票，未來也相對安全。這是一個危險的假設！

一九七〇年代，默頓、布萊克和休斯確定了看漲期權理論的「正確」價值（看漲期權的所有者，有權在指定日期以指定價格購買股票）。

這個期權定價模型目前又稱為「布萊克－休斯模型」（Black-Scholes Model）。它有一個主要弱點，模型中的許多基本假設是錯誤的，比如股票價格的變化類似於拋硬幣，投資者對股票和期權的交易沒有成本，不會造成巨大而突然的價格變動。這些人的開創性工作很好地說明了計量金融分析的兩個主要陷阱：天真地相信歷史模式是對未來的可靠指引，並且依賴於在數學上很方便、卻不切實際而且非常危險的理論假設。

最近出現的統計套利是計量金融的一種極端表現形式。和計量金融一樣，它在數學和統計上算得很精細，但也很危險，因為它所依據的經驗假設和理論假設並不可靠。

收斂交易

金銀比是統計套利的一個早期案例。統計套利指的是所謂的「寬客」尋找某種統計模式，並且假設這種模式的偏離是暫時失常，可以加以利用。如果黃金與白銀的價格比率，在歷史上位於三十四到三十八之間，他們就會認為，如果金銀比離開這個範圍，那麼它很快就會回歸正常水準。這就是所謂的「收斂交易」。

投資者賭的不是價格上漲或下跌，而是回到某種歷史關係下的價格。雖然價格對歷史關係的偏差可能很小，但槓桿押注可以將很小的收斂轉變成很大的利潤。

早期的收斂交易基於簡單的模式，比如金價與銀價的比率。現代計算機可以搜索巨大的資料庫，尋找更加細微、更加複雜的模式。不過，根本的問題並沒有改變。缺乏理論的資料是靠不住的，如果人們發現的模式沒有深層原因，那麼我們沒有理由認為此種偏離能夠自我校正。

沒有任何合乎邏輯的理由能夠解釋一盎司黃金的價格與三十四到三十八盎司白銀價格相等的原因。黃金和白銀並不是一打和半打雞蛋，如果後者的價格出現偏差，消費者就會購買更便宜的雞蛋。黃金和白銀也不是玉米和大豆，如果玉米價格相對於大豆價格出現上漲，農民就會種植更多玉米。

圖17-3表明，一九六〇年以來，玉米和大豆價格的上升和下降，基本是同步的。從一九六〇年到二〇一二年，每蒲式耳（bushel）[2]大豆和玉米的平均價格比率是二・五，因為生產一蒲式耳大豆的時間約是生產一蒲式耳玉米的二・五倍。

由於供給和需求的波動，這個比率在不同年份會出現起伏。不過，這種相對於價格比率二・五的短期波動，可以迅速得到校正，因為每當某種作物更加賺錢時，農民就會擴大這種作物的種植面積。

黃金和白銀與大豆和玉米沒有任何相似之處。我們沒有理由認為金銀比一定會回到三十四和三十八之間。

我只看數據

寬客們常常不會考慮他們發現的模式是否合理。他們會說：「我只看數據。」實際上，許多寬客擁有物理學或數學博士學位，但是只有最基本的經濟和金融知識。不過，他們並沒有因此而氣餒。相反，他們的無知，使他們有勇氣在最沒有希望的地方尋找模式。

有一個笑話。兩位金融教授在人行道上看到了一張一百元的鈔票。當一位教授伸手去撿鈔票

2 譯註：一蒲式耳約為美制三十五・二公升，英制三十六・四公升。

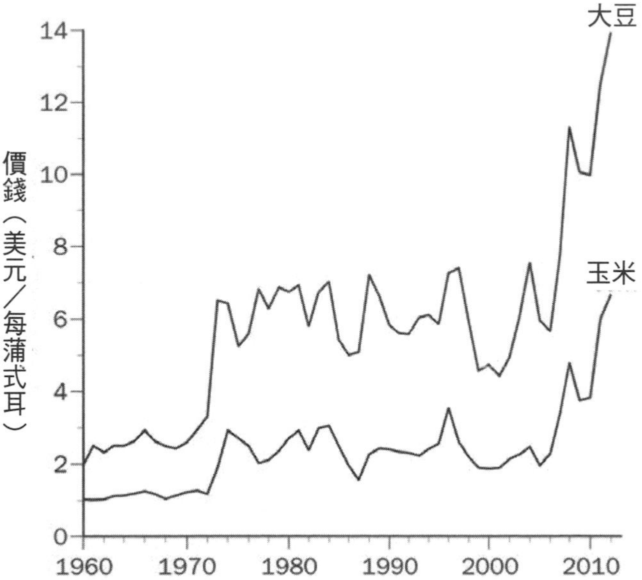

圖 17-3 大豆和玉米的價格

時，另一個人說：「別理它。如果它是真的，那麼它早就被人撿走了。」金融教授喜歡說，金融市場不會讓百元鈔票躺在人行道上。也就是說，如果有一種輕鬆的賺錢方式，那麼它早就被人發現了。

這種觀點並不是完全正確的。有時，股票和債券存在價格錯位。在投機浪潮和金融危機期間，金融市場的人行道上散落著裝滿百元大鈔的手提箱。不過，當你認為自己發現了價格錯位時，你應該考慮這種錯位有沒有一個合理的解釋。如果黃金價格相對於白銀價格出現上漲，市場是否正將百元大鈔愚蠢地扔在路邊？是否有個合理的解釋？

找到金價和銀價的歷史相關性，並不比找到婚姻和啤酒消費量的歷史相關性更加可信，它只能說明我們為了尋找相關性，花了很多時間。

在推土機面前撿硬幣

一九八〇年代，實業家約翰・梅里韋瑟（John Meriwether）在索羅門兄弟公司確立了自己的名聲和財富。他利用債券市場的不完善，尋找利率的小幅異常，並且押寶異常將會消失。他買入利率過高的債券，賣出利率過低的債券，然後等待利率收斂。

離開索羅門兄弟公司以後，梅里韋瑟在一九九四年創立了長期資本管理公司。公司的管理團隊包括多位曾在索羅門套利小組工作過的麻省理工博士、兩位即將在一九九七年獲得諾貝爾經濟學獎的金融教授（期權專家邁倫・休斯和羅伯特・C・默頓）以及另一位麻省理工博士大衛・馬林斯（David Mullins）。馬林斯曾經擔任聯邦儲備委員會副主席，他本來有機會接替艾倫・格林斯潘成為美國聯準會主席。

憑藉這個星光閃耀的團隊，公司毫不費力就吸引到許多投資者，儘管其最低投資額是一百萬美元，而且公司只向投資者透露了一個策略：他們收取的管理費用包括資產的二%以及二十五%的利潤。一位著名的資金經理告訴我，他沒有投資這家公司，因為他唯一確信的事情，就是這家公司很貪婪。其他投資者則沒有那麼謹慎。長期資本管理公司籌集了超過十億美元資金。

公司的早期策略之一，與到期日略有差異的美國國債有關，比如剛剛發行的三十年國債和幾個月以前發行的三十年國債。二者的利率應當是基本一致的，但新發行的債券往往交易更加活躍，因此短期進出市場的交易者更喜歡這種債券。債券市場為之前發行的債券制定稍微高一些的利率，因為這種債券比較難找買家。

公司的收斂賭注是，當新的三十年債券發行時，先前債券之間的差異基本上就會消失，它們的利率就會收斂。因此，公司買入早期債券，賣出最新債券，等待它們的利率收斂。休斯沒有使用在人行道上拾起百元鈔票的比喻。相反，他將公司描述成巨大的真空吸塵器，認為它正在吸走被其他人忽視的硬幣。

憑藉二十五比一的槓桿，長期資本管理公司的真空吸塵器一九九四年賺了二十八%，一九九五年賺了五十九%，一九九六年賺了五十七%，一九九七年至少賺了二十二%（扣除管理費之前）。這種巨大槓桿的問題是，即使預想中的收斂暫時轉為發散，

在混亂時期只能告訴我們「風暴過後海洋還會恢復平靜」，這說明他們為自己布置了一項過於簡單、毫無意義的任務。

凱因斯嘲笑這種觀念：長期來看，經濟將會平靜下來，每個想要找工作的人都能找到工作。他相信，經濟衰退的風暴，比沒有人能夠活著看到的長期假設更加重要。現在來看，長期資本管理公司當時是在推土機面前盲目地撿硬幣——蒐集微小的利潤，忽視了災難性風暴的可能性。公司的一個錯誤是相信歷史資料是對未來的可靠指引。公司的一位經理指出：「我們所做的事情是依賴經驗。我們所有的科學都是建立在經驗的基礎上。如果你不願意根據經驗得出任何結論，那麼你最好把雙手放到背後，什麼也不做。」

無所事事總比做一些愚蠢的事情要好。不去交易黃金和白銀好於相信金銀比總會回到三十四和三十八之間。在長期資本管理公司的例子中，無所事事好於做出「未來將會與過去類似」的假設。

公司的一部分交易具有合理的基礎，比如剛剛發行的和最近發行的國債利率應當基本相同。其他一些交易所依據的歷史模式並不比金銀比更加可靠。例如，公司在英國、法國和德國的利率關係上投入了很大的賭注。全球利潤常常朝著同一個方向變化，但我們沒有理由認為它們應該同步變化。

全球利率之所以具有相關性，是因為投資者可以選擇他們購買的債券。如果一個國家的國債利率低於相似國家發行的國債，那麼沒有人會購買前一個國家的國債。所以，兩個國家不得不制定相同的利率。這很有道理，如果兩個國家相同的話。不過，現實中的國家是不同的，其債券也是不同的。投資者可能擔心某個國家國債違約的可能性比較大。投資者可能擔心某個國家的貨幣貶值，使其國債的實際回報率變低。投資者可能擔心某個國家改變稅法，或者某個國家的債券市場缺乏流動性，使他們很難找到買家。

圖17-4顯示了一九六〇年到一九九五年間法國和德國政府發行的十年期債券的利率。兩種利率存在緊密的相關性，除了它們不緊密相關的時候。如果你看到法國和德國的利率在一九七五年分離，然後預測二者很快就會再次重合，那麼你需要等待十五年的時間。這非常類似於預測卡本內蘇維濃紅酒和麗絲玲白酒的價格將會收斂，然後等待這種預測變成現實的做法。這賭注是有風險的。

長期資本管理公司還相信美國

圖 17-4　法國和德國十年期國債債券的利率

抵押貸款利率和國債利率之間存在緊密的關係，但是二者也不是同步變化的。二者的違約風險差別很大，而且抵押貸款更複雜，因為房主在搬家時或者以更低的利率獲得資金時，可以提前付清抵押貸款，這些干擾因素隨時間變化，而且眾所周知其預測難度很高。一位經理後來惋惜道：「我們有一些專業學者，他們進入公司時沒有任何交易經驗，但他們立即開始設計模型。根據他們制定的假設，他們的交易看上去也許不錯，但是這些假設常常無法通過最簡單的常識性檢驗。」

第二個錯誤是認為不同賭注（比如對義大利債券、德國股票和美國押抵貸款的賭注）在很大程度上是不相關的，因為它們在歷史上是不相關的。實際上，公司忽視了這些賭注的兩個共同點。

長期資本管理公司一九九八年年初的淨值接近五十億美元。當年八月，發生了一場預料之外的風暴。俄羅斯債務出現違約，各個金融市場的風險預測值都上升。長期資本管理公司在許多不同的市場上押下了賭注，但是其中的許多賭注都在押寶風險溢價下降。俄羅斯違約後，歷史上毫不相關的投資市場突然具有了高度相關性。各個領域的風險溢價都在上升，推土機碾過了硬幣蒐集者。

此外，在長期資本管理公司的鼓舞下，許多山寨公司要麼猜出了長期資本管理公司的動作，押下了相同的賭注，要麼使用類似的統計模型，得到了相同的賭注。當這些賭注出問題時，許多山寨公司開始平倉，賣出長期資本管理公司買入的資產，買入長期資本管理公司賣出的資產。價格沒有收斂，反而越來越發散。長期資本管理公司陷入了很大的麻煩。

長期資本管理公司聲稱，它所需要的僅僅是時間而已。只要等待足夠長的時間，金融市場就會恢復正常。不過，他們已經沒有時間了。他們巨大的槓桿帶來了巨大的損失。公司八月二十一日虧損了五．五億美元，整個八月虧損了二十一億美元，占公司淨值將近一半。公司試圖籌集更多資金，以度過這場風暴，但是受到驚嚇的投資者已經不想再向公司貸款了。他們想收回自己的錢。

凱因斯不僅是一位經濟學大師，也是一位具有傳奇色彩的投資者。他有一句廣為流傳的評論：「市場維持非理性的時間，可能會超出你擁有償付能力的時間。」也許，市場對俄羅斯的違約反應過度。也許，長期資本管理公司的虧損最終會轉變成盈利。不過，公司的償付能力已經支撐不到那一天了。

九月二十三日，巴菲特給長期資本管理公司發送了一份一頁紙的傳真，提出以二．五億美元收購公司的建議，這相當於公司年初淨值的大約五%。這份提議不接受討價還價，而且將在中午十二點半過期，時限距傳真的發送時間只隔了一個小時左右。截止時間很快過去了，公司沒有抓住機會，開始準備收攤了。

紐約聯邦準備銀行擔心長期資本管理公司違約的骨牌效應，將會引發全球金融危機。美國聯準會和長期資本管理公司的債權人接管了公司，並且投入了足夠多的資金，以爭取時間對公司的資產進行有序清算。債權人收回了自己的資金，公司創始合夥人損失了十九億美元，其他投資者獲得了一個昂貴的教訓：槓桿具有巨大的威力，統計關係是靠不住的。

長期資本管理公司破產以後，梅里韋瑟和公司的其他許多合作夥伴根據幾乎相同的策略創辦了新的基金。大多數基金公司在二〇〇七到二〇〇九年的金融危機期間破產，其原因往往與長期資本管理公司失敗的原因相同。沒關係。梅里韋瑟迅速創辦了另一家基金公司。

騙我一次是你的恥辱，騙我兩次是我的恥辱。騙我三次……你懂的。

閃電崩盤

優秀科技雜誌《連線》（*Wired*）二〇一一年的一篇文章，對電腦股票交易系統表達了敬畏和讚美之情。這種系統被稱為「演算法交易員」，因為電腦可以根據演算法代替人類決定買入和賣出。指導電腦的演算法是由人類編寫的，但是在那以後，電腦將自行決定交易。

一些系統追蹤股票價格，其他系統剖析新聞報導。它們都在尋找過去曾經作為盈利信號的模式出現。當這種模式重新出現時，它們就會迅速行動，在幾秒鐘的時間裡買入成千上萬的股票，然後通常在幾秒鐘以後將其賣出。它們不斷進行這種操作，日復一日，成千上萬的股票幾秒鐘之內幾個美分（甚至幾分之一美分）的利潤可以累積成可觀的財富。《連線》讚美道，這些自動化系統「比人類更加高效，更加迅速，更加聰明」。

這些程式處理起資料的確比人類更加迅速，但它們並不比編寫代碼、指導電腦的人類更加聰明。如果人類讓電腦尋找潛在盈利模式，並在這些模式重新出現時買入或賣出，電腦就會執行這種命令——不管它是否合理。實際上，一些編寫電腦程式的人吹噓說，他們其實並不理解為什麼電腦做出這樣或那樣的交易決定。畢竟，電腦比他們更加聰明，不是嗎？他們應該做的不是自誇，而是祈禱。

這與長期資本管理公司使用的資料採集方法類似，但它的問題更加嚴重，因為取消了人類的所有判斷機會。而且，模仿問題被放大了一百倍。如果人類為數百台電腦提供非常相似的指導，那麼數百台電腦可能會試圖同時買入或賣出相同的事物，使金融市場出現極大的動盪。幸好，《連線》雜誌認識到了無人監管的電腦同步行動的危險：「在最糟糕的情況下，這將是一種難以理解的反饋迴路……可能會壓垮它們所依賴的系統。」

二〇一〇年五月六日，美國股票市場遭遇了所謂的「閃電崩盤」（Flash Crash）。當天的投資者對希臘債務危機感到緊張，一位焦急的共同基金經理試圖銷售四十一億美元的期貨合約，以對沖其投資組合的風險。他的想法是，如果市場下跌，基金中的股票組合資產的損失可以被期貨合約的利潤抵銷。不知為什麼，這種看上去比較謹慎的交易觸發了電腦的操作。電腦買入了該基金銷售的許多期貨合約，並在幾秒鐘之後將其賣出，因為它們不喜歡長期持倉。期貨價格開始下跌，電腦決定更加密集地買入和賣出。

這些電腦陷入了一種交易狂熱之中，它們相互買入和賣出期貨合約，就像傳遞燙手的馬鈴薯一樣。

沒有人知道電腦被觸發的準確原因。還記得嗎？即使是編寫電腦程序的人也不理解它們的交易。在十五秒之內，電腦相互之間交易了二萬七千份合約，占交易總量的一半。在十五秒的狂熱結束時，淨買入合約只有二百份。這場交易狂熱傳播到了常規股票市場，賣空訂單像洪水一樣淹沒了潛在購買者。道瓊工業平均指數在五分鐘之內下跌了將近六百點。市場價格亂了套，但電腦仍然在交易。堅實的績優股公司寶僑的股價在不到四分鐘的時間裡下跌了三十七％。一些電腦以每股超過十萬美元的價格買入蘋果、惠普和蘇富比的股票。其他電腦以每股不到一美分的價格，賣出埃森哲和其他大公司的股票。電腦並沒有常識。它們盲目地買入和賣出，因為這就是它們的演算法要求它們去做的事情。

這場狂熱之所以結束，是因為期貨市場的內置保護機制將所有交易中止了五秒鐘。令人難以置信的是，五秒鐘的價格穩定足以說服電腦停止瘋狂的交易。十五分鐘後，電腦恢復了正常，道瓊指數暫時性的六百點下跌僅僅給人們留下了一個荒誕的回憶。

此後還發生了其他一些閃電崩盤，未來很可能還會發生更多類似的事件。巧合的是，二〇一三年八月三十日，寶僑在紐約股票交易所再次中招。這是一次迷你閃電崩盤，因為紐交所的其他股票並沒有受到影響，寶僑在其他交易所的股票也沒有受到影響。

由於無法解釋的原因，寶僑在紐交所的股票在一秒鐘之內發生了二百次交易，一共涉及大約二十五萬股股票，導致股價下跌五%，從七十七・五美元降至七十三・六一美元，然後在不到一分鐘以後恢復正常。一個幸運的人恰好在正確的時間和正確的地點購買了六・五萬股股票，迅速獲得了十五・五萬美元利潤。為什麼會發生這樣的事情？沒有人知道。別忘了，人類並不比電腦更加聰明。

是的，沒錯。

如何識破一本正經的胡說八道

不要把資金押在歷史模式以及幾乎沒有合理解釋的關係上。黃金價格也許是白銀價格的三十四到三十八倍，但是它沒有理由必須維持在這個範圍內。美國押抵貸款市場許多年來與俄羅斯債券市場沒有相關性，但是一場恐慌可能對兩個市場產生類似的影響。不要僅僅觀察數字。應該考慮原因。

Lesson 18

增長的極限

本書許多例子涉及一種狡猾的做法，就是在沒有根本理論或完整定義的情況下搜刮數據，而不去看可能帶來名聲和資助的有意義的統計關係。這屬於缺乏理論的數據。

另一個極端是缺乏數據的理論——提出半真半假的理論作為事實，但卻從不用數據檢驗它。如果一種理論沒有得到可靠的數據檢驗，那麼它僅僅是一種猜測。對於未來幾十年、甚至幾百年的預測來說，這種現象尤其明顯。

窮途末路

有人問愛因斯坦他所知道的最重要的概念是什麼，他回答：「複利」。不是統計力學，不是量子理論，不是相對論，而是複利。

假設你投資一千美元，年利率是一〇%。第一年，你的一千美元投資賺到了一百美元利息。此後每年，你都會得到一千美元的一〇%，外加你已經賺到的利息的利息，這就是「複利」強大到近乎神奇的原因。

經過五十年的利滾利，你的一千美元將會變成十一萬七千三百九十一美元。經過多次複合計算，一個看上去比較溫和的報酬率，可以將一筆小額投資轉變成一筆財富。複利的奇蹟不僅僅適用於投資。它適用於一切以複合速率增長的事物，包括人口和資源消耗量。

一九七二年的報告《增長的極限》（*The Limits to Growth*）很好地展示了複利的奇

蹟。這篇報告是由聽上去很神祕的「羅馬俱樂部」（Club of Rome）贊助的。羅馬俱樂部是神祕的兄弟會嗎？它是否與共濟會或《達文西密碼》（*The Da Vinci Code*）有關？實際上，羅馬俱樂部是一個很普通的組織。一九六八年，一位義大利實業家在羅馬成立了一個跨國組織，以支援對世界前景的長期跨學科分析。真是一項雄心勃勃的事業！實業家將這個具有宏大目標的小型組織稱為羅馬俱樂部。

《增長的極限》很受歡迎。它被翻譯成三十種語言，銷量超過了一千二百萬本。第一作者都尼勒・「達納」・梅多斯（Donella"Dana"Meadows）擁有化學學士學位和生物物理學博士學位，曾經參與傑伊・W・佛羅斯特（Jay W. Forrester）組織的一個麻省理工團隊，團隊的任務是製作世界社會經濟系統模型「世界三」。

佛羅斯特在職業生涯早期是一位電氣工程師，後來從工程領域轉到了管理領域，提出理解複雜現象的「系統動力學」。為了理解一個系統的動態演化（比如一個新產品的創造、生產和行銷），我們應該理解系統各個部分的回饋、相互作用和延遲。由於這些模型非常複雜，因此需要通過電腦類比來分析系統的演化。

佛羅斯特受邀參加了羅馬俱樂部的一次會議。會上，人們問他能否用系統動力學類比不斷增長的人口需求和有限的地球資源導致的「人類困境」，答案當然是肯定的。雖然佛羅斯特沒有接受過正式的經濟學培訓，但他在返回美國的飛機上設計出了「世界一」模型。他調整模型，得到了涉及四十三個變數的「世界二」，並在一九七一年的《世界動力學》（*World Dynamics*）一書中描述模型的電腦模擬結果。

提前枯竭。複合成長既具有成就能力，也具有毀滅能力。如圖18－1所示，按照二%的和緩成長率計算，一百年後的年度使用量將達到當前水準的七倍，世界上的資源將在一百一十年後耗盡。

複合增長模型對假定資源和使用量的增長速度並不敏感，因為不管資源的初始水準如何，不管使用量的年成長率如何，有限的資源最終都會耗盡。真正值得注意的是，在複合增長的作用下，世界資源會快速耗盡。根據一九七一年發表的「世界二」模型，世界的生活標準將在一九九〇年達到峰值，然後不可逆轉地下降。

解決方案呢？佛羅斯特的模型認為出生率與整體生活標準存在正相關，尤其與糧食產量存在正相關。他相信糧食產量的增長將會導致出生率增長，因此他建議減少糧食產量！具體地說，他認為，各國政府應該將全球食品供應量減少二〇%，以說服人們生養更少的孩子，否則他們就會挨餓。（你可能認為他在開玩笑，但他並沒有開玩笑。）

世界末日式的人口預測至少在一七九八年就出現了，因為馬爾薩斯在這一年出版了《人口論》（*Essay on the Principle of Population*）。當時的許多知識分子認為，人類社會已經進入可以無限發展的階段。馬爾薩斯的觀點和這種無拘無束的樂觀主義相反，他指出，歷史上人口的增長速度往往高於食品供應的增長速度。實際上，農業生產力的提高只會導致更高的出生率，直到人口過多，食物不足為止。這種危機是通過饑荒、疾病和戰爭解決的——這掩蓋了最根本的問題，即人口過剩。因此，周而復始的迴圈一直在繼續。由於馬爾薩斯冷酷的分析，經濟學有時被貼上「悲觀科學」的標籤。

馬爾薩斯認為，要想解決人口過多、食品不足的問題，不必提高死亡率，而是通過獨身、節育、墮胎和賣淫降低出生率。是的，這位優秀的教士看到了墮胎和賣淫的好處。

到目前為止，馬爾薩斯的觀點是錯誤的。驚人的科技發展使世界人口增長了七倍。不過，佛羅斯特和梅多斯實際上重複了馬爾薩斯一七九八年的假設和結論。資源使用量以複合成長率增長，資源的供應量則不會增長。如果發現新的資源，更高的生活標準將會提高出生率，因此人口的增長很快就

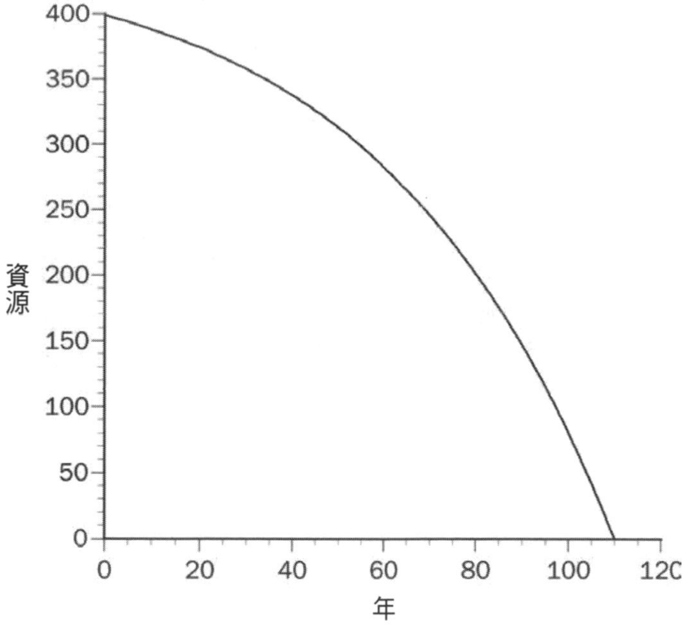

圖 18-1　世界末日是不可避免的

會超過資源的增長。

馬爾薩斯、佛羅斯特和梅多斯所持的觀點，其中一個明顯問題是，富足並不會提高出生率。自從馬爾薩斯那個時代以來，我們發明了有效的節育途徑。而且，不管我們比較不同國家還是考察一個國家，生活標準的提高，顯然會降低人口增長速度。今天，一些發達國家的人口成長率近乎為零，甚至變成了負值。

此外，「資源使用量以複合成長率增長，世界上的資源供應量則是固定的」這一假設沒有任何經驗基礎。更高效使用資源的技術，要是進步也會以複合成長率增長。馬爾薩斯、佛羅斯特和梅多斯完全沒有注意到，價格會導致人們適應變化的環境。如果某樣東西變得稀缺，它就會變得更加昂貴，人們就會減少使用，並尋找較不昂貴的替代品。

佛羅斯特和梅多斯將所有自然資源打包放在一起，將其稱為「資源」。在現實中，有許多不同種類的自然資源，其中一些資源比另一些資源更加豐富（想一想氧氣和黃金）。而且，人類具有無窮無盡的智慧，可以想辦法用更加豐富的資源替代不那麼豐富的資源。我們已經學會了用核燃料代替化石燃料，用電子郵件代替「蝸牛」郵件，用塑膠代替木頭、金屬和玻璃。沒有人知道未來一百年將會取代掉哪些東西，但是我們可以肯定，未來一定會發生新的取代事件。

馬爾薩斯、佛羅斯特和梅多斯所持觀點的根本問題，在於他們的推理具有一絲合理性，但他們並沒有考察歷史資料，以檢驗這些資料是否支持他們的理論。他們相信這些理論，所以他們要求我們也相信這些理論。我們可能被缺乏資料的理論欺騙，正如我們可能被缺乏理論的資料欺騙。

如何識破一本正經的胡說八道

我們既需要理論，也需要資料。不要僅僅被其中一種說服。

如果有人光搜刮資料就發現了某種模式，這時我們還需要合理的理論才行。另一方面，在跟可信的資料核對之前，理論僅僅是理論而已。

不管一項研究是誰做的，它都需要通過常識性檢驗，而且需要用沒有被資料採集污染的無偏差資料來檢驗。

結語

何時相信，何時懷疑

如今，我們被數據包圍。同時，我們又常常受數據欺騙。

有時，數據可以幫助我們評估相互競爭的觀點，做出良好的選擇。政府選擇能夠降低失業率、消除霍亂、小兒麻痺症和天花的政策。企業開發能夠改善我們的生活且製造成本合理的產品。投資者購買低成本共同基金，選擇價格有吸引力的股票所組成的分散式投資組合。病人得到能夠真正挽救生命的藥物和治療。消費者選擇有效、價格具競爭力的產品。我們停止吸菸，開始鍛鍊身體。

其他時候，我們被數據欺騙，做出糟糕的選擇，導致昂貴甚至災難性的後果。政府在經濟衰退期間實行租金管制，增加稅收。企業追逐最新的管理風潮，依賴具有嚴重偏差的調查。投資者追逐熱門股票，把資金託付給行騙高手。病人誤解檢測結果，接收毫無價值甚至有害的藥物和治療。消費者追隨最新的減肥熱潮，並且因為房價一直上漲而買房。我們認為成功者受到詛咒，失敗者即將時來運轉。

有時，我們應該相信數據。有時，我們應該懷疑數據。

被模式誘惑

我們生來便有以某種方式理解周圍世界的傾向——發現模式，並且編造出解釋這些模式的理論。我們低估了毫無理由的隨機事件生成幸運或不幸模式的容易程度。

我們應該努力意識到，我們很容易受到模式的誘惑。我們不應該受到引誘，應該保持懷疑的態度。相關、趨勢和其他模式本身無法證明任何事情，如果沒有合理的解釋，任何模式都僅僅是一種模式而已。每一種合理的理論都應該接受新資料的檢驗。

具有誤導性的資料

在實驗中，研究人員常常改變一個因素，其他干擾因素維持不變，然後查看結果。例如，我們可以為植物提供不同的肥料劑量，同時將水、陽光和其他因素維持不變。不過，在行為科學中，涉及人類的實驗是受限的。我們無法讓人們辭去工作，與配偶離婚，或者生孩子，以便觀察他們的反應。相反，我們只能使用觀測性資料——觀察失去工作、離異或者有孩子的人。我們很容易根據觀測到的現象得出結論。我們都在做這樣的事情，但它是有風險的。

當我們比較做出不同選擇的人，同時不去考慮他們為什麼做出這些選擇時，就會出現自我選擇偏誤。一些學生之所以選擇畢業率較低的大學，可能是因為他們不太可能從其他大學畢業。選擇上大學的學生可能比選擇不上大學的學生更聰明，更有動力。

如果消除選擇因素，我們的結論可能更有說服力。比如學生被隨機分配到不同的大學或者被隨機推向社會。幸運的是，科學家不能為了蒐集資料、發表研究論文而毀掉人們的生活。遺憾的是，我們需要對那些可能存在自我選擇偏誤的資料保持警惕。

為我們觀察到的現象尋找理論，另一個常見問題是倖存者偏差，因為我們無法看到不復存在的事物。對於老年人的研究不會包含中年去世的人。考察結束轟炸任務的飛機，當中不包含被擊落的飛機。對於入住某些酒店、搭乘某些航班或者訪問某些國家的人群的調查，不包含有過一次經歷、以後再也不來的人。

整理偉大公司的共同特點，不會包含擁有這些特點但不那麼成功、甚至已經破產的公司。如果我們在觀察資料之前，列舉出我們認為重要的因素，並且找出擁有這些特點和沒有這些特點的公司，然後再去查看實際結果，我們的結論將會更有說服力。

記錄資料或編寫電腦代碼時，不要忽視出差錯的可能性。為了支持「在大蕭條中減少政府開支，增加稅收」的觀點，萊因哈特和羅戈夫無意中忽略了與他們的觀點相衝突的資料，並且以一種不同尋常的、無法令人信服的方式計算平均值。李維特和唐納修認為美國的合法墮胎降低了犯罪率，但他們的研究包含許多錯誤，包括一個程式錯誤。

變形的圖像

視覺資訊——圖像可以幫助我們解讀數據，做出推斷。有用的圖像可以準確一致顯示資料，幫助我們了解傾向、模式、趨勢和關係。一張圖的價值抵得上一千個數字。

不過，圖像也會扭曲資料。當心那些忽略數線零點、誇大差異的圖像。還記得嗎？當數線沒有顯示零點的時候，一位總裁曾經認為收入的和緩下降是一場危機。

當圖像擁有兩個縱軸而且其中的一個或兩個縱軸忽略零點時，應當格外小心。聰明的藝術家可以調整數線上顯示的資料範圍，使收入的增速看上去高於消費品價格，或者消費品價格的增速看上去高於收入。當心那些省略資料、使用不一致的數線間隔、顛倒數線、塞滿圖表垃圾的圖像。

缺乏思考的計算

人們有一種自然而然的傾向，那就是僅僅關注數值計算的準確性，不去深入思考這些計算是否正確。

在著名的蒙提．霍爾問題中，好和壞兩種結果的存在，並不意味著它們的可能性是相等的。更加令人吃驚的是，專家們不斷拋棄常識，認為沒有出現的孩子的性別，取決於這個孩子是否比同胞大，是否擁有不同尋常的名字，或者是否出生在星期二。在你核對某人的計算之前，應首先核對他的推理。

有個邏輯錯誤很常見，即是混淆兩種條件性陳述。患病的人得到陽性檢測結果的機率，並不等於得到陽性檢測結果者的患病機率。

人口隨時間增長，許多人類活動也是如此，包括看電視的人數、吃橘子的人數以及死亡人數。這些資料是不相關的，但它們存在統計相關性，因為它們都會隨著人口的增長而增長。看電視並不會導致我們吃橘子，吃橘子也不會導致死亡。在統計學中，相關性並不是因果關係的代名詞。不管兩種事物的關係多麼密切，在做出判斷之前，我們都需要一種合理的解釋。

在實證研究中，比較常常是非常重要的。不過，我們需要當心膚淺的比較：對於大數和小數百分比變化的比較，對於只隨時間增長、沒有任何共同點的比較，以及不相關資料的比較。

尋找干擾因素

當你聽到某種令人困惑的（甚至合理的）論斷時，應當考慮是否存在干擾因素。瑞典的女性死亡率高於哥斯大黎加——因為瑞典的老年女性比較多。柏克萊研究生計畫錄取的女性申請者比較少——因為女性申請了難度比較高的計畫。一種手術比另一種手術更加成功——因為它往往用於癥狀更輕微的案例。患有胰腺癌的病人比其他病人飲用更多的咖啡——因為其他許多病人有潰瘍的問題，戒掉了咖啡。

干擾因素常常存在於觀測性研究中，此時我們無法控制人們的選擇。但它也存在於實驗環境中，因為研究人員有時會忘記控制某個干擾因素。

手氣好

在拋擲十次硬幣時，連續出現四個正面的結果看上去很奇特，似乎無法用偶然性來解釋。實際上，連續四個及以上相同結果出現的機率是四十七%。不過，我們很容易認為硬幣或者拋硬幣的人一定存在某種特質。

當籃球選手連續多次投籃命中時，我們很容易認為選手的手氣很好——手氣好的選手下次投籃很可能也會命中。我們很容易低估這種現象僅僅出於巧合的可能性。同樣的道理適用於所有體育項目以及體育以外的領域。

有一些可信的證據，表明運動員有時的確會進入火熱的狀態，但他們的能力波動比選手和球迷想像得要小得多。同樣的道理無疑也適用於體育以外的領域。

回歸平均值

在一次測試中得到最高分的學生（讓我們叫她瑞吉兒吧）很可能受到了好運的幫助（被問到熟悉的問題，猜出正確的答案），因此她的表現不僅優於其他學生，而且優於自己的能力。瑞吉兒的能力與平均能力的差距，很可能不像她的測試分數與平均分數之間的差距那麼大。因此，她在第二次測試中的分數很可能更加接近平均分數——也就是回歸平均值。類似的，得到最低分的學生的能力很可能不像測試分數表現得那樣差，這名學生很可能會在第二次測試中做出更好的表現。

最成功和最不成功的公司、運動員、員工、雇主和潛在靈魂伴侶也是如此。不要被成功和失敗欺騙。最優秀的人與平均水準的差距很可能不像看上去那麼大。最糟糕的人也是同樣的道理。位於極端位置的事物很可能會回歸平均值。

平均定律

一種非常不同（同時也極度不正確）的觀點是，成功一定會得到失敗的平衡（反之亦然），以便事物整體呈現平均水準。每次硬幣正面朝上都會提高背面朝上的可能性。輪盤賭的每個紅色結果都會提高黑色結果的可能性。多次擊出全壘打的棒球選手即將出局。從未失火的房屋即將被燒毀。經歷多次安全飛行的旅客即將遭遇墜機事故。這些信念都是不正確的。

好運當然不會永遠持續，但是不要認為好運會提高噩運的可能性，反之亦然。

德州神槍手

追求名聲和贊助的研究人員常常會變成德州神槍手，他們隨機開槍，並在彈孔最多的區域繪製靶心。如果你用某種資料編造理論，那麼你很容易發現這種理論與資料相符。這樣的結果只能證明某人找過資料群集或其他模式。只有當這種結論言之有理，並且跟未污染資料核對也相符時，它才是可信的。

其他一些德州神槍手向幾百個目標開火，然後只報告他們擊中的目標。他們檢驗幾百種理論，然後只報告最符合資料的理論。他們考察癌症受害者的幾百種特點，然後只報告最常見的特點。如果我們最終碰上了一種資料能夠支持的理論，這只能證明我們測試了許多理論。這種理論必須言之有理，而且需要得到新資料的證實。

有時，研究人員會隱藏自己的德州神槍手身分，我們需要使用一些偵探技巧發現他們的惡作劇。尋找不自然的資料分組。當研究人員似乎只報告了一部分統計檢驗時，應當保持警惕。不要輕易相信那些與資料相符、與常識不符的理論。當某種理論是搜刮資料而來時，我們無法用這些資料對理論進行公平的檢驗。

當心經過剪裁的資料

當心那些忽略部分資料的研究，尤其是當你懷疑這些資料之所以被捨棄，是因為它們不支持研究結果。一些線索包括資料開始或結束於不同尋常的日期（出生於一八七五年到一九三〇年的籃球選手），或者被分成不同尋常的類別（七十五歲以上的女性或政府債務超過國內生產總值九〇％的年份）。

這些研究真正證明了一個結論，一些追求升遷、終身職位或經費的人可以丟棄不支持荒謬理論的資料，從而找到支持這些荒謬理論的證據。

缺乏理論的資料僅僅是資料而已

人們總是滿懷希望地研究資料，尋找跑贏大盤或中彩券的方法，然後得出一些可笑的理論，比如超級盃理論或者讓你的朋友瑪麗替你購買彩券。不要相信胡言亂語。

如果我們足夠努力，即使面對隨機生成的資料，我們也可以找到某種模式。不管這種模式多麼明顯，我們都需要一種合理的理論來解釋這種模式。否則，我們找到的僅僅是巧合而已。

如果某種理論不合理，應當保持懷疑的態度。如果某種統計結論看上去令人難以置信，不要相信它。如果你檢查其中的資料和檢驗，你通常可以發現一個嚴重的問題，並推翻結論。

缺乏資料的理論僅僅是理論而已

人們相信令人舒適的事物——因為它們令人舒適。相反的證據被人忽視或捨棄。同承認自己的錯誤相比，對礙眼的事實視而不見，是更加容易的事情。為了理解世界，即使是最聰明的人也會變得固執而愚蠢。人們既可以被缺乏理論的資料欺騙，也可以被缺乏資料的理論欺騙。我們既需要理論，也需要資料。僅僅搜刮資料、尋找模式是不夠的。模式需要得到理論的解釋，這種理論應該言之有理，而且需要得到新資料的檢驗。另一方面，在經過可靠資料的檢驗之前，理論僅僅是一種猜測。

美好的出生日

情人節（聖瓦倫丁節）的起源和它所慶祝的、有時令人費解的愛情一樣神祕。傳說，一個名叫瓦倫丁（Valentine）的人公然反抗羅馬皇帝克勞狄烏斯二世（Claudius II），他為基督教情侶主持婚禮，並且幫助被羅馬人迫害的基督教徒。克勞狄烏斯逮捕了瓦倫丁，試圖說服他改信羅馬異教。瓦倫丁拒絕了他，反而試圖說服克勞狄烏斯信仰基督教。他遭到了棍棒和石塊毒打，最後被斬首。

一個名叫聖瓦倫丁（Saint Valentine）的人在二月十四日被埋葬在羅馬北部的一條公路旁邊。我們並不知道這個聖瓦倫丁是不是與克勞狄烏斯進行過著名對話的那個瓦倫丁，或者這場對話是否真的發生過。

我們也不知道瓦倫丁節是怎樣與浪漫的愛情聯繫在一起的。一三九二年，英國詩人傑弗瑞・喬叟（Geoffrey Chaucer）寫了一首詩，以紀念國王理查二世（Richard II）和波希米亞郡主安妮（Anne of Bohemia）五月二日的訂婚紀念日。兩個人是在十五歲結的婚。喬叟寫道：「因為這是聖瓦倫丁節，每隻鳥兒都來選擇它的伴侶。」不過，喬叟指的很可能是五月二日（紀念熱那亞聖瓦倫丁的日子），不是二月十四日，因為英國的二月十四日是冬季，不太可能是鳥兒交配的時節。不過，二月十四日已經通過某種方式演變成了全世界銷售鮮花、糖果、珠寶和吸塵器的節日。

愛情，婚姻，然後是嬰兒。孕婦的「預產期」大約是上次正常月經期第一天的四十個星期之後。這是一個平均值，存在很大的變數——就像提前幾個星期的天氣預報一樣。即使考慮到婦女的年齡、種族以及是否是頭胎，嬰兒在預產期出生的可能性也只有大約五％。二〇％的嬰兒出生在預產期兩個星期之前或者兩個星期之後。

二〇一一年的一項研究考察了美國一九九六年到二〇〇六年的資料，認為母親可以選擇在情人節分娩。這是一個令人興奮的有趣結論，因為自然分娩通常被認為是自發的，婦女無法控制它的時間。

研究發現，婦女不僅可以選擇情人節（愛情之日），而且可以避免孩子出生在萬聖節（死亡之日）。

且慢。許多出生在萬聖節的人在聽說這項研究以後感到非常憤怒，他們聲稱萬聖節是自己最喜愛的節日。一個人寫道：「我喜歡生日這天的『不給糖就搗蛋』活動。」另一個人寫道：「我喜歡生日這天的萬聖節化妝派對。」

民調顯示，耶誕節是美國人最喜愛的節日，隨後是感恩節和萬聖節。情人節和光明節並列第十。由於情人節同罪惡和失望聯繫在一起，因此它只能獲得「最不受歡迎的節日」這一榮譽。

可是，這項研究的的確確是由兩位耶魯教授進行的。你怎麼看？

參考資料

第 I 章

CBS News, "World Cup Final a Battle of Octopus vs. Parakeet," July 14, 2010.

Daily Mail, World Cup 2010: Paul the Psychic Octopus has competition as Mani the parakeet pecks Holland as his winners, Mail Online, July 9, 2010.

Daily Mail Foreign Services, "He's no sucker: Paul the oracle octopus is right for the seventh time after picking Germany to beat Uruguay to third place, Mail Online, July 10, 2010.

Ria Novsti, German octopus predicts Spanish victory in World Cup, July 9, 2010.

SyMontgomery, "Deep Intellect: Inside the Mind of an Octopus," *Orion*, November/December 2011.

Jennifer A. Mather, Roland C. Anderson, and James B. Wood, *Octopus: The Ocean's Intelligent Invertebrate*, Timber Press, 2010.

Bernard Kettlewell, *The Evolution of Melanism: The Study of a Recurring Necessity, with Special Reference to Industrial Melanism in the Lepidoptera*,Oxford: Oxford University Press 1973.

M. E. N. Majerus, *Melanism: Evolution in Action*, Oxford: Oxford University Press 1998.

Møller, A.P. 1992. Female preference for symmetrical male sexual ornaments. Nature 357 : 238-240.

Møller, A.P. *(1994) Sexual selection and the barn swallow*. Oxford University Press

Little AC, Jones BC, Waitt C, Tiddeman BP, Feinberg DR, Perrett DI, Apicella CA, & Marlowe FW. Symmetry is related to sexual dimorphism in faces: data across culture and species. PLOS one 3(5): e2106.doi:10.1371/journal.pone.0002106.

Rhodes, G. (2006). "The evolutionary psychology of facial beauty," *Annual Review of Psychology* 57: 199–226.

Maynard Smith, John; Harper, David (2003). *Animal Signals*. Oxford University Press. pp. 63-65.

Ewen Callaway, "Report finds massive fraud at Dutch universities," Nature, 479:15, 2011.

Michael Shermer, Patternicity: Finding Meaningful Patterns in Meaningless Noise, Scientific American, 299 (6), December 2008

Michael Shermer, The Believing Brain: From Ghosts and Gods to Politics and Conspiracies—How We Construct Beliefs and Reinforce Them as Truths," New York: Henry Holt, 2011.

Kevin R. Foster & Hanna Kokko, The Evolution of Superstitious and Superstition-Like Behavior, 276 PROC. R. SOC. B. 31, 31 (2009).

Wakefield AJ, Murch SH, Anthony A, Linnell J, Casson DM, Malik M, Berelowitz M, Dhillon AP, Thomson MA, Harvey P,

Valentine A, Davies SE, Walker-Smith JA (1998). "Ileal-lymphoid-nodular hyperplasia, nonspecific colitis, and pervasive developmental disorder in children," *The Lancet*, 351 (9103): 637–41.

Brian Deer, (22 February 2004). "Revealed: MMR research scandal," *The Sunday Times* (London).

Brian Deer, Secrets of the MMR scare: How the case against the MMR vaccine was fixed, BMJ 2011; 342.

Fiona Godlee, editorial, Wakefield's article linking MMR vaccine and autism was fraudulent, *BMJ* 2011; 342

Phil, Plaitt, "Andrew Wakefield Tries to Shift Blame for UK Measles Epidemic," *Slate*, April 14, 2013.

Ioannidis, J. P. A. (2005). "Why Most Published Research Findings Are False," PLoS Medicine 2 (8): e124

Steven Goodman and Sander Greenland (2007). :Assessing the unreliability of the medical literature: A Response to "Why Most Published Research Findings Are False," Johns Hopkins University, Department of Biostatistics.

Goodman, S.; Greenland, S. (2007). "Why Most Published Research Findings Are False: Problems in the Analysis, PLoS Medicine 4 (4): e168.Ioannidis, J. P. A. (2007). "Why Most Published Research Findings Are False: Author's Reply to Goodman and Greenland," PLoS Medicine 4 (6): e215.

Ioannidis, J. P. A. (2005). "Contradicted and Initially Stronger Effects in Highly Cited Clinical Research". JAMA: the Journal of the American Medical Association 294 (2): 218–228.

第11章

Associated Press, "Anger Doubles Risk of Attack of Heart Attack Victims,"*The New York Times*, March 19, 1994.

Charles Babbage, *Passages from the Life of a Philosopher*, London: Longman, Green, Longman, Roberts, & Green; 1864; reprinted, Rutger University Press, 1994.

Difference Engine 2 photo: http://www.flickr.com/photos/psd/308093356/ Jonathan Shaw, "Why 'Big Data' Is a Big Deal," *Harvard Magazine*, March-April 2014, p. 30.

Jason Stanley and Vesla Waever, "Is the United States a 'Racial Democracy'?," *New York Times*, Online January 12, 2014.

E. Scott Geller, Nason W. Russ, Mark G. Altomari, "Naturalistic Observations of Beer Drinking Among College Students," *Journal of Applied Behavior Analysis*, 1986, 19 391-396.

Steven Reinberg, "Too much TV May Take Tears Off Your Life," Health-Day,

French survey: Cynthia Crossen, "Margin of Error: Studies Galore Support Products and Positions, but Are They Reliable?," *The Wall Street Journal*, November 14, 1991.

J Lennert Veerman, Genevieve N Healy, Linda J Cobiac, Theo Vos, Elisabeth A H Winkler, Neville Owen, David W Dunstan, "Television viewing time and reduced life expectancy: a life table analysis," Br J Sports Med bjsports085662Published Online First: 15 August 2011 doi:10.1136/bjsm.2011.085662

William G. Bowen, Matthew M. Chingos, and Michael S. McPherson, Crossing the finish line: completing college at America's public universities, Princeton, N.J. : Princeton University Press, 2009.

David Leonhardt. "Colleges are failing in graduation rates," New York Times, September 9, 2009.

Sharon Jayson, "College drinking is liberating, and a good excuse," USA Today, August 22, 2011.

Edward R. Murrow, speech to the Radio and Television News Directors Association (RTNDA) Convention, Chicago, October 15, 1958.

Boykin v. Georgia Pacific 706 *F.2d* 1384, 32 *FEP Cases* 25 (5th Cir. 1983)

The Steering Committee of the Physicians' Health Study Research Group, "Preliminary Report: Findings From the Aspirin Component of the Ongoing Physicians' Health Study," *New England Journal of Medicine*, January 28, 1988, pp. 262-264.

Daniel Nasaw, "Who, What, Why: How do cats survive falls from great heights?," BBC News Magazine, 24 March 2012.

Wayne Whitney and Cheryl Mehlhaff collected the data reported in Jared Diamond, "How Cats Survive Falls from New York Skyscapers," Natural History, Volume 98, pp. 20-26; August 1989.

Collins, J. (2001). *Good to Great*. New York: HarperCollins.

Tom Peters and Robert H. Waterman, Jr., *In Search of Excellence*, New York, Harper & Row, 1982

Bruce G. Resnick and Timothy L. Smunt, "From Good to Great to . . . " *Academy of Management Perspectives* (November 2008), 22: 4, pp.6–12.

Phil Rosenzweig, The Halo Effect, New York: The Free Press, 2007.

Gabrielle Baum and Gary Smith, "Great Companies: The Secrets of Success are Still a Secret," unpublished 2013.

第三章

L. L. Miao, "Gastric Freezing: An Example of the Evaluation of Medical Therapy by Randomized Clinical Trials," in J. P. Bunker, B. A. Barnes, and F. Mosteller, editors, *Costs, Risks and Benefits of Surgery*, New York: Oxford University Press, 1977, pp. 198–211.

J. Bruce Moseley, Kimberly O'Malley, Nancy J. Petersen, Terri J. Menke, Baruch A. Brody, David H. Kuykendall, John C. Hollingsworth, Carol M. Ashton, and Nelda P. Wray, "A Controlled Trial of Arthroscopic Surgery for Osteoarthritis of the Knee," *New England Journal of Medicine*, July 11, 2002; 347:81-88

Alexandra Kirkley, Trevor B. Birmingham, Robert B. Litchfield, J. Robert Giffin, Kevin R. Willits, Cindy J. Wong, Brian G. Feagan, Allan Donner, Sharon H. Griffin, Linda M. D'Ascanio, Janet E. Pope, and Peter J.Fowler, "A Randomized Trial of Arthroscopic Surgery for Osteoarthritis of the Knee," *New England Journal of Medicine*, September 11, 2008; 359:1097-1107

Susan Milton, "Wellfleet the Victim in Statistical Murder Mystery," *Cape Cod Times*, December 12, 1994.

Wheeler's Market Intelligence, "Analysis of Potential Impacts of Liberty Quarry on the Tourism Industry and Property Values in Temecula, California," January 2011, page 4.

John E. Husing, "Liberty Quarry: Economic Impact on Riverside County & Its Southwestern Area," February 13, 2007.

Diane Hite, 2006. "Summary Analysis: Impact of Operational Gravel Pit on House Values, Delaware County, Ohio," Auburn University.

Peter Berck, "A Note on the Environmental Costs of Aggregate," Liberty Quarry Environmental Impact Report, FEIR Sections, Appendix U.

Peter Berck, letter submitted by Gary Johnson to the Riverside County Board of Supervisors, January 28, 2012.

Manfred Keil and Gary Smith, "The Estimated Costs and Benefits of the Proposed Liberty Quarry," Rose Institute of State and Local Government, June 2011.

Odean, T. 1998. Volume, volatility, price and profit when all traders are above average. J Finance 53(6) 1887–1934.

Slovic, P., B. Fischhoff, S. Lichtenstein. 1976. The certainty illusion. ORI Res. Bull. 16(4) 1–38.

Langer, E. J., J. Roth. 1975. Heads I win, tails it's chance: The illusion of control as a function of the sequence of outcomes in a purely chance task. J. Personality Soc. Psych. 32(6) 951–955.

Miller, D. T., M. Ross. 1975. Self-serving bias in attribution of causality: Fact or fiction? Psych. Bull. 82(2) 213–225.

第四章

Donohue, John J. and Levitt, Steven D. (2001) The Impact of Legalized Abortion on Crime. Quarterly Journal of Economics, 116 (2), 379-420.

Foote, Christopher L.; Goetz, Christopher F. (2008). The Impact of Legalized Abortion on Crime: Comment, *Quarterly Journal of Economics*, 123 (1): 407–423

Steven D. Levitt, 2002. "Using Electoral Cycles in Police Hiring to Estimate the Effects of Police on Crime: Reply, American Economic Review. 92 (4), 1244-50.

Steven D. Levitt, 1997, "Using Electoral Cycles in Police Hiring to Estimate the Effect of Police on Crime," *American Economic Review*, 1997, *87*(3), pp. 270–90.

Lott, John R, Jr, Whitley, John, 2007, Abortion and Crime: Unwanted Children and Out-of-Wedlock Births, *Economic Inquiry,* 45 (2), 304-324.

Justin McCrary, 2002. "Do Electoral Cycles in Police Hiring Really Help Us Estimate the Effect of Police on Crime?, Comment," American Economic Review, 2002, 92 (4), pp. 1236-43.

Nevin, Rick (May 2000). "How Lead Exposure Relates to Temporal Changes in IQ, Violent Crime, and Unwed Pregnancy". *Environmental Research* 83 (1): 1–22.

Nevin, Rick (July 2007). "Understanding international crime trends: The legacy of preschool lead exposure". *Environmental Research* 104 (3):315–336.

Reinhart, C. M. and Rogoff, K. S. (2010a). Growth in a Time of Debt. American Economic Review: Papers & Proceedings, 100 (3), 573–78.

Reinhart, C. M. and Rogoff, K. S. (2010b). Growth in a Time of Debt. Working Paper 15639, National Bureau of Economic Research, http://www.nber.org/papers/w15639.

Carmen M. Reinhart, Vincent R. Reinhart, and Kenneth S. Rogoff, "Public Debt Overhangs: Advanced- Economy Episodes Since 1800," Journal of Economic Perspectives—Volume 26, Number 3—Summer 2012—Pages 69–86.

Ryan, P. (2013). The Path to Prosperity: A Blueprint for American Renewal. Fiscal Year 2013 Budget Resolution, House Budget Committee, http://budget.house.gov/uploadedfiles/pathtoprosperity2013pdf., p.78

Thomas Herndon, Michael Ash, and Robert Pollin, Does High Public Debt Consistently Stifle Economic Growth? A Critique of Reinhart and Rogoff, Political Economy Research Institute, University of Massachusetts Amherst, April 2013.

James Kwak, "The Importance of Excel," http://baselinescenario.com/2013/02/09/the-importance-of-excel/ *Washington Post* editorial, "Debt reduction hawks and doves," January 26,2013.

Arindrajit Dube, "Reinhart/Rogoff and Growth in a Time Before Debt," April 17, 2013, unpublished.

第五章

Thomas L. Friedman, "That Numberless Presidential Chart," *The New York Times*, August 2, 1981.

The medical cost figure is an update of a graph printed in the *Washington Post* in 1976, using data for 1939-1976 and using pictures of doctors instead of hearts.

The Yankee ticket price example is based on a figure created by the Associated Press that, by reversing the axes, seemed to show that state and local government expenditures had slowed down when they had actually accelerated:

Associated Press, 1974, from David S. Moore, Statistics: Concepts and Controversies, New York: W.H. Freeman, 1979, p. 151.

David Frum, "Welcome, Nouveaux Riches," The New York Times, August 14, 1995; reprinted in Reader's Digest, December 1995, p. 123.

William Playfair, *The Commercial and Political Atlas*, 1786

National Science Foundation, *Science Indicators, 1974*, Washington: General Accounting Office, 1976, p. 15.

Ithaca Times cover, December 7, 2000.

Arthur Schlesinger, Jr., "Inflation Symbolism vs. Reality," *The Wall Street Journal*, April 9, 1980.

Dan Dorfman, "Fed Boss Banking on Housing Slump to Nail Down Inflation," *Chicago Tribune*, April 20, 1980.

The tedious parade of numbers quotation is from *Time*, February 11, 1980, p. 3.

The shrinking dollar is an update of a graph that appeared on the front page of the *Washington Post* on October 25, 1978, comparing the purchasing power of one dollar from Dwight Eisenhower to Jimmy Carter. Their figure was further embellished by replacing the picture of George Washington on the one dollar bill with pictures of the respective presidents. I did the casino study. The unhelpful graph was created solely for this book and combines many enhancements that people do to enliven graphs.

"Abreast of the Market" *The Wall Street Journal*, October 19, 1987.

Felix Rohatyn, a general partner in Lazard Freres & Co., quoted in James B. Stewart and Daniel Hertzberg, "How the Stock Market Almost Disintegrated A reet Journal, October 30, 1980.

The Colorado teachers example is from William A. Spurr and Charles P. Bonini, *Statistical Analysis for Business Decisions*, revised edition, Homewood, Illinois: Irwin, 1973, p. 219.

Joint Economic Committee of the United States Congress, "The Concentration of Wealth in the United States," July 1986, pp. 7-43.

第六章

Selvin, Steve (February 1975), "A problem in probability (letter to the editor)," *American Statistician* 29 (1): 67

Selvin, Steve (August 1975), "On the Monty Hall problem (letter to the editor),"

American Statistician 29 (3): 134

Marilyn Vos Savant, "Ask Marilyn, *Parade*, September 9, 1990.

Marilyn Vos Savant, "Ask Marilyn, *Parade*, December 2, 1990.

Marilyn Vos Savant, "Ask Marilyn, *Parade*, February 17, 1991.

John Tierney, "Behind Monty Hall's Doors: Puzzle, Debate and Answer?," *The New York Times*, July 21, 1991.

Gardner, Martin, 1959. *The Scientific American Book of Mathematical Puzzles and Diversions*, New York: Simon and Schuster.

Martin Gardner (1954). The Second Scientific American Book of Mathematical Puzzles and Diversions. Simon & Schuster.

Mlodinow, L. 2008. The Drunkard's Walk: How Randomness Rules Our Lives. New York: Pantheon Books.
Paulos, John Allen, 1988. Innumeracy: Mathematical Illiteracy and its Consequences, New York: Hill and Wang.
John Allen Paulos, Innumeracy, Hill andWang, 1988.
Bar-Hillel, Maya and Ruma Falk, 1982. Some teasers concerning conditional probabilities, Cognition, 11, 109-122.
Freund, John E., 1965. Puzzle or paradox?, The American Statistician, 19(4), 29, 44.
Marks, Stephen and Gary Smith, "The Two-Child Paradox Reborn?," *Chance*, 24 (1), 2011, 54-59.
Meier, P. and Zabell, S. 1980. "Benjamin Peirce and the Howland will." *Journal of the American Statistical Association*. 75:497-506.
Supreme Court of California, *People v. Collins*; see also William B. Fairly and Frederick Mosteller, "A Conversation About Collins," in Fairly and Mosteller, *Statistics and Public Policy*, Reading, MA: Addison-Wesley, 1977, pp. 355-379.
Arnold Barnett, "How Numbers Can Trick You," *Technology Review*, October 1994, p. 42.
David Eddy, "Probabilistic Reasoning in Clinical Medicine: Problems and Opportunities," in Daniel Kahneman, Paul Slovak, and Amos Tversky, *Judgment Under Uncertainty: Heuristics and Biases*, Cambridge, England: Cambridge University Press, 1982, pp. 249-267.
Alexis Madrigal, "Scanning Dead Salmon in MRI Machine Highlights Risk of Red Herrings," Wired Science, September 18, 2009, <http://www.wired.com/wiredscience/2009/09/fmrisalmon/>
Craig M. Bennett, Abigail A. Baird, Michael B. Miller, and George L. Wolford, "Neural Correlates of Interspecies Perspective Taking in the Post-Mortem Atlantic Salmon: An Argument For Proper Multiple Comparisons Correction," Journal of Serendipitous and Unexpected Results 1 (1), Pages 1–5.

第七章

Steven Johnson, The Ghost Map: the Story of London's Most Terrifying Epidemic, and How it Changed Science, Cities and the Modern World, New York: Penguin, 2006.
Snow, John, *On the Mode of Communication of Cholera*, London: J.
Churchill, 1849. A second edition including the results of his study of the 1854 epidemic was published in 1855.
Hassall, A. H., *A Microscopical Examination of the Water Supplied to the Inhabitants of London and the Suburban Districts*, London: S. Highley, 1850.
Markel, H (13 March 2013). Happy Birthday, Dr. Snow. Journal of the American Medical Association" Vol. 309, No. 10, pp. 995–6.
Thomas, KB. John Snow. In: *Dictionary of Scientific Biography*. Vol 12. New York, NY: Charles Scribner's Sons; 1973:502–

503.

P. J. Bickel, E. A. Hammel, and J. W. O'Connell, "Sex Bias in Graduate Admissions: Data from Berkeley," *Science*, February 7, 1975.

Joel E. Cohen, "An Uncertainty Principle in Demography and the Unisex Issue," *The American Statistician*, February 1986, pp. 32-39.

Cari Tuna, "When Combined Data Reveal the Flaw of Averages," *The Wall Street Journal*, December 2, 2009.

C. R. Charig, D. R. Webb, S. R. Payne, O. E. Wickham (29 March 1986), "Comparison of treatment of renal calculi by open surgery, percutaneous nephrolithotomy, and extracorporeal shockwave lithotripsy,"British Medical Journal (Clinical Research) 292 (6524) pp. 879-882.

Steven A. Julious and Mark A. Mullee (12/03/1994). "Confounding and Simpson's Paradox," *British Medical Journal* 309 (6967) pp. 1480-1481.

Stigler, S. M. (1980). Stigler's law of eponymy. Transactions of the New York Academy of Sciences, 39: 147 – 58 (Merton Frestschrift Volume, F.Gieryn (ed.))

Cole, P. 1971, Coffee-drinking and cancer of the lower uninary tract, *The Lancet*, 297:1335-1337.

Catherine M. Viscoli, Mark S. Lachs, and Ralph I. Horowitz, "Bladder Cancer and coffee Drinking: A summary of case-control research," *The Lancet*, June 5, 1993, 1432-1437.

G López-Abente, A Escolar, 2001. "Tobacco consumption and bladder cancer in non-coffee drinkers, *Journal of Epidemiology and Community Health*, 55: 68-70.

MacMahon, B, Yen S, Trichopoulos D, et al, 1981, Coffee and Cancer of the Pancreas, *New England Journal of Medicine*, 304: 630-633.

Feinstein, AR, Horwitz, RI, Spitzer, WO, and Battista, RN, 1981. Coffee and Pancreatic Cancer: The Problems of Etiologic Science and Epidemiologic Case-Control Research, *Journal of the American Medical Association*, 246: 957-961.

Coffee Nerves, *Time*, March 23, 1981, Vol. 117 Issue 12, p77.

Hsieh CC, MacMahon B, Yen S, Trichopoulos D, Warren K, Nardi G. Coffee and Pancreatic Cancer (Chapter 2). *New England Journal of Medicine* 1986; 314:587–589.

American Cancer Society. *1996 Guidelines on Diet, Nutrition and Cancer Prevention*. Atlanta, GA: The American Cancer Society 1996 Dietary Guidelines Advisory Committee; 1996.

Neal D. Freedman, Yikyung Park, Christian C. Abnet, Albert R. Hollenbeck, and Rashmi Sinha, "Association of Coffee Drinking with Total and Cause-Specific Mortality," *New England Journal of Medicine*, 2012; 366:1891-1904.

第八章

Paine, Neil, Ray Allen's Hot Streak, http://www.basketball-reference.com/blog/?p=6353.

Holmes, Baxter, "Celtics' Ray Allen sets record for three-pointers," Los Angeles Times, June 07, 2010

Adande, J.A. "Unusual Night all Around in Los Angeles, ESPN.com, June 7, 2010. <http://sports.espn.go.com/nba/playoffs/2010/columns/story?columnist=adande_ja&page=Bryant-100607>

Associated Press, Rondo takes over for sharp-shooting Allen as Celtics take Game 2, ESPN.com, June 7, 2010, <http://espn.go.com/nba/recap?gameId=300606013>

Tversky, A., & Kahneman, D. (1971). Belief in the law of small numbers. Psychological Bulletin, 76, 105- 110.

Tversky, A., & Kahneman, D. (1974). Judgment under uncertainty: Heuristics and biases. Science (Washington, D.C.), 185, 1124-1131.

Tversky, A., & Gilovich, T. (1989a). The cold facts about the "hot hand" in basketball. Chance, 2, 16–21.

Tversky, A., & Gilovich, T. (1989b). The "hot hand": Statistical reality or cognitive illusion? Chance, 2, 31–34.

Wardrop, R.L. (1999). Statistical tests for the hot-hand in basketball in a controlled setting. Working paper.

Gilovich, T., Vallone, R., & Tversky, A. (1985). The hot hand in basketball: On the misperception of random sequences. Cognitive Psychology, 17(3), 295–314.

Gilden, D. L. & Wilson, S. G. (1995). Streaks in skilled performance. *Psychonomic Bulletin & Review*, 2, 260–265.

Goodfellow, L.D., (1938) "A psychological interpretation of the results of the Zenith radio experiments in telepathy," *Journal of Experimental Psychology*, 23:6, 601-32.

Smith, Gary, "Horseshoe Pitchers' Hot Hands," *Psychonomic Bulletin & Review*, 10, 2003, 753-758.

Dorsey-Palmateer, Reid and Gary Smith, "Bowlers' Hot Hands," with, *The American Statistician*, 58, 2004, 38-45.

Bandura, A. (1977). Self-efficacy: Toward a unifying theory of behavioral change. *Psychological Review*, 84, 191—215.

Taylor, D. E. M. (1979). Human endurance: Mind or muscle? *British Journal of Sports Medicine*, 12, 179-184.

Nelson, L. R., & Furst, M. L. (1972). An objective study of the effects of expectation on competitive performance. *Journal of Psychology*, 81, 69-72.

第九章

John Maynard Keynes, *The General Theory of Employment, Interest and Money*, London: Macmillan, 1936.

Union Carbide was acquired by Dow Chemical in 2001; Sears was acquired by Kmart in 2005. The Addition and Deletion portfolio calculations reported in the text assume that the proceeds from these acquisitions are invested equally in the stocks remaining in the portfolio.

Horace Secrist, *The Triumph of Mediocrity in Business*, Evanston, Ill: Northwestern University, 1933.

Elder, R. F. (1934). Review of The Triumph of Mediocrity in Business by Horace Secrist. American Economic Review 24 (1), 121-122.

"Current Notes," Journal of the Royal Statistical Society, 96 (4), 1933, 721-722

King, W. I. (1934). Review of The Triumph of Mediocrity in Business by Horace Secrist, Journal of Political Economy 42 (3), 398- 400.

Riegel, R. (1933). Review of The Triumph of Mediocrity in Business by Horace Secrist. Annals of the American Academy of Political and Social Science, 170, 178-179.

Harold Hotelling, review of Horace Secrist, "The Triumph of Mediocrity in Business," Journal of the American Statistical Association, Vol. 28, 1933, pp. 463–465. Secrist and Hotelling debated this further in the 1934 volume of this journal, pp. 196–199.Open Letters Author(s): Horace Secrist, Harold Hotelling, M. C. Rorty, Corrado Gini and Willford I. King Source: Journal of the American Statistical Association, Vol. 29, No. 186 (Jun., 1934), pp. 196- 205

Albert O. Hirschman, 1970, *Exit, Voice, and Loyalty*, Cambridge, Massachusets: Harvard University Press, p. 11.

Baumol, W. J., Blackman, S. A. B., and E. N. Wolff, 1989, Productivity and American Leadership: The Long View, Cambridge and London: MIT Press.

Fama, E. F. and K. R. French, 2000, Forecasting profitability and earnings, Journal of Business,73, 161–175.

Friedman, M., 1992, Do Old Fallacies Ever Die?, Journal of Economic Literature, 30 (4), 2129-2132.

Sharpe, William F., *Investments*, third edition, Englewood Cliffs, New Jersey: Prentice-Hall, 1985, p. 430.

Williamson, J. G., 1991, Productivity and American leadership: A review article, Journal of Economic Literature, 29 (1), 51-68.

Amos Tversky and Daniel Kahneman, "On the Psychology of Prediction," *Psychological Review*, 1973, 80, pp. 237-251.

Francis Galton, "Regression Towards Medicrity in Hereditary Stature," *Journal of the Anthropological Institute*, 1886, 15, pp. 246-263.

Anita Aurora, Lauren Capp, and Gary Smith, "The Real Dogs of the Dow," *The Journal of Wealth Management*, 10 (4), 2008, 64-72.

Alexander Wolff, "The Cover No One Would Pose for: Is the SI Jinx for Real?," *Sports Illustrated*, January 21, 2002.

Schall, Teddy and Gary Smith, "Baseball Players Regress toward the Mean," *The American Statistician*, 54, November 2000, 231-235 (also *1999 Proceedings of the Section on Statistics in Sports*, American Statistical Association, 2000, 8–13).

第十章

Marilyn vos Savant, "Ask Marilyn," *Parade*, July 12, 1992, p. 6.

Marilyn vos Savant, "Ask Marilyn," *Parade*, July 1, 1990.
Charlotte, West Virginia, Gazette, July 29, 1987.

第十一章

"Electrical Wiring Configurations and Childhood Cancer," American Journal of Epidemiology, 109 (3), 273-284.

Atul Gawande, "The Cancer-Cluster Myth," *The New Yorker*, February 8, 1999, 34-37.http://www.pbs.org/wgbh/pages/frontline/programs/transcripts/1319.html

Jon Palfreman, "The Rise and Fall of Power Line EMFs: The Anatomy of a Magnetic Controversy," *Review of Policy Research*. 23 (2), pages 453–472, March 2006.

Kenneth J. Rothman, "A sobering Start for the cluster busters' conference, American Journal of Epidemiology, Vol. 132, Supplement, No. 1, pp. S6-S13

David A. Savitz, Neil E. Pearce, and Charles Poole, 1989."Methodological Issues in the Epidemiology of Electromagnetic Fields and Cancer, Epidemiological Reviews, 11, 59-78.

UK Childhood Cancer Study Investigators, "Exposure to power-frequency magnetic fields and the risk of childhood cancer," *Lancet*, 1999 Dec 4; 354(9194):1925-31.

Feychting, Maria, & Ahlbom, Anders. (1994). Magnetic fields, leukemia, and central nervous system tumors in Swedish adults residing near highvoltage power lines, Epidemiology, 5, 501–509.

Brodeur, Paul, *The Great Power-Line Cover-Up: How the Utilities and the Government Are Trying to Hide the Cancer Hazard Posed by Electromagnetic Fields*, Boston: Little, Brown, 1993.

Brodeur, Paul, "Annals of radiation: Calamity on Meadow Street," *The New Yorker*, July 9, 1990, 66, 38-72.

Brodeur, Paul, "Department of amplification. *The New Yorker*, November 19, 1990, 134-150

Brodeur, Paul, "Annals of radiation: The Cancer at Slater School," *The New Yorker*, December 7, 1992, 68, 86-119.

LONDON BOMBS:

William Feller, *An Introduction to Probability Theory and Its Applications*, New York: Wiley, 1968, pp. 160-161.

R. D. Clarke, "An application of the Poisson Distribution, Journal of the Institute of Actuaries (1886-1994), Vol. 72, No. 3 (1946), p. 481.

Amos Tversky and Daniel Kahneman, "Subjective Probability: A Judgment of Representativeness, Cognitive Psychology, 1972, 3, 430-454.

David Johnson, V-1 V-2: Hitler's Vengeance on London, New York: Stein and Day, 1981

第十二章

EVIDENCE OF DEATH POSTPONEMENT:

Phillips DP. Deathday and birthday: an unexpected connection. In Tanur JM.ed. Statistics: a guide to the unknown. San Francisco: Holden-Day,1972; 52-65.

Phillips DP, King EW. Death takes a holiday: Mortality surrounding major social occasions. *The Lancet* 1988; 2: 728–732.

Phillips DP, Smith DG. Postponement of death until symbolically meaningful occasions. JAMA 1990; 263: 1947–51.

Phillips, D. and K. Feldman. 1973. A Dip in Deaths Before Ceremonial Occasions: Some New Relationships Between Social Integration and Mortality. American Sociological Review 38: 678–696.

Phillips DP, Van Voorhees CA, Ruth TE. The birthday: Lifeline or deadline? Psychosomatic Medicine 1992; 54: 532–542.

EVIDENCE AGAINST DEATH POSTPONEMENT:

Royer H, Smith G"Can the Famous Really Postpone Death?," with Heather Royer, *Social Biology*, 45 (Fall-Winter 1998), 302–305.

Lee P, Smith G. "Are Jewish Deathdates Affected by the Timing of Holidays?," with Peter Lee, *Social Biology*, 47 (Spring-Summer 2000), 127–134.

Smith, G. Asian-American Deaths Near the Harvest Moon Festival," *Psychosomatic Medicine*, 66, 2004, 378-381.

A REVIEW OF THE EVIDENCE:

Skala JA, Freedland KE. Death takes a raincheck. Psychosom Med 2004; 66: 383–6.

第十三章

Robert J. Shiller, "Investor Behavior in the October 1987 Stock Market Crash: Survey Evidence," Yale University, November 1987.

"Black Monday: What Really Ignited The Market's Collapse After Its Long Climb," The Wall Street Journal, December 16, 1987.

Brady, Nicholas, (January 1989) "Report of the Presidential Task Force on Market Mechanism," Washington D.C.: Government Printing Office

Lester C. Thurow, "Brady Group's Answers Miss the Key Questions," Los Angeles Times, January 24, 1988.

Felix Rohatyn, a general partner in Lazard Freres & Co., quoted in James B. Stewart and Daniel Hertzberg, "How the Stock Market Almost Disintegrated A Day After the Crash, The Wall Street Journal, October 30,1980.

James Gleick, "Hole in Ozone Over South Pole Worries Scientists," *The New York Times*, July 29, 1986, p. C1.

Report of the Presidential Commission on the Space Shuttle Challenger Accident, 1986, Volume 1, p. 145.

Tappin, L (1994). "Analyzing data relating to the Challenger disaster," *Mathematics Teacher* , 87: 6, 423-426.

Siddhartha R. Dalal, Edward B. Fowlkes and Bruce Hoadley, "Risk Analysis of the Space Shuttle: Pre-Challenger Prediction of Failure," *Journal of the American Statistical Association*, Vol. 84, No. 408 (Dec., 1989), pp. 945- 957.

Phillips DP, Liu GC, Kwok K, Jarvinen JR, Zhang W, Abramson IS. The Hound of the Baskervilles effect: natural experiment on the influence of psychological stress on timing of death. *British Medical Journal* 2001; 323: 1443-1446.

Phillips D.P., Ruth T.E., & Wagner L.M. (1993). Psychology and survival. *The Lancet*, 342, 1142-1145.

Smith, Gary, "Scared to Death?," *British Medical Journal*, 325, 2002, 1442-1443.

Smith, Gary, "The Five Elements and Chinese-American Mortality," *Health Psychology*, 25 (1), 2006, 124-129.

第十四章

Michael Lewis, Moneyball: The Art of Winning an Unfair Game," New York: W.W. Norton, 2003.ill James,

Bill James, *Baseball Abstract*, annual editions, self-published 1977-1980, New York: Ballentine Books, 1981-1988.

Sean Lahman's Baseball Archive, http://seanlahman.com/

Erwin P, Calev A. The influence of Christian name stereotypes on the marking of children's essays. British Journal of Educational Psychology, 1984; 54: 223-227.

Harari, H., & McDavid, J. (1973). Name stereotypes and teachers' expectations. *Journal of Educational Psychology*, *65*, 222-225.

Levine, M., & Willis, F. (1994). Public reactions to unusual names. *The Journal of Social Psychology*, *134*, 561-568.

McDavid, J., & Harari, H. (1966). Stereotyping of names and popularity in grade-school children. *Child Development*, *37*, 453-459.

Christenfeld N, Phillips D, Glynn L. What's in a name: Mortality and the power of symbols. Journal of Psychosomatic Research 1999; 47: 241-254.

Coke-Pepsi Slugfest, July 26, 1976. *Time*, 64-65.

Morrison, S., & Smith, G. (2005) Monogrammic determinism? *Psychosomatic Medicine*, 67, 820-824.

Smith, Gary, "Another Look at Baseball Player Initials and Longevity," *Perceptual and Motor Skills*, 112 (1), 2011, 211-216.

Pinzur, L., & Smith, G. (2009). First names and longevity, *Perceptual and Motor Skills*, *108*, 149-160.

Abel, E. & Kruger, M. (2009). Athletes, doctors, and lawyers with first names beginning with "D" die sooner. *Death Studies*, 34, 71-81.

Smith, Gary, "Do People Whose Names begin with "D" Really Die Young?," *Death Studies*, 36, 2012, 182-189.

Abel, E. L., & Kruger, M. L. (2005a) Birth month and suicide among major league baseball players. *Perceptual and Motor Skills*, 101, 21-24.

Abel, E. & Kruger, M. (2005). The longevity of baseball hall of famers compared to other players. *Death Studies*, 29, 959-963.

Smith, G. "Birth Month is Not Related to Suicide among Major League Baseball Players," *Perceptual and Motor Skills*, 112 (1), 2011, 55-60. Smith. G. "The Baseball Hall of Fame is Not the Kiss of Death," *Death Studies*, 35, 2011, 949-955.

第十五章

Irving Langmuir, "Pathological Science," transcribed and edited by Robert N. Hall, *Physics Today*, October 1989, pp. 36-48.

Rhine, J. B.; Rhine, Louisa E., One evening's observation on the Margery mediumship, *The Journal of Abnormal and Social Psychology*, Vol 21(4), Jan-Mar 1927, 401-421.

Rhine, J. B. (1957) *Parapsychology, Frontier science of the mind*, Springfield, IL: Charles C. Thomas. Rhine, J. B. (1934). *Extra-Sensory Perception*, Boston, MA: Bruce Humphries.

Arthur Conan Doyle, *The Coming of the Fairies*, New York, Toronto and London: Hodder & Stoughton, 1922.

Gardner, Martin, Fads and Fallacies in the Name of Science, second edition, New York: Dover, 1957.

Martin Gardner, "Funny Coincidence," The New York Review of Books, 6: 9, May 26, 1966.

Martin Gardner, "An Expense of Spirit," The New York Review of Books, 27: 8, May 15, 1980.

Martin Gardner, "ESP at Random," The New York Review of Books, 24: 12, July 14, 1977.

Kaempffert, W. (1937, October 10). The Duke experiments in extra-sensory perception. *New York Times*, 102.

C. E. M. Hansel, *ESP: A Scientific Evaluation*, Charles Scribner's Sons, 1966.

Goodfellow, L.D., (1938) "A psychological interpretation of the results of the Zenith radio experiments in telepathy," *Journal of Experimental Psychology*, 23:6, 601-632.

Erich, Von Däniken, *Chariot of the Gods?*, New York: Putnam, 1968.

Ronald Story, The Space Gods Revealed.

Clifford Wilson, *Crash Go The Chariots*, New York: Lancer, 1972.

Nova, *The Case of the Ancient Astronauts*, Season 5, Episode 9, 1978.

James Randi, "Geller a fake, says ex-manager," New Scientist, April 6, 1978.

Po Bronson, A Prayer Before Dying: The Astonishing Story of a Doctor Who Subjected Faith to the Rigors of Science—and then Became a Test Subject Herself, *Wired*, December 2002.

Arthur Ford: The Man Who Talked with the Dead by Allen Spraggett with William V. Rauscher, New American Library, Inc., 1973.

Francis Galton, 1872. "Statistical Inquiries into the Efficacy of Prayer," *Fortnightly Review* (12), 125-135. Sicher, F.; Targ, E.; Moore D, 2.; Smith, H. (1998). "A Randomized Double-Blind Study of the Effect of Distant Healing in a Population

國家圖書館出版品預行編目（CIP）資料

統計的假象 : 拆穿混淆的假設、揪出偏差的數據、識破扭曲的結論 , 耶魯大學最受歡迎的十八堂公開課 / 蓋瑞 . 史密斯 (Gary Smith) 著 ; 劉清山譯 . -- 二版 . -- 臺北市 : 日出出版 : 大雁文化事業股份有限公司發行 , 2023.10
400 面 ;17x23 公分
譯自 : Standard deviations : flawed assumptions, tortured data, and other ways to lie with statistics.
ISBN 978-626-626-7261-98-9(平裝)

1.CST: 統計學 2.CST: 統計分析

510 112014920

統計的假象

拆穿混淆的假設、揪出偏差的數據、識破扭曲的結論，耶魯大學最受歡迎的十八堂公開課
(原書名：常識統計學：拆穿混淆的假設、揪出偏差的數據、識破扭曲的結論，耶魯大學最受歡迎的十八堂公開課)

作　　者　蓋瑞・史密斯（Gary Smith）
譯　　者　劉清山
責任編輯　李明瑾
協力編輯　陳怡君
封面設計　Dinner Illustration

發 行 人　蘇拾平
總 編 輯　蘇拾平
副總編編　王辰元
資深主編　夏于翔
主　　編　李明瑾
業　　務　王綬晨、邱紹溢
行　　銷　廖倚萱
出　　版　日出出版
發　　行　大雁文化事業股份有限公司
地址：新北市新店區北新路三段207-3號5樓
電話：(02)8913-1005　傳真：(02)8913-1056
劃撥帳號：19983379 戶名：大雁文化事業股份有限公司
二版二刷　2024 年 8 月
定　　價　720 元

I S B N　978-626-7261-98-9